21世纪创业教育系列精品教材

创业资源

Entrepreneurial Resources

王艳茹◎主　编
王　兵◎副主编

清华大学出版社
北　京

内容简介

创业过程中需要不同资源，要求创业者具有筹集、整合和使用资源的能力。本书以创业资源的内容为主线，对政策资源、人力资源、人脉资源、财务资源、技术资源、客户资源及其他创业资源的内涵、获取、管理和风险等进行了系统论述。

本书可供高等学校管理类、经济类专业学生，创业方向的研究生和 MBA 学生使用，也可以作为广大"准创业者"了解、学习创业资源相关知识的参考读物。

图书在版编目(CIP)数据

创业资源/王艳茹主编. —北京：清华大学出版社，2014
(21 世纪创业教育系列精品教材)
ISBN 978-7-302-35787-2

Ⅰ. ①创… Ⅱ. ①王… Ⅲ. ①企业管理－高等学校－教材 Ⅳ. ①F270

中国版本图书馆 CIP 数据核字(2014)第 060877 号

责任编辑：杜 星
封面设计：汉风唐韵
责任校对：宋玉莲
责任印制：李红英

出版发行：清华大学出版社
网 址：http://www.tup.com.cn，http://www.wqbook.com
地 址：北京清华大学学研大厦 A 座 邮 编：100084
社 总 机：010-62770175 邮 购：010-62786544
投稿与读者服务：010-62776969，c-service@tup.tsinghua.edu.cn
质 量 反 馈：010-62772015，zhiliang@tup.tsinghua.edu.cn
印 刷 者：三河市君旺印装厂
装 订 者：三河市新茂装订有限公司
经 销：全国新华书店
开 本：185mm×260mm 印 张：14 字 数：322 千字
版 次：2014 年 5 月第 1 版 印 次：2014 年 5 月第 1 次印刷
印 数：1～4000
定 价：35.00 元

产品编号：053198-01

序

资源因为稀缺而有价值，创业者更缺少资源。就此著书立说，无疑具有重要的现实意义与理论价值。特别是近年来出版的创业类专著、教材可谓林林总总，但专门论述“创业资源”的书籍却很少见。因此，就此学术问题进行探讨，既是独辟蹊径，又是术业专攻。在本书共八章的内容中，作者系统介绍、论述了创业资源的相关问题。

本书具有以下特点。

一是系统论述了创业资源的含义和分类、创业资源与一般商业资源的异同、不同时期创业资源的作用，介绍了创业资源的获取途径、模式与技能。创业中，资源的使用并非易事。整合是创业资源最为基本的使用方式。故作者对创业资源的整合进行了系统论述，涉及创业资源整合的种类、机制等。这些都是创业者应该了解的最为基本的资源知识。

二是将创业政策也视为资源，这对创业者无疑是一种符合国情的理性引导。在正在经济体制转轨的中国，国家层面和地方政府颁布的创业政策都可能给创业者带来所期盼的资金、技术和人力资源。故作者在对中央政府、典型省市的政策资源进行系统梳理的基础上，提出了在认识、了解相关政策的基础上，创业者更为有效地利用政策资源的相关建议。

三是系统论述了创业中人力资源的配置和使用。创业中，团队的组建尤为重要。就此而言，本书系统阐述了创业者的基本素质、必备能力和经历要求；论述了创业团队的构成要素、特征、组建原则、管理技巧和风险；探讨了创业企业人力资源的获得和管理。搞清这些问题，对于纠结于“团队难组织、难管理”的创业者无疑会有不少启发。

四是详尽阐述了人脉资源对于新创企业的重要性。创业者需要为新创企业搭建有效的外部价值网络，这就使得人脉资源的获取和利用不可轻视。相应地，作者在本书中系统论述了人脉资源的特性、种类、规划、拓展和经营，并具体阐述了人脉资源经营的原则和技巧。这些论述对于创业者大有裨益。

五是对财务资源进行了深入讲解。财务资源是创业不可或缺的资源，“融资难”是创业者创业初期遇到最多的问题。故作者对创业融资过程、创业所需资金的计算、创业融资渠道、创业融资决策以及融资的风险等进行了深入的论述和分析。对这部分知识的了解,有助于创业者更为合理地筹集资金、使用资金并降低财务风险。

六是全面介绍了技术资源的相关知识。就机会型创业或高科技创业而言,技术资源往往是决定创业成败的关键要素,是企业形成可持续竞争能力的基础之一。故作者在介绍技术资源的特征、分类和重要性的基础上,对技术资源的获取模式和开发做了详细介绍和深入阐释,并对技术资源的风险进行了全面分析。这部分知识对于创业者获取、开发、利用技术资源,规避技术风险,会有很大启发。

七是将客户同视为创业资源。显而易见的是,客户是企业能否生存并发展壮大的基础,它自然也是创业者不可或缺的资源。尚且客户资源的丰富和多样化,有助于新创企业尽快获得收入,获取利润。基于此,作者对客户资源的开发和管理做了较多篇幅的介绍,包括客户资源开发的原则、机制和方法,客户资源的管理思想和具体方法等,并对客户资源的开发机制进行了探讨。这部分内容,自然有助于引导创业者更为合理、有效地开发并利用客户资源。

八是独到地论述了声誉资源和信息资源。不难想象,创业者若无声誉,那他就难以"混迹"于"创业的江湖"。基于此,作者在本书中系统论述、解析了声誉资源的作用、培育和维护。创业的每一步,都涉及大大小小的问题的决策,决策就需要掌握足够的信息。故作者在本书中还系统论述了信息资源的来源和开发利用问题。这部分知识,至少有助于读者重视并有效开发和利用声誉资源及信息资源。

除了上述8个特点之外,本书在体例上较为新颖和耐读。既有对基本知识、基础理论的讲解,也有丰富的阅读资料作为补充。大量的"创业实例"供读者阅读、思考。相应地,本书既有助于读者理解相关知识,也有助于教师的课堂教学,能够拉近学生与创业的距离,使学生了解更为真实的创业生活;本书的"扩展阅读",提供了不少有助于读者理解本书内容但不需要教师重点讲解的知识和信息;进一步的"创业测试"则有助于增强学生对自身创业素质的了解,更加理性地思考创业与就业的职业安排。

综合来看,本书既适于"准创业者"在创业准备阶段即全面了解创业所需的资源及相应的管理问题,也可以作为大专院校开设"创业资源"课程的教材。相信读者阅读本书之后,必会受益匪浅!

清华大学经济管理学院教授、博士生导师雷家骕

2013年11月18日

前言

创业是一个漫长的过程，是一个有跨度的概念，既可以理解为从产生创业想法到创造企业实体的阶段，也可以理解为从创意开始到创造辉煌业绩的整个过程，还可以理解为从产生创业想法开始到创办并使企业实现盈亏平衡的过程。本书关于创业资源的讨论采用第三种观点，将“创业”界定为产生创业想法开始到其能够正常运转、生存下来、实现盈亏平衡所需要经历的一个阶段。众所周知，任何一次成功的创业都起源于发现良好的创业机会，结束于新创企业的蓬勃发展并走向成熟。机会可以被自己发现，也可以从别人那里了解到，只要创业者善于利用信息；而要有把握机会的产品或服务，则需要创业者获取到所需的创业资源。

根据资源基础理论和资源依赖理论，企业对所需资源的获得直接影响到一个新企业最终的命运。Ireland(2001)等人认为创业就是一种与环境相关的社会过程，在这个过程中，个体和团队将各自的资源整合在一起，利用市场机会创造财富。Casson(1982)更明确地认为创业者就是对如何协调稀缺资源进行决策。唐靖、姜彦福(2008)认为，稀缺资源是否得到满意的配置是创业者实施创业承诺的保证，保证稀缺资源满意的利用是创业过程的精髓。

知名创业大师马克·J. 多林格说：“如果撇开资源去开拓机会，即使最好的机会也难以塑造创业者。”要取得创业成功，创业者就一定要善于获取、整合和使用与创业项目有关的资源。

但是，由于创业者和资源拥有者之间的信息不对称，创业者巨大的资源缺口，创业企业缺乏可以用于购买和抵押的财物、难以估算收益的概率、难以通过经济利益的博弈过程来决定创业企业权利的分配，从而难以取得融资；加上创业者本身对企业控制权的要求，使得出让各种权利获取资源的做法并非最好的选择，尤其是以此为终身事业的创业者。因此，对于创业资源的讨论具有非常强烈的现实意义。

本书基于创业资源性质的分类，对创业过程中所需要的政策资源、人力资源、人脉资源、财务资源、技术资源、客户资源和其他资源进行了详细论述，并从各种资源获取、管理(整合和使用)、开发以及资源风险的角度展开研究。内容不但包括与创业资源相关的基本理论和基础知识，还包括“创业实例”、

“扩展阅读”、“创业测试”等模块。大量的“创业实例”提供了丰富的和不同资源紧密相关的创业内容，拉近读者与创业实践的距离，使其了解更真实的创业生活；“扩展阅读”提供了有助于理解本书内容但不需要重点讲解的一些知识；“创业测试”有助于增强学生对自己创业素质的了解，更加理性地进行创业决策。

本书由中国青年政治学院教授王艳茹博士、河北工业职业技术学院工商管理系王兵老师等共同编著。编写分工如下：王艳茹负责提纲的拟定、完善和书稿的总纂和初校。第1、5章由王艳茹编写，第2、3、4、6、7章由王兵编写，第8章由北京体育大学李艳丽老师编写。

本书在写作过程中，得到了很多人的支持和帮助，在此一并表示感谢。感谢中国青年政治学院李家华副院长在本书框架确定方面提出的富有建设性的建议；感谢清华大学雷家骕教授对本书编排和内容组织的关注，感谢他百忙之中为本书作序；感谢辽宁省就业指导局刘铸局长提供了关于“辽宁模式”的相关资料；感谢中国青年政治学院经济管理学院韩莉老师在前言修改和润色过程中提出的宝贵意见；感谢河北金融学院刘洪生副教授在本书案例搜集、整理，以及书稿审阅和修订方面所做的大量工作。感谢清华大学出版社经管分社编辑在语言润色和书稿校阅上付出的大量心血，使得书稿精准易读。感谢我参考过的所有文章、专著和教材的作者，正是他们的研究成果在很多方面激发了我的创作灵感，丰富了本书的研究内容。

由于创业资源的研究正处于起步阶段，对于创业资源的系统研究较少，可资借鉴的成熟的成果有限，所以，在编写过程中尽管力图将创业研究领域的新理论和新方法纳入本书，但因为时间仓促和作者自身的理论水平及实践经验有限，书中难免存在疏漏或不足，敬请广大读者批评指正，以便对本书做进一步的修改、补充和完善。

本书作者的联系方式为：wangyanrukab@126.com。

编　者

2014年4月

目
录

开篇故事

从视美乐到澳视——资源的获取及其整合

在创新公司纷纷倒闭、创业失败率较高的现状下，由三位清华大学学生创办的“视美乐”却是一大亮点。

视美乐的成功，不仅仅是它在一年半的创业过程中，成功地从上海一百集团赢得5 250万元的风险投资，一期250万元投入取得中试成功，2000年4月又得到青岛澳柯玛集团追加的3 000万元投资，也不仅仅是它在北京拥有总部1 500平方米的办公室和研发中心、青岛3 500平方米的现代化厂房和年生产能力10万台产品的生产线，而是它作为在校大学生创立的一家高科技企业，在发展过程中体现的创业的复杂性和多变性、它在发展过程中对于资源的整合能力，以及所体现出的发展潜力。

1. 创意来源

1999年4月，清华大学材料系4年级学生邱虹云的发明——大屏幕投影电视在校园名牌比赛“挑战杯”学生课外科技作品大赛上夺得一等奖。邱虹云的发明给清华自动化专业5年级学生王科提供了创业契机，也改变了自己的人生方向。宁波理科状元出身的王科有遗传自母亲的天生的商业头脑，敢想敢干的他最强烈的欲望是创业。王科曾在公司兼过职，他了解投影机的市场需求和进口产品的昂贵价格，清华底子的技术敏感更使他意识到这项发明的“价值”，他提出要以十几万元的价格买下邱虹云的技术。不过，聪明的王科很快意识到这项专业技术含量很高的产品如果没有技术上的支持和不断突破，很难发挥它应有的价值。于是，王科说服邱虹云以技术入股，共同开发使之成为市场产品。

2. 政策资源

1998年5月，中国首屈一指的理工院校清华大学举办了首届大学生创业计划竞赛，激起校园创业热情。“视美乐”主发起人王科和徐中分别是这次比赛的组织者和参与者。1999年，创业计划竞赛发展为全国性的反响巨大的高校学生创业活动。

而这一年也正是中国风险投资启蒙年。

自这一年，从国家到学校的各个层面开始重视并支持在校大学生的创业活动。

3. 人力资源

如果说商业敏感使王科及时抓住了商业机会的苗头，那么商业才华的再次显示就是他组织起一个创业的核心团队——在把技术核心邱虹云拉下“海”的两周后，上届创业竞赛的活跃分子清华经济管理学院MBA班班长徐中也加入进来，视美乐的极富竞争力的核心创业团队自此形成。实际上，团队中的每一个成员本身就是一个传奇。

邱虹云是被清华校长称为“清华爱迪生”的人才。从入大学起就在学生课外科技作品竞赛上年年获奖，其天分和成长经历颇有几分传奇色彩，是一个极其难得的发明家。

“王科是个战略家、企业家人才，他在外部条件不具备的情况下很善于借助各种资源为我所用。他有闯劲，有想象力、煽动性和热情，能干很多别人不敢干的事，而且举重若轻，是个帅才。”视美乐的顾问潘福祥这样评价他。徐中则是一个实实在在抓落实的管理者。到清华读书前他已工作了6年，在长城特钢公司先搞机械设计，后任团委书记，因此年纪轻轻就有机会参与大公司领导层会议。他见多识广、在企业工作的经验丰富，而且做事风格踏实、稳健。

在这三人中，王科是视美乐创建的组织者，如果不是王科挂帅，视美乐造不成这么大的“势”，也不会推进得这么快；徐中是视美乐的管理者，如果没有徐中，企业管理和工程运作经验几乎是空白的王科可能在点起轰轰烈烈的一把创业之火后而无法控制；而邱虹云是视美乐不可多得的技术骨干，他的出众才华及卓越执行力是企业核心竞争力的关键。

优秀的创业团队保证了他们在创业初期的困难面前能够坚持不懈，在几番绝境逢生后，使企业最终走出绝望，迈向正轨。

根据徐中的回忆，创业之初很多问题都想不到，连运作公司需要多少钱都算不出来，不知该去筹措多少钱。在刚开始的五百七十多天里，几个人天天都工作到深夜。邱虹云为解决一个技术难题索性24小时连轴转。

1999年7月，王科毕业；2000年7月，徐中毕业；邱虹云直读精密仪器系研究生。视美乐的多数成员都已经职业化，公司的团队建设、管理、产品也一步步走向成熟。

按照创业顾问潘福祥的说法：这个团队有创新精神、技术优势，而且精力充沛、全身心投入，又有一定的企业经验积累，尤其难得的是互相配合、精诚团结。这样的团队总会有好项目，总有成功的潜能。

4. 人脉资源

视美乐的成长有其规律性也有其独特性，它与顾问公司的双赢合作是走向成功的又一个关键。学生创业团队需要与投资管理顾问公司合作现已被认同和接受，但若想结成视美乐和清华兴业那样的合作关系却既要靠实力又要有机缘。

首先是创业竞赛给了他们有信任基础的相识的机会。视美乐是在参加创业计划竞赛过程中成立的，在清华大学的预赛中，他们与做评委的清华企业集团背景的清华兴业投资管理公司总经理潘福祥相遇了。那时，兴业公司成立不久，正在寻找第一个项目。

他们的合作模式是经过很典型的三个回合接触后定下来的。

第一次是潘福祥来到视美乐所在的学生宿舍，他被精彩而简陋的发明作品震撼了，这位在资本市场摸爬滚打多年，现又在清华大学正式担任“证券市场”课程的讲授，同时又经营着投资管理公司的老师兼老总向创业者们提出了从资金、产品到市场的一系列问题。潘老师把他们从盲目乐观的天上拉到地上。同时，潘福祥也对几个小伙子的素质、冲劲、意志力及其设计的作品比较看好。

第二次，视美乐团队拿着一份列得很详细的资金需求预算表来到兴业公司的办公室，谈他们的问题——全靠自已的力量融资有难度。这次，小伙子们是精心准备好的：着装正式——穿西服，打领带；言谈有序——注意相互配合，特别是多听对方意见；态度上不卑不亢。结果潘福祥表示可以帮助融资，视美乐则提出请兴业公司拿出一份书面方案。这中间有一个小插曲：他们是托人打探了兴业公司的底细后才愈加认真地做合作准备的。

第三次接触就在几天后，兴业公司拿出了一份规范的投资管理顾问方案，提出风险投资的引资运作模式，拿出了帮助融资、管理、成长的计划，同时规范地提出了双方的责、权、利。非常重要的是，这里还有一个小插曲：兴业公司并不是视美乐当时唯一的可选对象，但它反应迅速、操作规范，尤其是它要做精品，要把视美乐做成“样板戏”的理念，使视美乐毫不犹豫地选择了这个把他们作为第一个项目的新公司。

视美乐和兴业公司的合作模式是共担风险、共享收益——兴业公司以提供全方位的顾问业务拥有视美乐5%的股份。

从此，视美乐发展中的融资、管理、人力资源等大事都离不开兴业这个高参。在融资上，兴业公司更是起了决定性作用，以至于上海一百集团的老总称潘福祥为视美乐的“教父”。同时，视美乐的成功也给兴业公司带来了经济回报，更重要的是在业界值得骄傲的声誉。

“假如不是在北京，不是在中关村，我们不会成功。”徐中毫不讳言中关村优越的创业环境和兴业投资管理公司这样的中介给视美乐强大的支持。没有它们，视美乐不可能想到自己创业融资的风险投资方式，也不可能出现“清华三学子身价3 000万”的新闻，投影机也不过就是学生发明大赛上一项不错的发明而已。因为如果和别人合作做中试，根据我国有关规定，无形资产入股只算35%，进行中试后虽可获得一笔钱，但进入产业化市场阶段，公司规模再扩大后，对发明者来说收益就很有限，科研人员根本不可能在这里面挣到钱。采取风险投资，发明者有可能占80%的股份。

众多学生公司最羡慕的是视美乐获得巨额风险投资和后续的发展资金。王科也总是对人津津乐道潘福祥如何说服上海一百集团勇涉风险投资，该集团老总张引琪面对外观十分简陋的投影机样机如何激动万分，澳柯玛集团的总经理鲁群生如何在1999年的最后一天冒风雪坐火车赶到清华园9号楼的学生宿舍，共商创业迎接新的一年。从上海一百集团到澳柯玛集团，实现的是从单纯依靠资金到产业化投资必须与富有经验的大电器公司合作的战略投资的转换。这次转换，是上海一百、视美乐、澳柯玛等各方本着如何更有利于事业发展的原则一起协商达成的，各家都踩到了自己的点上。

中关村科技园区管理委员会主任陆昊认为，视美乐成长过程中的创业孵化、中介服务至关重要。创业离不开天才的头脑，也离不开各种支持。把科教资源转化成现实生产力，再转化成高科技中小企业，进而成长为高科技大型企业是一条很好的创业路子。要知道，还有很多传统企业苦于找不到新的增长点，许多企业仍在被动“引进”，许多科研成果躺在实验室中……

5. 财务资源

要开发产品完成中试，王科和邱虹云做过一个预算——需要二十多万元，方法是邱虹云做一台参加学生比赛的机器要千把元，做上二十几台成型机需要二十多万元。徐中参与进来后，告诉他们要产业化，工厂开发一套模具就要二十万元以上。由此重做出的预算是250万元。对这个数目，王科觉得大得让他们毫无办法。徐中则笑着告诉他对于一个大企业开发新产品来说，这点钱根本不是问题。

凭借潘福祥的社会关系和业界信誉，视美乐的项目很快得到锐意创新、希望大力开发高科技项目的上海一百集团的重视。经过认真的考察和谈判，1999年7月，双方达成两期共5 250万元的风险投资协议，第一期上海一百集团投入250万元用于产品中试，占

20%的股份,创业团队的50万元注册资本和技术、创意等无形资产占公司80%的股份。中试成功后上海一百集团再投入5 000万元用于产业化生产。这是我国首例本土化风险投资案例,在资本市场引起巨大轰动。

1999年底,视美乐多媒体投影机中试成功。几个月下来,一直关注着中试进展的上海一百集团意识到中试后的产业化不像原来想象的找个生产厂家投入资金生产就行了,产品的技术非常复杂,国内目前还没有能代理加工的工厂。要组织全新的生产能力并且管理生产,商业龙头上海一百集团并不在行。以把事业做大为目标,视美乐和上海一百集团协商决定引入有生产管理经验的家电厂家加盟。消息传出,国内外十多家投资公司和家电厂商前来洽谈,希望能够参与二期投资。

视美乐最终选择澳柯玛集团作为二期投资方是认定了它发展高科技产业的决心、实力和董事长鲁群生的诚恳与果断。

2000年4月,澳柯玛集团决定投资3 000万元,与视美乐签订合资协议,成立北京澳柯玛视美乐公司(以下简称澳视公司),双方各占新公司50%的股份,开发、生产销售多媒体投影机和相关视听产品。视美乐公司依然存在,以后将开发新项目并进行产业化。上海一百集团撤销原二期投资计划,其原有股份随视美乐进入澳视公司,后期并将以其商业龙头优势参与市场销售。至此,经过资源优化,支持产品走向市场的投资终于顺利完成了。

6. 技术资源

视美乐核心技术的多媒体超大屏幕投影电视在国内应该算是领先产品,结合了计算机、电子、光学、材料学等多方面领域的技术,这些都是清华大学作为国内一流理工大学的强项。视美乐的创业团队成员也基本上具备相关学科的专业背景,学以致用,正当其时。

澳柯玛集团投资之后的澳视产品,采用外光源通过LCD液晶板输出,以数字化方式显示,可以播放电视、计算机、DVD、VCD等多种数字和模拟信号,屏幕尺寸可以在40~200英寸间自由调节,而且由于是投影播放,眼睛对着的是幕布而不是强光源,既无辐射,又不伤视力。需要特别说明的是,澳视投影机是能够接收播放电视的数码投影机,因为投影机集成度很高,各种电子元器件干扰强,直接影响射频信号的接收,在技术上实现难度很大;另外,投影机成本高,难以进入家庭。而澳视公司在技术上解决了干扰问题,由于核心技术上拥有自主知识产权,零部件主要由自己研制并组织生产,以降低成本,使产品有进入家庭的可能。

另外,企业能够一次次走出绝望,还靠云集在中关村的高校与科研院所的技术专家前辈、专业投资咨询管理等各方面的力量。例如在技术方面,他们遇到的每一个国内科研顶级难题,全靠自己是不可能解决的。一面是学子登门求教,一面是前辈谆谆教导,不少教授、专家成为视美乐公司的技术和管理顾问,清华园和中关村的智力资源给了视美乐强大的后盾和一双有力的"翅膀"。

7. 客户资源

2001年3月,澳视产品开始试销。产品的销售状况举步维艰,直到7月仍是零订货,于是澳视公司1 500万元的流动资金大部分变成了ASP2100的零件和存货。直到8月,公司的销售状况才日渐起色。

2001年后，澳视产品率先获得国家投影机"CCC"认证，以及UL/CE/FCC国际认证，取得了进军美国和欧洲市场的通行证。

2002年列入国家"两优一高"重点支持项目，通过ISO 9001国际质量体系认证，并建立投影机企业生产标准。澳视公司首创4 000流明超高亮度、超强功能的"旗舰"系列投影机填补了国内高端机型的空白，并在2002—2004年度连续三年获得《中国电脑教育报》"年度风云产品"称号。

2003年，澳视公司荣获《人民日报》"中国市场产品质量用户满意度首选品牌"、"CHIP全球测试中心"投影机测评第二名等荣誉，并获得很多专利。

2005年澳视公司加快产品更新和技术进步的步伐，不断推出新产品。

澳视公司拥有科技教育和多媒体教育两大产品线，公司产品畅销全国三十多个省的高、中等学校，在国内教育界有良好的声誉。

8. 其他资源

在管理上，从相当一段时间大部分是兼职的学生几乎是随机性运作开始，到建立人力资源部，正式地招聘人才，建立管理制度，视美乐也经过了一个逐步发展的过程。徐中原本就有一定的管理经验，除了在实践中不断摸索外，他还有一位辅导员——《哈佛管理全集》。而管理制度的真正建立，还是清华兴业公司推动的结果。

1999年11月，兴业公司从清华经管学院找了一位副教授带着一组MBA来为视美乐做诊断，几周后设计出一套有针对性的规范的现代管理制度方案。实践证明，合理的制度和激励监督机制大大提高了公司的效率。

2001年底，"9·11"事件的影响波及中国，大量低价水货进入中国市场，使澳视产品的销售日渐萎缩，现金流危机日益严重。于是，澳视公司决策层开始对公司目标和内部机构进行调整。2002年2月初，经过部门撤并、人员裁减和部分员工的主动离职，澳视员工数量缩减至三十余人，公司费用大幅降低，经营策略也变得十分明确：以ATP3150（ATP3200、ATP3050、ASP2800等）、ASP2150系列产品的渠道销售为主，以投影产品系统集成为辅，全力推进销售工作，保证公司的现金流状况，并争取迅速盈利。在研发方面，进一步完善ASP2150系列产品的功能，对LCOS进行跟踪研究，以寻找机会，争取在"大众投影机"方面取得突破，全面占领市场。同时，澳柯玛集团包销了大部分ASP2150系列投影机，将澳视公司大部分的存货变成了现金流。

另外，公司调整了管理机构，由多头管理转为"一长制"统一领导。此后，又聘请了具有丰富经验的原信诚公司总经理全面负责公司的营销体系，在2002年3月实现盈亏平衡，4月盈利23万元。此后，因澳视投影机填补了国内投影机空白，澳柯玛集团为此申请的6 000万元低息贷款到位，再加上集团的配套资金，澳视公司获得了新的资金，遇到了新的发展契机。

请思考：澳视公司在发展过程中是如何进行资源整合的？有没有更好的资源整合路径？

资料来源：雷家骕，王兆华. 高技术创业管理[M]. 第2版. 北京：清华大学出版社，2008，109-112；李予阳. 学生创业仅有激情是不够的[N]. 经济日报，2000-12-12，转引自

人民网，http://www.people.com.cn/GB/channel7/35/20001212/346520.html.

莫扬.视美乐创业赢在哪里？天时地利人和——清华园产生创业黄金搭档[N].中华工商时报，2000-12-07，转引自人民网，http://www.people.com.cn/GB/channel3/23/20001207/340920.html.

百度百科：http://baike.baidu.com/view/2172784.htm.

澳视官网：http://www.asee.com.cn/tongyong/.

第1章

创业资源概述

当创业者拥有或者能够控制那些稀有的、有价值的、难以复制的和不可替代的资源时，他们就可以为自己所建立的创业企业建立起持久的竞争优势。

——[美]马克·J.多林格

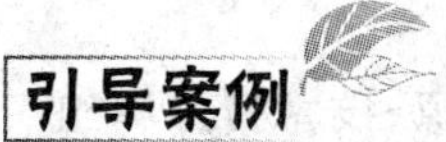

洛克菲勒的女婿[①]

在美国的一个农村，住着一位老人，他有三个儿子。大儿子、二儿子都在城里工作，小儿子和他住在一起，父子俩相依为命。突然有一天，一个成功的商人找到老人，对他说："尊敬的老人家，我想把你的小儿子带到城里去工作。"老人气愤地说："不行，绝对不行，你走吧！"这个人接着说："如果我在城里给你的儿子找个对象呢？"老人摇摇头："不行，快走吧！"这个人又说："如果你未来的儿媳妇是洛克菲勒的女儿呢？"老人想了又想，终于被让儿子当上洛克菲勒女婿的这件事打动了。过了几天，这个人找到了美国首富石油大王洛克菲勒，对他说："尊敬的洛克菲勒先生，我想给你的女儿找个对象。"洛克菲勒说："你快走吧！"这个人又说："如果你未来的女婿是世界银行的副总裁呢？"洛克菲勒于是同意了。又过了几天，这个人找到了世界银行的总裁，对他说："尊敬的总裁先生，您应该马上任命一个副总裁。"总裁说："不必了，这里这么多副总裁，我为什么还要任命一个副总裁呢，而且还是必须马上？"这个人说："如果你任命的这个副总裁是洛克菲勒的女婿呢？"总裁当然同意了。这个小故事反映出当代企业家配置资源的最佳方式。

很多事实证明，当今企业的竞争，不再仅仅是资本的竞争，而是更加依靠企业整合资源的能力。创业者要创业成功，必须具备一定的界定创业资源、获取和整合资源的能力。

1.1 创业资源的含义和分类

创业就是把创业机会的识别与创业资源的获取和整合相结合的活动，创业资源的获取和整合伴随整个创业过程。了解创业过程中所需资源的种类，知晓创业资源的获取途径和方法，熟悉创业资源获取的技巧和策略，可以降低创业者整合资源的难度。

1.1.1 创业资源的内涵

按照资源基础理论(resource-based theory，RBT)的观点，企业是一系列异质资源的集合体。资源就是任何一个主体，在向社会提供产品或服务的过程中，所拥有或者所能够

① 陈思亮.洛克菲勒的女婿[J].现代交际，2007(12)：29，30.

支配的能够实现自己目标的各种要素以及要素组合(Bamey,1991；Bamey,2001)。创业资源是企业创立以及成长过程中所需要的各种生产要素和支撑条件(林强,2003；林篙,2005)。基于以上观点,本书认为**创业资源是新创企业在创造价值的过程中需要的特定资产,包括有形资产与无形资产**,主要表现为创业人才、创业资本、创业机会、创业技术和创业管理等方面。对新创建的企业来说,创业者是其独特的资源,也是无法用钱买到的资源。

1.1.2 创业资源的分类

对创业资源的分类有很多种,常用的有按资源性质的分类、按资源存在形态的分类、按资源参与程度的分类、按资源重要性的分类、按资源来源的分类及其他分类。

1. 创业资源按性质分类

创业资源按性质可以分为人力资源、声誉资源、财务资源、物质资源、技术资源和组织资源等六种。①

(1) 人力资源。人力资源不仅包括创业者及创业团队的知识、训练和经验等,也包括团队成员的专业智慧、判断力、视野和愿景,甚至创业者本身的人际关系网络。创业者是创业企业最重要的人力资源,其价值观念和信念是新创企业的基石；其拥有的人际和社会关系网络使其能够接触到大量的外部资源,降低潜在的创业风险,加强合作者之间的信任和声誉；其拥有的经营管理能力和对从事行业的了解程度对于创业成功有很大的促进作用。合适的员工也是创业人力资源的重要部分,因此,高素质人才——技术人员、销售人才和生产工人等的获取和开发,便成为企业可持续发展的关键因素。

(2) 声誉资源。声誉资源是企业环境中的人群对企业的感觉。声誉可以存在于产品层面和公司层面。产品层面的声誉以品牌忠诚度的形式呈现,公司层面的声誉则表现为企业的社会形象。在当今知识经济的时代,持续不断的创新和发明大大缩短了技术更新的周期,使企业的技术资源优势只能维持较短的时间,但是声誉资源却可以在相当长的一段时间内得以维持,给企业带来持久的竞争优势。

(3) 财务资源。财务资源主要是指资金资源。它通常是创业企业向债权人、权益投资者和通过内部积累筹集的负债资金、权益资金和留存资金的数量之和。一般来说,创业初期以不高于市场平均水平的资本成本及时筹集到足额的财务资源,是创业企业成功创办和顺利经营的前提条件。创业者在创业初期的辛苦工作、高效节约的作风以及个人社会关系等可以在一定程度上减少部分资金需求。

(4) 物质资源。物质资源是创业和企业经营所需要的有形资源,如房屋、建筑物、设施、机器和办公设备、原材料等。一些自然资源如矿山、森林等有时也会成为创业企业的物质资源。

(5) 技术资源。技术资源包括关键技术、制造流程、作业系统、专用生产设备等。通常,技术资源包含三个层次：一是根据自然科学和生产实践经验而发展成的各种工艺流程、加工方法、劳动技能和诀窍等；二是将这些流程、方法、技能和诀窍等付诸实现的相应

---

① Green,P G,Brush,C G,Hart,M M. The corporate venture champion：A resource based approach to role and process [J]. Entrepreneurship：Theory and Practice. 1999,23：103-122.

的生产工具和其他物资设备；三是适应现代劳动分工和生产规模等要求的对生产系统中所有资源进行有效组织和管理的知识、经验和方法。技术资源大多与物质资源相结合，可以通过法律的手段予以保护，形成组织的无形资产等资源。

（6）组织资源。组织资源一般指企业的正式管理系统，包括企业的组织结构、作业流程、工作规范、信息沟通、决策体系、质量系统以及正式或非正式的计划活动等，有时候组织资源也可以表现为个人的技能或能力。其中，组织结构是一种能够使组织区别于竞争对手的无形资源。那些能将创新从生产功能中分离出来的组织结构会加速创新，能将营销从生产功能中分离出来的组织结构能更好地促进营销。组织资源来自于创业者或其团队对新创企业的最初设计和不断调整，同时包括对环境的适应和对成功经验的学习。

2. 创业资源按存在形态分类

创业资源按其存在形态可以分为有形资源和无形资源。

（1）有形资源是指具有物质形态的、价值可用货币度量的资源，如组织赖以存在的自然资源以及建筑物、机器设备、原材料、产品、资金等。

（2）无形资源是指具有非物质形态的、价值难以用货币精确度量的资源，如信息资源、人力资源、政策资源以及企业的信誉、形象等。

无形资源往往是撬动有形资源的重要手段。

3. 创业资源按参与程度分类

按照资源要素对企业战略规划过程的参与程度，创业资源可以分为直接资源和间接资源。

（1）直接资源是直接参与企业战略规划的资源要素。如财务资源、管理资源、市场资源、人力资源等。

（2）间接资源是不直接参与创业战略制定和执行的资源。如政策资源、信息资源等，它们对于创业成长的影响更多的是提供便利和支持，对于创业战略的规划起到间接作用。

4. 创业资源按重要性分类

根据资源基础理论，创业资源按照其对企业核心竞争力影响的重要性，可分为核心资源与非核心资源。

（1）核心资源主要包括技术、管理和人力资源。这些资源涉及创业企业有别于其他企业的核心竞争力，是创业机会识别、筛选和运用三大阶段的主线。

（2）非核心资源主要包括资金、场地和环境资源。这些资源是创业企业成功创办和持续经营的基本资源。

5. 创业资源按来源分类

创业资源按其来源可以分为自有资源和外部资源。

（1）自有资源来自于内部机会的积累，是创业者或创业团队自身所拥有的可用于创业的资源。如创业者自身拥有的可用于创业的资金、技术、创业机会信息等。

（2）外部资源来自于外部机会的发现，是创业者从外部获取的各种资源。包括从朋友、亲戚、商务伙伴或其他投资者筹集到的投资资金、经营空间、设备或其他原材料等。

自有资源的拥有状况（特别是技术和人力资源）会影响外部资源的获得和运用。

6. 创业资源的其他分类

创业资源还可以按其他维度进行分类,如按照用途属性可以分为生产资源和工具资源。生产资源是可以直接用于生产过程的资源,工具资源是用于获取其他资源的资源。

按照资源的复杂程度可以分为简单资源和复杂资源。简单资源是有形的、离散的、以产权为基础的资源,复杂资源是无形的、系统的、以知识为基础的资源。

1.1.3 战略性资源

经济组织起源于创业者自己拥有或者创业团队控制的资源,但不是所有的资源都能够使创业企业具备核心优势或形成可持续的竞争力。很多资源属于"普通"资源,它们虽然对企业开展经常性的商业活动必不可少,但却不能提供特别的优势,如财务资源。资金虽然是创业非常重要的资源,筹集资金也是创业者面临的首要任务,但由于其他人也能不同程度地获得资金,而且其并不是非常稀缺和难以复制,更不是不可取代的,因此,财务资源在大多数情况下不足以成为持续竞争优势的来源。

与普通资源相对应的资源被称为战略性资源。战略性资源是能够建立竞争优势的资源。**资源基础理论认为当企业拥有并且利用具备以下特征的资源和能力时,企业就可以建立持久的竞争优势:有价值,能利用某些市场机会;稀缺,对所有竞争对手来说并不充足;难以复制,竞争对手无法简单地复制;不可替代,没有可供替代的其他资源。**

1. 有价值

对创业者来说,有助于机会识别和开发的资源都具有价值。从管理学的角度讲,当某种资源能够帮助组织提高其战略实施的效果和效率时,它就是有价值的。在创业企业运作的过程中,有价值的资源具有非常重要的作用,可以帮助创业者更好地利用环境中的机遇,使环境中的威胁最小化。**战略资源"有价值"的特点意在提示创业者要注重挖掘资源价值,从价值创造的角度分析资源,而不是一味地追求资源占用的数量。**有价值的资源和能力包括财产、装备、人员以及诸如营销、融资和会计上的独特技能等,由于这些资源的普遍存在性,战略性资源不但要有价值,还需要同时具备其他特点。

2. 稀缺

如果一种资源不能被竞争对手广泛获取,那它就是稀缺资源。资源的稀缺性是在供求不平衡的状态下产生的,供应不足就意味着稀缺。如我国由于近些年经济的持续高增长,对能源和原材料资源产生了巨大的市场需求,使得原材料和能源变得稀缺。可以被视作稀缺资源的有:有优势的地段,被看作卓越领导者的管理人员,以及对石油、矿山等自然资源的控制。实际上,某些行业的准入资格往往也属于稀缺性资源。

3. 难以复制

稀缺资源和有价值的资源经常能引发创新,使企业成为市场上的领导者。但由于有些稀缺资源在某些价位上可能会变得不再稀缺,或者由于过高的价位使得该资源的优势消耗殆尽,因此,战略性资源的其他特征便显得更为重要。如果某种资源难以模仿,或者竞争者需要付出极大代价才能复制,则这种资源便具有难以复制的特性。多林格认为,由于创业企业都是在独特的历史条件下创办的,创业者的能力及其创业背景、个人特质紧密相关,因此,伴随组织诞生的那些初始资源就具有一定的独特性而难以复制。另外,由于企业运用资源的能力和企业持续竞争优势之间的关系错综复杂，即使亲身参与创业与成长过程的人员也很难清晰地陈述其中关键的成功因素，其他人更是难以进行复制或模仿。最后，由于管理者、顾客和供应商之间复杂的社会关系，以及创业企业形成的独特的组织文化，使得在特定社会网络关系中诞生的企业的人力资源、声誉资源或组织资源难以被模仿或复制。

4. 不可替代

如果某种资源不能被普通资源所替代，即不能以类似方式或不同的方式进行替代，则该资源具有不可替代性。由于大多数资源之间都具有相互替代的关系，如计算机信息系统对管理者工作的替代，机器设备对一般劳动者劳动的替代等，因此，**拥有不可替代的资源对企业持久竞争力的保持具有非常重要的意义**。

具有以上四个特点的资源是企业争夺的主要资源。**创业者在获取这些资源的时候要强调前瞻性和动态性，避免陷入争夺资源的价格战之中**。在资源价值被低估或尚未被开发出来时，创业者若能先行一步获取，再加以培养和部署，就会获得高于市场平均水平的利润；如果创业企业能保护好具有以上特征的战略资源，并且很好地保持资源的这四种品质，则它将具备长久的竞争优势；如果创业企业成立时拥有的资源只具备其中一些特征，不具备全部的四个特征，那么创业企业也会具备短期或较小的竞争优势；如果创业企业拥有的资源具备所有这些特征，但是企业未能将其充分运用，或者没有有计划地去保护这些资源，则企业的竞争优势只会持续一段时间，如持续到被其他企业可以复制或完全模仿它们为止。所以，**创业者要建立创业企业的持续竞争优势，需要控制、整合和充分利用战略资源**。

1.1.4 创业资源与一般商业资源的异同

创业资源与一般商业资源既有相同点，也有一定的区别。

(1) 创业资源是商业资源，但不是所有的商业资源都是创业资源，因为只有创业者可以利用的资源才是创业资源。比如，一座无人开采的价值巨大的矿山是一种商业资源，但该矿山不一定是创业资源。因为创业活动多数具有轻资产、小团队的特征，一般没有能力通过开发一座价值连城的矿山而开始创业。

(2) 创业资源更多表现为无形资源，一般商业资源则更多表现为有形资源。

(3) 创业资源的独特性更强，创业者的个人能力和社会网络资源是其中最为关键的资源；在一般商业资源中，规范的管理和制度则是企业取得成功的基础资源。

1.2 创业资源的作用

设立、运营企业需要的不是单一资源，而是不同要素资源的组合。创业活动的贡献在于把资源从生产力低、成果小的地方转移到生产力高、成果大的地方，通过转移使资源创造更大的价值，因此，创业者实际上是在资源整合过程中获得回报。创业者通过出让预期收益的方式，向不同要素资源所有者筹措创业所需的资源，以正规或非正规的契约形式构筑创业企业特定时期的资源集合，使企业成了科斯理论中的一系列契约的组结。因此，

Crosa认为资源无疑是企业创建期最重要的因素,Brown 和 Bruce 把资源获取作为创业行为中不可或缺的重要组成部分,Wickham 的创业模型不仅把资源作为创业活动的重要因素,而且还定义了资源的范畴,即金融资本、人力资本以及技术。① 可见,资源在创业成功中的基础性作用。

虽然资源是创业成功的必要非充分条件。但成功的创业者对把握商机过程中所需要的资源以及对这些资源的所有权和管理权有着自己的独特看法,在新创企业成长的各个阶段,都会努力做到用尽可能少的资源来推进企业向前发展。

1.2.1 不同时期创业资源的作用

创业企业在发展的不同时期,需要的资源类型和数量可能会有所不同,不同资源在企业不同生命周期的作用也存在区别。一般来说,创业过程可分为企业创立之前的机会识别和创立之后的企业生存与成长过程两个阶段,在每一个阶段中创业资源都发挥着重要作用。

1. 机会识别阶段创业资源的作用

机会识别与创业资源密不可分。Kirzner(1973)认为,机会代表着一种通过资源整合、满足市场需求以实现市场价值的可能性。因此,**创业机会的存在本质上是部分创业者能够发现其他人未能发现的特定资源价值的现象**。例如,同样的产品或者盈利模式,一些人会付诸行动去创业,其他人却往往放任机会流失;有的人会经营得很成功,而另一些人却会遭受损失。对后者来说,往往是缺乏必要创业资源的缘故。

2. 企业生存与成长过程中创业资源的作用

企业创办之后,创业者一方面仍需要积极有效地吸收更多创业资源,另一方面还要将精力集中到对创业资源的整合上来,以不断形成及发挥企业的竞争优势。资源整合对于创业过程的促进作用是通过创业战略的制定和实施来实现的。丰富的创业资源是企业战略制定和实施的基础和保障,同时,充分的创业资源还可以适当校正企业的战略方向,帮助新创企业选择正确的创业战略。所以,**有效的资源整合,可以帮助创业者重新认识企业的竞争优势,制定切实可行的创业战略,为新创企业的生存与发展打下良好的基础**。

创业测试

测试你的创业资源

一、如果你是社会人士,请从以下三个方面测试你的创业资源。

(一) 知识和技能

1. 你所属的企业(或业界)对地位的评价常以年龄为参考吗?
2. 以年龄来看,四周的人对你的专业知识(能力)的评价如何?
3. 你曾经参与过成功的计划吗?你有亲自执行的经验吗?
4. 你曾为上司提过好的建议,或针对企业难题提出解决方案而在业界受到瞩目吗?
5. 你认为上司(若已是"一把手"可选业界)对你的专业知识(或技能)信赖度如何?
6. 你的部属对你的信赖度如何?

---

① 王旭,朱秀梅.创业动机、机会开发与资源整合关系实证研究[J].科研管理,2010(5):54.

7. 你在公司或业界的知名度是否受猎头注意，并和你联系过？

8. 你曾将专业知识或技能对外以演讲、报刊文章等形式发表过吗？

（二）人脉

1. 以你的年龄来看，业界对你在工作上的交往与人缘有何评价？

2. 每年你要寄出多少贺年卡？

3. 你每年收集的名片数是多少？

4. 拿起电话马上就可以谈心的朋友有多少？

（三）资产

1. 当你没有收入来源后，你的家庭储蓄可以维持多久同样的生活水平？

2. 除了自有房屋外，你还有哪些不动产？市值多少？

3. 你一年的非工作所得占工作所得的比例为多少？

4. 一旦发生周转不灵，你可以凭自己的信誉借到多少资金？

测试过程中你可以将答案按照非常多、多、一般、较少、非常少、无等6个等级，分别赋予5、4、3、2、1、0的不同数值。总分在30分以上才有创业资格。

二、如果你是在校大学生，请从以下两个方面测试你的创业资源。

（一）知识和技能

1. 你所在的学校对学生的评价常以分数为主要参考吗？

2. 以年龄来看，四周的人对你的专业知识（能力）的评价如何？

3. 你曾经参与过成功的计划吗？你有亲自执行的经验吗？

4. 你曾为班级/院系/学校提过好的建议，或针对难题提出解决方案而在学校受到瞩目吗？

5. 你认为同学对你专业知识的信赖度如何？

6. 你的朋友对你的信赖度如何？

7. 你曾将专业知识或技能以演讲、报刊文章等形式发表过吗？

（二）人脉

1. 以你的年龄来看，朋友们对你在学习上的交往与人缘有何评价？

2. 每年你要寄出多少贺年卡？

3. 你每年新增的朋友数是多少？

4. 拿起电话马上就可以谈心的朋友有多少？

测试过程中你可以将答案按照非常多、多、一般、较少、非常少、无等6个等级，分别赋予5、4、3、2、1、0的不同数值。总分在20分以上才有创业资格。

1.2.2 不同创业资源的作用

尽管创业资源可以从不同的角度进行分类，但是创业资源按性质的分类是最基本的分类。如上文所述，创业资源按性质分为人力资源、声誉资源、财务资源、物质资源、技术资源和组织资源等。

1. 人力资源

人是创业活动的主体，在创业活动中起着根本性的决定作用。创业者及创业团队的知识、训练和经验等是成功创业最核心的资源,"一流团队比一流项目更重要"已经成为一个不争的事实。因此,高素质人才的获取和开发,是现代企业可持续发展的关键,特别是高科技创业企业,人才资源更为重要。而基于创业者及其团队的人际和社会关系网络的重要性更是妇孺皆知。美国钢铁大王卡耐基说:"专业知识在一个人成功中的作用只占15%,其余的85%则取决于人际关系。"

2. 声誉资源

声誉资源通常具有战略性资源的特征,可以为企业带来竞争优势,而且可以维持相对较长时间,竞争对手难以通过交易、模仿等快速方式获得。产品层面的声誉资源可以使企业保留大部分老顾客、获得更多新顾客,进一步提升企业的知名度;公司层面的声誉资源则有助于企业在同等情况下比他人更方便地获得其他资源,以形成企业持久的竞争力。

3. 财务资源

财务资源对于任何一个企业都非常重要,对于新创企业来说,无论是进行产品研发还是生产销售,都需要大量资金,而创办初期由于市场和销售的不确定性,会使生产经营中产生的资金数量较少。因此,如何有效吸收财务资源是每个创业者都极为关注的问题,财务资源短缺也是很多创业者遇到的普遍问题。及时筹集到所需要的财务资源,是很多创业者迈出创业的非常重要的一步。

4. 物质资源

物质资源是企业创建和赖以存在的根本保障,任何企业的诞生和存续都要以物质资源为基础。物质资源对于新创企业的起步阶段尤为重要,但通常不是战略性资源,竞争对手可以通过交易的方式获取它们。但是,某些稀缺的地理位置,对石油等不可再生资源的控制也会成为新创企业的竞争优势。对创业者来说,物质资源的获取比较容易。

5. 技术资源

从一般企业的角度讲,技术是企业存在和发展的基石,是生产活动和生产秩序稳定的根本。企业只有不断开发新技术、新产品,建立充裕的技术储备和产品储备,才能在市场竞争中立于不败之地。在创业初期,创业资金需求基本满足的情况下,创业技术是最关键的资源。因此,积极寻找、引进有商业价值的科技成果,加强和高校科研院所的产、学、研合作,有助于加快产品的研发速度,提高企业的核心竞争力。

6. 组织资源

人力资源需要在组织资源的支持下才能更好发挥作用,企业文化需要在良好的组织环境中培养,而且组织资源对其他资源的利用效率和企业创新也起着决定性的作用。

各种不同类型的资源组合与企业年龄和所处的生命周期阶段相关,某种资源是否比其他资源更重要取决于企业所处的生命周期阶段。如在企业的初始阶段,人力资本和经验比较重要,但随后组织资源会处于主导地位。

1.3 创业资源的获取

资源获取是在确认并识别资源的基础上,利用其他资源或途径得到所需资源并使之为创业企业服务的过程。创业者应充分认识影响创业资源获取的因素,了解创业资源的获取途径，以在适当时候获得企业必需的创业资源。

1.3.1 创业资源的获取途径

获取创业资源的途径分为市场途径和非市场途径两大类。当创业所需要的资源有活跃的市场，或者有类似的可比资源进行交易时，可以采用市场交易的途径；其他情况下则可以采用非市场交易的途径。

1. 通过市场交易途径获取资源

通过市场途径获取资源的方式包括购买、联盟和并购等。

购买是指利用财务资源通过市场购入的方式获取外部资源。主要包括购买厂房、装置、设备等物质资源，购买专利和技术，聘请有经验的员工等。需要注意的是，诸如知识尤其是隐性知识等资源虽然可能会附着在非知识资源之上，通过购买物质资源（如机器设备等）得到，但很难通过市场直接购买，因此，需要新创企业通过非市场途径去开发或积累。对创业者来说，购买资源可能是其最常用的资源获取方式，大部分资源，尤其是物质资源、技术资源、人力资源等都可以通过从市场上购买的方式得到。

联盟是指通过联合其他组织，对一些难以或无法自己开发的资源实行共同开发。这种方式不仅可汲取显性知识资源，还可汲取隐性知识资源。但联盟的前提是联盟双方的资源和能力互补且有共同的利益，而且能够对资源的价值及其使用达成共识。通过联盟的方式共同研究、开发、获取技术资源也是创业者经常采用的方式，尤其是对于高科技企业来说，通过和高等院校及研究机构的联盟，可以在不增加设备投入的同时，及时得到企业发展所需要的技术资源，使企业保持可持续发展的后劲。

资源并购是通过股权收购或资产收购，将企业外部资源内部化的一种交易方式。资源并购的前提是并购双方的资源尤其是知识等新资源具有比较高的关联度。并购是一种资本经营方式，通过并购可以帮助创业者缩短进入一个新领域的时间，从而及时把握商机，实现创业目标。

2. 通过非市场途径获取资源

非市场途径获取资源的方式主要有资源吸引和资源积累等。

资源吸引指发挥无形资源的杠杆作用，利用新创企业的商业计划，通过对创业前景的描述，利用创业团队的声誉来获得或吸引物质资源（厂房、设备）、技术资源（专利、技术）、资金和人力资源（有经验的员工）。创业者在接触风险投资或者技术拥有者的过程中，可以通过对创业前景的描述或团队良好声誉的展示，获得资源拥有者的信任和青睐，从而吸引其主动将拥有的资源投入到创业企业之中。

资源积累指利用现有资源在企业内部通过培育形成所需的资源。主要包括自建企业的厂房、装置、设备，在企业内部开发新技术，通过培训来增加员工的技能和知识，通过企业自我积累获取资金等。创业者通常会采用资源积累的方式来筹集企业所需的人力资源或技术资源。通过资源积累的方式获取人力资源可以作为一种激励方式，激发创业团队或企业员工的工作积极性，提高工作效率；通过资源积累的方式获取技术资源，则可以在获得核心技术优势的同时，保守商业机密。

通过市场途径还是非市场途径取得资源，主要依赖于资源在市场的可用性和成本等

因素。若证明快速进入市场能够带来成本优势,则外部购买可能就是获取资源的最佳方式。

获取资源贯穿创业的全过程,在创业的初始阶段,它具有更加重要的作用。对于多数新创企业来说,由于初始资源禀赋的不完整性,创业者需要取得资源供应商的信任来获取资源。但无论如何,采用多种途径同时获取不同资源总是正确的选择。INSEAD 策略学教授洛朗斯·凯普伦(Laurence Capron)和美国北卡罗来纳州杜克大学教授威尔·米切尔(Will Mitchell)2010 年经过对 162 家电信公司进行长达 10 年的研究后得出结论,与采用单一途径的企业相比,通过多种方式获取资源的企业更有优势:它们在未来 5 年内继续经营的概率比那些主要依赖联盟的企业高 46%,比专注于并购的企业高 26%,比坚持内部研发的企业高 12%。[①]

1.3.2 创业资源获取模式

创业者开创企业的初始条件不同,其获取资源的模式也会有所不同。典型的创业资源获取模式有技术驱动型的资源获取模式、人力资本驱动型的资源获取模式,以及资金驱动型的资源获取模式。

1. 技术驱动型的资源获取模式

技术驱动型的资源获取模式是指创业者最先拥有技术资源,或者创业初始技术资源较为充裕并带动其他资源向企业聚集。[②] **在该模式下,创业者以拥有的核心技术为基础,根据技术开发的需要获取、整合和利用资源**。大学生创业或高科技创业多采用这一模式。北京忆恒创源科技有限公司的创业故事就是一个成功的技术驱动型获取资源模式的典型。

创业实例 北京忆恒创源科技有限公司的资源获取

忆恒创源公司的两位创始人——总经理殷雪冰和技术副总路向峰是多年好友,他们都是“80 后”。创业前他们分别在中国科学院、微软亚洲研究院工作,从稳定工作走向创业的路,源自“技术控”殷雪冰的一个偶然发现。

殷雪冰在中国科学院时,有一次院里有个航拍项目,需要一个大容量硬盘,但机械硬盘太重并且容易受震动出现故障。他们不得已买了一个昂贵的进口固态硬盘,容量不大,但是价格为 5 000 元。殷雪冰当时觉得很惊讶:硬盘能卖那么贵的价钱?殷雪冰回去查阅了很多国外网站的资料,发现当时全球企业级固态硬盘的生产商寥寥无几。殷雪冰对固态硬盘的性能、技术进一步分析后,他觉得这是一个可以开拓挖掘的蓝海市场,而自己和好友路向峰就具备研发核心技术的能力。

此后半年的时间,殷雪冰和路向峰下班后都会挤在 9 平方米的宿舍里做实验。2009 年,两人索性先后辞掉了工作,专心做研发。实验进行得并不顺利,但是两个“技术男”对

---

① 佚名.并购不一定是企业扩张的最佳途径?网易财经,http://money.163.com/11/0113/10/6Q982PIP00253G87.html.

② 王旭,朱秀梅.创业动机、机会开发与资源整合关系实证研究[J].科研管理,2010(9):57.

这一产品的执着始终不曾动摇。2011年，他们攻克了核心技术，积累了很多算法和技术。经过测试，他们认为自己的产品比最大竞争对手——美国一家全球最大固态硬盘生产商的产品更先进。“我们的性能几乎是我们竞争对手的三倍以上。”于是殷雪冰和路向峰在2011年3月成立了北京忆恒创源科技有限公司，希望借助资本的力量，借助各种各样的资源，推广自己的技术和产品，做出世界级的企业。

在2011年创新中国大赛中，殷雪冰的北京忆恒创源科技有限公司走到了比赛的最后，得到了名次，拿到了奖金。2011年11月，公司获得英飞尼迪股权基金管理集团和中关村创投的共同投资2 000万元人民币。

目前该产品已被人人网、豆瓣网、奇虎360、优酷网、乐视网、完美世界、中国科学院等采购，忆恒创源公司还与戴尔、联想、曙光、浪潮以及多家世界500强等服务器厂商建立了合作伙伴关系。

资料来源：投资潮网站，http://www.investide.cn/news/46740.html；和讯科技，http://tech.hexun.com/2012-12-17/149111128.html.

2. 人力资本驱动型的资源获取模式

人力资本驱动型资源获取模式是指创业者以拥有的团队为基础，通过发挥团队特长或根据机会开发的需要来获取、整合和利用资源的模式。很多职业经理人创业采用这一模式；工作一段时间后再创业的创业活动很多也是以原工作单位的工作伙伴以及积累的工作技能为基础，先组建一个相互默契的工作团队，再寻找一个适合的创业项目，促成创业成功。六合万通的创业实例就是人力资本驱动型的资源获取模式。

创业实例　　六合万通的创业团队

北京六合万通微电子技术有限公司（以下简称六合万通）是由留学归国人员团队于2001年创立的一家专业从事无线通信大规模集成电路设计及系统开发的高新技术企业。

六合万通是中国宽带无线IP标准工作组和信息设备资源共享协调服务标准工作组（IGRS、闪联）的成员之一，独立承担国家科技部“863计划”项目。六合万通凭借无线通信领域的技术实力和先进的集成电路设计技术，先后与索尼、安捷伦、中国网通、冲电气、富士通、朗弗宽频微电子等国际知名企业建立了长期技术战略合作关系，为宽带无线通信及3G通信系统提供核心芯片和系统解决方案。

六合万通创业团队的成员都是留日归来的学子，都有着共同的创业情结和目标；董事长寿国梁用18年时间在自己喜欢和擅长的专业领域聚集了大量的人脉资源，公司的几位创始人都是当初寿国梁主政日本鹰山公司时招聘来的。在运作公司和技术上，大家各有所长，通过多年的学习和工作，已经走过磨合期。因此，六合万通从一开始创业，就整合到了让人羡慕的人脉资源，聚集组合成了一个梦幻般的团队，然后依靠着聚集来的大量人脉资源，找到了资本，找到了技术与产品，也找到了渠道等各种创业资源。

资料来源：佚名.创业资源整合——人脉资源[J].科技创业，2005(2)：26,27.

3. 资金驱动型的资源获取模式

资金驱动型资源获取模式是指创业者最先拥有资金，或者创业初始资金较为充裕并带动其他资源向企业聚集的资源获取模式。在该模式下,**创业者以其拥有的资金为基础,通过寻找和资金相匹配的项目,进而对其进行开发来获取、整合和利用资源**。很多大型企业的内创业多采用资金驱动型的资源获取模式,它们有着充裕的资金,有发现新商机的独到眼光,于是通过新产品研发或新技术购买开始新一轮的创业活动。

创业实例　借助资金实现增长的安博教育

创业之初,安博就有风险投资的孵化,这和大多数教育培训机构的"白手起家,小本经营"很不同。1999 年,硅谷软件工程师出身的黄劲以"构建开放式教育平台"的理念打动了投资者,在 2000 年拿到了几百万美元的投资。于是她开始投身到中国的教育软件行业,把已经在硅谷创立的安博公司带到了中国。但在 2000—2003 年间,安博公司主要是闭门研发软件,2003 年之后,安博公司自主研发的学习软件才开始销售。

2004 年,安博公司研发的全系列教育软件系统已经应用于包括政府、大学、中小学校、企业等在内的数千家机构。当时每年能有几千万元人民币的营业收入。但这只是个开始,安博公司要向更大的市场迈进,做更全面的教育服务。这时候其引入新的投资,2006—2008 年,每年都有资金进来,余额从一百多万美元变成 5 400 万美元,再到 1.03 亿美元。两次创国内教育培训机构私募融资的纪录,后两轮融资主要用于 2007 年在全国展开的对地方教育机构的大举收购,安博公司将其与自己的平台和团队相结合,通过这样的方式打造"中国教育航母"。

2007—2009 年,安博公司共进行了 24 项并购,与此同时其年收入从 2007 年的 3.19 亿元增长到 2009 年的 9 亿元,净利润由 3 423 万元增长到 1.38 亿元。2010 年 8 月 5 日,安博教育成功登陆纽交所。

安博教育集团连续多年被新浪、搜狐、腾讯、《人民日报》、新华社等国内权威媒体誉为中国十大教育服务品牌,被《中国企业家》杂志评为"中国最具成长性企业 21 星",被《商务周刊》连续三年评为"中国 100 快"公司;2009 年荣膺"建国 60 年中国教育培训十大品牌"、"中国教育连锁最具影响力品牌"、"卓越雇主——2009 中国最适宜工作的公司"、"2009(第三届)中国创业投资价值榜最具投资潜力企业"等名誉称号。此外,安博公司还位居德勤"2007 年亚太高科技、高成长 100 强"前列。

正是借助于资金的力量,使得安博公司能够在初创的前三年潜心研发软件;更是借助资本的力量,使得安博公司能够通过并购的方式取得更快的发展。可以说,安博的发展之路,就是资金驱动型创业资源的整合之路。

资料来源:奚艳.安博:颠覆中华教育之"千年传统"[J].上海信息化,2008(4):66-69;常青.安博教育:一边平台扩张,一边有机增长[J].商务周刊,2010(23):130,131.

1.3.3 创业资源的获取技能

为了及时足额并以较低的成本获得创业所需要的资源,创业者需要掌握一定的创业资源获取技巧。

1. 充分重视人力资源的获取

人力资本在创业资源中的决定性作用,要求创业者必须充分重视人力资源的获取。

创业者一方面应努力增强自身能力的培养，充分重视创业团队的建设；另一方面要做好创业企业员工的招聘和管理。一支知己知彼、才华各异、技能互补、目标一致和彼此信任的团队是创业资源中最为重要的资源，是创业成功必不可少的保证；一支团结高效的员工队伍是创业成功的基础保障。

2. 以能用和够用为原则

垃圾是放错了地方的“宝贝”，但不是所有的“宝贝”都是企业的资源。创业者在筹集资源时应坚持能用的原则，只有那些既能满足自己需求又是自己可以支配并使其充分发挥作用的资源，才是真正需要筹集的资源。

另外，资源的使用是有代价的，因此，在筹集创业资源时应该本着够用的原则，而不是多多益善。一方面资源的有限性使创业者难以筹集过多的资源；另一方面，当使用资源的收益不能够弥补其成本时，资源的使用并不能给企业带来效益，反而会成为企业健康发展的负担。

3. 尽可能筹集多用途资源和杠杆资源

资源自身的特性决定了其用途的不同，有的资源可以在不同场合具有不同的用途。筹集具有多种用途的资源可以帮助创业者应付创业过程中出现的意外。在知识社会，具有独特创造性的知识是现代社会的高杠杆资源。[①] 对于杠杆资源的合理利用，有助于创业者取得一定的杠杆收益，达到事半功倍的效果。**高素质的人才既是多用途的资源，也是高杠杆的资源，是创业者必须充分予以高度关注和重视的资源。**

1.3.4 白手起家型创业者的资源获取

如果是初次创业，以前又没有太多的相关工作经验，并且少有财力积累，则一般可以被称作是白手起家的创业者(start from scratch)。比如很多大学生创业、高科技创业等都是这种情况。统计表明，白手起家的创业者占很大的比例，[②]他们的处境比其他创业者更加艰难，但这并不妨碍他们中的不少人最终拥有突出的创业绩效。[③]

白手起家创业指在没有基础和条件很差的情况下自力更生，艰苦创业。白手起家是创业者运用自己有限的资源，自发性地利用市场机遇，所面对的一场硬碰硬的战争；白手起家也是一门科学，是可以通过有效的规划和训练提高成功率的。白手起家的创业者可供使用的自有资源实在有限，因此，需要创业者具有较强的整合资源的能力。

1. 白手起家创业者的特质

创业有时候并不如想象中的那么容易，白手起家更是难上加难。在这种情况下，创业者必须在其他方面占有较大的优势，比如有广泛的社会关系或有一定的融资能力、商业信息和销货渠道等，否则白手起家将很难成功。[④]

(1) 广泛的社会关系。白手起家的创业者因没有资金实力，将很难请到高水平的人

---

① 秦合舫. 知本时代的高杠杆资源[M]. 中华工商时报，2007-04-09.

② Kolvereid L, Isaksen E. New business start-up and subsequent entry into self-employment [J]. Journal of Business Venturing, 2006(21): 866-885.

③ Bhidé A. The origin and evolution of new businesses [M]. Oxford: The Oxford University Press, 2000.

④ 阳儿. 白手起家，你行吗？[J]理财杂志，2005(9): 47,48.

才,也没有太多的钱用于广告或市场推广,所以创业之初的生意来源很大部分是靠社会关系。即使是没有社会关系而白手起家的,创业时第一件要做的事就是去建立广泛的社会关系,以便日后可以得到更多人的帮助。

(2) 明智的预见性。明智的预见性有时候是天生的,但更多是后天培养的。真正伟大的领导者大都拥有敏锐的眼光,有明智的预见性。对白手起家的创业者来说,要想成功就要寻求一个好的项目或者产品,这时一般要考虑三点:一是该产品或项目要顺应社会发展的潮流;二是该产品或项目要与众不同;三是在推广该产品或项目时,不需要或只需要很少的启动资金,这就要求创业者能够把握好市场未来的发展和变化趋势,从而找到并占领一席之地。

(3) 良好的信誉和人品。创业者品质决定着企业的市场声誉和发展空间。不守“诚信”,或可“赢一时之利”,但必然“失长久之利”。反之,则能以良好口碑带来滚滚财源,使创业渐入佳境。白手起家的创业者由于经营规模较小,所以商业信誉度在人们看来不会很高,这时就要用创业者个人的信誉和人品来担保,只有这样别人才愿意并敢于与之合作。

(4) 吃苦耐劳的精神。与财大气粗的竞争对手相比,白手起家者需要付出更多的努力。多做一些事情,多奉献一些爱心,使客户受到感动,这就是最有力的竞争,白手起家者一般都要事必躬亲,亲力亲为,所以在创业之前就要做好心理准备,市场是抢来的而不是等来的。

2. 白手起家创业应注意的问题

白手起家的创业者在创业之初,应避免一些观念误区,同时培养一些有助于成功的习惯。

(1) 应避免的观念误区

① 白手起家不成功也没白搭什么。白手起家者大都离不开亲戚朋友的鼎力支持,失败不但会令他们失望,也会给自己的业务伙伴带来不必要的损失,在无形中影响到创业者未来做事或再创业时的商业信誉。

② 一个人创业。白手起家者更需要广泛地寻求支持与合作,其中最好的办法莫过于合伙创业。几个志同道合、各有所长的人可以优势互补、分工合作,以此弥补物质条件的不足。与人合伙还有一个利益共享的关系,合作伙伴会一心一意地共同创业。

③ 白手起家就是不投入或少投入资金。所谓白手起家,只是自己不直接投入资金,但要通过自己的智慧使用别人的资金,或者用其他经营因素,如经营技巧、技术等无形资产去换取、替代资金或弥补资金不足。

④ 白手起家就要选择投资少、见效快的项目。面对市场激烈的竞争,你看好的项目,别人也会看好,正确的选择应该是,寻求特色产品或服务,也叫差异化产品或服务,从而在市场的夹缝中或在一个较小的市场上求得生存,避免与具有强大竞争力的对手相遇。

⑤ 只有大事情才值得费脑筋。其实,任何小事情,只要用心去想就必有所获。几乎所有的人都愿意购买那些完美的产品,即使价格高一些也无所谓。所以,白手起家的创业者,野心可以无限大,但在做法上却要有一点一滴都不马虎的精神,所谓“集腋成裘”、“积沙成丘”,无论是累积经验,还是累积财富,都是千古不变的至理名言。

(2) 应养成的良好习惯

白手起家创业者要获得创业成功,需要养成以下良好习惯。①

① 立即动手。通过加入一些与创业者将来公司有关的行业组织,订阅所有与拟创办公司业务有关的刊物,尽可能地获得宝贵的从业建议和最新的行业信息,为创业做好准备。

② 编制现金预算。详尽的现金预算可以帮助创业者把握每笔资金的流向。尽管现金预算听起来令人头疼乏味,其实做起来比较简单。估计一下创业企业下个月/季度的收入情况,然后在这个基础上预算出能够保证公司正常运作的月份/季度支出,充分考虑到公司的现金流转,避免出现资金断流的问题。

③ 按计划完成工作。有一次,一位白手起家创业的成功人士受邀到某大学为毕业生做演讲,当有人问他怎样才能成功时,他说:"只要胸中有一个大目标,然后有一个好的计划,最后便是做好你每天该做的事,坚持下去,成功便会随之而来,奇迹便会自然出现。"很多创业者在创业之初遇到的最大难题之一就是管理不善,工作计划不周密。所以制订年度、季度,甚至每周、每天的工作计划就至关重要。同时还要注意,检查工作的完成情况,监督自己,及时调整工作进度。

④ 不要为取得的成就沾沾自喜。抓住每次阶段性胜利的机会,庆祝自己的胜利,充分享受生活,可以增加自己继续前进的信心和力量。但在瞬息多变的市场环境下,却千万不能自满,而应不时地评估竞争对手、把握行业动态,调整企业的发展方向,以便在残酷的商业竞争中立于不败之地。

⑤ 选准项目,白手起家。有人问一位白手起家的成功人士怎样才能成功,这位成功者说:"选择你最感兴趣、最能发挥你特长的项目,然后在这一行争做前三名。"一个人如果很不满意自己从事的工作,那么他在这一行中有所建树的可能性就微乎其微。所以,一定要选择自己的强项作为终生奋斗的事业,从基础做起,逐步发展,逐渐壮大。

⑥ 不断积累,增强实力。白手起家的人最初基本上很弱小,如果能在创业初期运用智谋和各种有利条件,在创新、出奇、冒险的同时,勤俭创业,诚信经营,不断积累,增强实力,就能逐渐发展壮大,在激烈的市场竞争中立于不败之地。

⑦ 兼顾工作与家庭。能够做到工作、家庭都兼顾,对事业的长期成功非常重要。创业者可能会为了某个项目或产品而废寝忘食,如果这种情况偶尔出现还可以理解,但最好不要让加班加点成为一种长期行为,千万别忘了家人,多和他们一起享受天伦之乐,因为一个美满的家庭是事业成功的坚实基石。

⑧ 充分利用外部资源。孤陋寡闻、信息闭塞是在家做 SOHO 时很容易犯的毛病。所以这些人们也要走出家门多和外界联系,这样不但能够知晓当前最新的行业信息,把握市场的脉搏,有时还能在事业上获得一些外部的帮助。现在的创业不是只靠自力就能更生的,众人拾柴火焰高,多听听别人的建议,往往能从中发现很多宝贵的信息。

---

① 楚杰.白手起家,你行吗?[J]时代风采,2003(9):6;孙新平.白手起家的 10 大策略.企业导报,2005(9):60,61.

创业测试　你适合白手起家吗?

创业之前,你可以先评估一下你的创业计划,尝试探索以下问题。

(1) 你能否用语言清晰地描述出你的创业构想? 想法必须明确。你应该能用很少的文字将你的想法描述出来。

(2) 你真正了解你所从事的行业吗? 许多行业都要求从业者从事过这个行业,并对其行业内的方方面面有所了解。

(3) 你看到过别人使用这种方法吗? 一般来说,一些经营红火的公司的经营方法比那些特殊的想法更具有现实性。

(4) 你的想法经得起时间的考验吗?

(5) 你的设想是为自己还是为别人? 你是否打算在今后5年或更长时间内,全身心地投入到这个计划的实施中去?

(6) 你有没有一个好的、服务于你个人的社会关系网络?

(7) 你是否明白什么是潜在的回报? 如成就感、爱、价值感等。

如果你能正确回答上述几个问题,那么你创业成功的胜算将会很高,你可以决定着手去创业。

资料来源:佚名.创业测试:你适合白手起家吗?[J].生意通,2011(12):98,99.

3. 白手起家创业者获取资源的方式

在某种社会情景下,资源所有者会“受他人利益影响”或者“把他人的效用纳入自己的效用函数”,从而改变原有偏好。因此,创业者们可以有针对性地采取某些行动,有意识地进行主导,使利己的情景产生,从而获得所需资源。

一般来说,白手起家的创业者可以通过以下方式获取资源。①

(1) 象征性行动的方式

象征性行动就是通过利用可观测的个体或组织特征改变外部资源持有者对自己的印象而采取的行动。**创业者常常采取象征性行动来改变外部资源持有者的认知,帮助新企业得到合法性,借此获得外部资源持有者的支持**。如对创业者的可信性、组织的专业性、组织的成就、利益相关者的关系品质等方面信号的传达。它不需要创业者有真正的实质性的行动,只需要通过一些方法使得资源所有者对新创立企业有着对成熟企业相近的认识。比如,创业者可以通过有技巧性的讲故事方式让资源所有者了解自己和团队以往的经历以及在相关行业取得的成绩,让拥有一定声誉的好朋友一起出现在谈判现场,让自己的计划书装帧得体等。

(2) 步步为营的方式

步步为营指不依赖于外部债权人或者新所有者的长期融资的那些资源获取方法。创业者可采取加速收款、延迟付款的方法,以及自有资本、联合使用、公共资助的方法等。其中,最重要的方式就是联合使用的方法,也被称作资源吸收。比如偶尔在开公司的朋友那

① 赖晓,郭志辉.白手起家创业者新创期资源获取方式的作用机理研究[J].华东经济管理,2011(2):102-105.

里借用其暂时闲置的豪华会议室，请熟人把他们公司打算淘汰掉的上一年的客户信息名单提供给自己，同其他小企业合用一般性雇员比如会计等，从而借助已有的社会关系尤其是亲戚朋友的关系，吸收到各种非长期性资源。

(3) 情感认同的方式

同质性偏好会让资源所有者偏向于选择与自己各方面相似的创业者。情感认同的方式主要包括：第一，通过创业者个体的影响力或魅力来号召其他资源所有者，尤其是创业团队成员；第二，通过接触彼此了解，从而基于对相互价值观和人格的认同产生友谊或喜爱之情，由此达成资源交易。

(4) 资源即时开发的方式

资源即时开发方式就是创业者基于现有的有限资源，走一步看一步的做法。创业者可以在同大的外部投资者接触之前，先使用有限的资源去达成一些中间的里程碑式的目标。这样一方面创业者可以用前一步所得的成绩或资源来吸收或撬动下一步的资源；另一方面，最开始的哪怕很少的资源投入，都会由于一轮一轮的合作关系，产生某种套牢效应，使资源所有者出于沉没成本的考虑而继续支持创业者，从而帮助其最终达成目标。

创业实例　　**白手起家创业——付出总有回报**

在全国建筑防水领域，提起付梅这个名字，可谓大名鼎鼎。作为大连傅禹集团有限公司董事长，她白手起家创业十余年来，经过艰苦打拼，不仅立足本地，在大连建筑防水市场拥有最大份额，近年来还先后闯进北京、上海、广东及东北很多城市，承揽了数百项大型防水工程，年创利上千万元，成为富甲一方的女企业家。

1. 聪明睿智，独闯异乡初展才华

20世纪80年代末，付梅从郑州大学化工专业毕业后回到家乡，进入一家食品加工企业当了技术员。好学上进的她，虽然做的是技术工作，但经常向一线师傅讨教和自学，很快掌握了一手精良的糕点制作技艺。1992年，付梅听说天津一家食品添加剂厂招聘营销人员，便觉得是一个锻炼自己的机会，想要去应聘。家里人以及一些朋友听说后，对她这个选择都不赞成，纷纷劝她放弃。但是，她却说："干营销要走出去，不走出去，永远不知道外边的天有多大！"付梅坚持自己的选择，开始了走南闯北推销产品的工作。

当时付梅所在的食品添加剂厂还没开辟大连市场。付梅工作一段时间后，领导觉得她聪明能干，又有一股闯劲儿，便找她谈话，要把开辟大连市场的任务交给她。听完领导的想法，付梅二话没说欣然接受，并向领导保证："坚决完成任务！"

几天后，年轻的付梅第一次走进了大连这个陌生的城市。可一连数日，付梅在好几家食品加工企业都吃了闭门羹。通过观察和思考，付梅发现大连的蛋糕品种较少，式样单调，于是就通过免费传授蛋糕制作工艺的方法赢得了大量订单，凭着自己的睿智迅速打开了大连市场。两年后，大连食品添加剂市场80%的份额都被付梅占据，她成了行业中的名人。

2. 不畏挫折，二次创业——钢筋水泥中"挖出"商机

1995年，正当付梅把生意做得越来越红火的时候，她突然遭遇了人生最大的一次挫折——食品添加剂企业转制，她失业了。尽管当时很多食品化工企业闻讯后向她伸出橄榄枝，有的甚至提出相当丰厚的条件。但是经过这一次变故后，性格倔强的付梅觉得，不能再受制于人，那样变数太大，应该自己奋斗，打下一方天地。下定决心后，付梅放开眼界，开始寻找新的项目。

当时全国房改工作已经风生水起，付梅敏锐地感觉到随着福利分房制度的结束和人们生活水平的提高，房地产市场将有一个大发展。于是她一头扎进市场，根据自己手头只有10万元资金的实际状况，在这一领域里开始寻找项目。经过一番详细的调查后，她看好了建筑防水未来的发展前景。于是她废寝忘食地恶补防水专业知识，凭着这股劲头，她很快掌握了建筑防水施工的一些基本知识和新技术。

1996年费尽周折得来的第一单生意，不但使付梅将诚信看作创业、经商的根基，而且其对项目的全力付出也为之赢得了口碑。进入1997年之后，付梅的生意开始多了起来，于是，她着手成立了"大连傅禹防水工程有限公司"，自己出任董事长。公司成立后，凭着区别于一般工头们的营销经验和施工质量，连续接下了几个大型楼盘的防水工程项目。这些工程结束后都获得了"部优"、"省优"及"国家建筑新技术应用银牌示范工程"的称号。有了良好口碑的傅禹公司，从此迅速在全国建筑防水市场崛起。

三年后，随着全国房地产开发的迅猛发展，仅大连每年的建筑防水市场就有上亿元的工程量，而且随着防水技术的不断创新和新建项目的增加，这个市场还在进一步扩大。颇有商业头脑的付梅再次看到了商机："面对这个巨大市场，防水材料生产的前景十分广阔。"于是不甘安于现状的她，很快将触角伸进了这个新领域。

付梅以克服传统防水材料耐久性、环保性差等为突破口，不惜花重金引进科技人员，组织他们在借鉴国外先进技术的基础上，大力搞自主研发。经过一段时间的不懈努力，很快傅禹公司先后自主研发出了包括涂料、卷材、防水剂等在内的多种防水材料，其中"FY水泥基渗透结晶型"防水材料、"JS复合防水涂料"、"水溶性聚氨酯灌浆材料"和"堵漏灵"等被国家有关部门评为全国工程建设推荐产品，这些产品应用到许多大型防水工程后，受到专业人士的一致好评，其优异的防水性能为傅禹公司带来了滚滚客源和丰厚收入，年创利上千万元，使它成为大连上百家防水工程企业中集施工、研发为一体的佼佼者。2007年付梅又聘请多名全国著名防水专家为公司顾问，并与北京建筑研究院的防水专家联袂，开展防水技术咨询业务，如今做得风生水起，为国内很多建筑施工企业解决了技术难题。

付梅的辛勤付出，使自身得到充分发展的同时，也为社会做出了贡献。由于成绩卓著，她先后荣获"大连十大经济女杰"、"中国百名杰出女企业家"、"全国建筑防水堵漏工程百名管理英才"等一系列光荣称号。

资料来源：沈黎明.两次创业：从打工女到董事长的财富奇迹[J].劳动保障世界，2013(1)：46，47.

1.3.5 职业经理人创业者的资源获取

Kaplan和Strömberg进一步证明，先前的创业经验使得新企业更容易通过个人渠道获取创业投资。[①] 在他们所调查的创业投资机构中，60%的机构都把成功的创业经历作

---

① Steven N. KAPLAN, MBERG P. Contracts, characteristics, and actions: evidence from venture capitalist analyses [J]. Journal of Finance, 2004(59): 2173-2206.

为它们投资决策的重要依据,相应的企业估值也会更高;而新企业估值的提高,则进一步增加了创业者的人力资本。[①] 由此可见,职业经理人创业相对于白手起家型创业者来说,有着很多先天的优势,在资源的获取上也有很多不同于白手起家型创业者的地方。

1. 职业经理人在创业前需要积累的资源

一般来说,职业经理人在创业前需要积累以下资源。[②]

(1) 创业团队

经理人创业时,如果从原服务企业拉出一个团队,可能面临社会对其职业道德的质疑;如果从头组建新团队,等团队建成时,市场可能已经淡化了对职业经理人的热情。但是,创业前如果能积累团队资源,创业后就能快速将团队组建起来,这样就会对职业经理人的创业成功有非常大的帮助。

(2) 融资能力

职业经理人高起点创业的特点,决定了其薪金不可能满足创业的需要,向社会融资成为必然。职业经理人创业融资通常有供货商、代理商、资本市场三大渠道。职业经理人在创业之前就应该积累这三大渠道的资源。

(3) 目标客户、供货商、渠道商的认同度

目标客户、供货商、渠道商的认同度往往是新创企业最初业务的主要来源。由于工作的需要,职业经理人经常直接与供货商和渠道商发生业务联系,借以在工作或生活关系中栽下属于自己的"关系树",使其自身的价值被业内人士所认同,因此,准备创业的职业经理人应该在工作期间尽可能多地获得客户的认同度。

(4) 持续的技术跟进能力

也许创业初期能够克隆原来所服务企业的技术,但如果缺乏技术创新能力,产品很快就会丧失竞争力。持续的技术跟进能力可以帮助职业经理人在创业初期聚集专业人才,并形成基本的业务方向。如果职业经理人拥有较强的技术跟进能力,则可以对于创业成功提供强有力的保障。

(5) 个人品牌

个人品牌包括企业家素质和良好的业界声誉,它是一种无形资源。职业经理人可以在工作期间借助原有企业的影响,创出个人品牌,以得到业界的认可,这样在其开始创业时会更容易得到需要的其他资源。

2. 职业经理人创业应注意的问题

职业经理人是具备良好的品德和职业素养,能够运用所掌握的企业经营管理知识,以及所具备的经营管理企业的综合领导能力和丰富的实践经验,为企业提供经营管理服务并承担企业资产保值增值责任,经营管理业绩突出的职业化的企业中高层经营管理人员。职业经理人的职业化程度越高,在职场中越容易取得成就,但在创业时却不一定能够取得

---

① HSU D. Experienced entrepreneurial founders, organizational capital, and venture capital funding [J]. Research Policy, 2007(2): 1-20.

② 刘春雄."伪经理人"陆强华的彩电情结[J].工厂管理,2003(Z1):44,45.

成功。要取得创业成功，需要拟创业的职业经理人充分关注以下问题。①

(1) 适当调整价值取向

职业经理人往往具有较好的教育背景和个人素养，价值取向往往倾向于：个人性格上儒雅清高、孤芳自赏；事业上求大求洋、好高骛远；公司治理上照章办事、四平八稳；收入分配上按劳取酬、有限风险。而创业却要求人们放下架子、忘我投入；大处着眼、小处入手；灵活务实、不拘形式；大胆决策、风险自担。创业者作为企业的最终责任者，必须时刻为企业的生存考虑，即企业必须赚钱。因此，创业者的价值取向就是赚钱、赚钱再赚钱。当职业经理人成为创业者时，其原有的价值取向很可能与企业要赚钱生存的取向发生冲突，**这就要求职业经理人在创业时，适当改变以前的一些固化观念，调整原有的价值观，将其转变成适合创业的思路和习惯。**

(2) 正视压力，增强动力

职业经理人创业会面临着来自方方面面的巨大压力，综合起来有四类。一是经济压力。做职业经理人，天天干活，月底领工资。开始创业后，不仅没有收入，反而在贴钱，这样会给创业者带来很大的经济压力。二是杂事太多，心理落差造成的巨大压力。作为创业者，既是老板，又是领导，还是管理人员，更是一名工兵，无法再摆过去高级白领的派头，于是会形成强大的心理落差。三是价值取向受到挑战的内心压力。四是自我膨胀的压力。职业经理人在创业之前要认真思考这些未来可能面临的与职场性质不同的压力，做好充分的心理准备。

另外，职业经理人创业的动机主要是为了实现自己的人生价值，是机会型创业，其创业的原动力比起那些生存型创业者来说就小得多。在遇到上述压力和困难时，可能会留恋起自己作为高级职业经理人时的潇洒轻松，于是开始安排诸多退路，很难全身心地投入创业，导致原动力不足。因此，**职业经理人创业要尽可能自断退路，背水一战、破釜沉舟，通过增强创业的原动力提高创业成功的可能性。**

(3) 集中资源先做好一件事

职业经理人创业，具有社会关系网络广泛的特点，这些社会网络会给创业者提供很多机会。这是职业经理人创业的优势，同时也是劣势。

由于刚开始创业时，没有固定的盈利模式和运营模式。当面临的机会太多时，创业者往往会面临同时谈好几个项目的情况，结果可能造成哪一个项目都谈得不彻底，在究竟先做哪一个项目、放弃哪一个项目上犹豫不定，于是多头出兵、资源分散，在左右摇摆中错失良机，很可能一个项目也做不好。因此，在诸多的机会诱惑面前，只要能抓住一个机会做好就是成功的。所以，**职业经理人在创业时既要充分利用其人脉资源广泛、机会较多的优势，又要能够尽快形成自己的商业模式，以便集中资源和精力先做好一件事。**

(4) 不断提高经营能力

职业经理人需要的是管理能力，重在约束、稳定、规范、追求绩效和效率，需要规矩，需要建立一系列的平台和系统，需要化繁为简。创业者需要的是经营能力，重在激励、创新、灵活，追求收入利润，需要拳打脚踢，需要打破常规，需要无中生有、以小博大。这完全是

---

① 景素奇. 成功经理人创业12大障碍[J]. 中国电子商务，2007(6)：96-101.

两个概念，一个是把复杂的事情简单化，另一个是把没有的事情创造出来。

企业在最初的创业阶段主要不是靠管理能力，而是靠经营能力，需要创业者想尽各种办法使企业生存下来。这就需要拟创业的职业经理人转变思维模式，不断提高经营能力，满足未来创业的需要。

(5) 编制创业预案，规避创业风险

俗话说，"预则立，不预则废。"职业经理人创业时，由于其社会关系程度较高，社会影响力较大，试错成本较高，对失败的容忍度也就较低。为尽量规避风险，提高创业成功的可能性，要求职业经理人在创业开始前做好完整的创业预案，从价值取向的调整、角色定位的转变，到面对不同压力的处理、机会的选择、经营能力的培养等方面入手，在做好心理调整的基础上，做一份较完善的商业计划，避免创业时"摸着石头过河"的尴尬。

(6) 着眼战略，着手战术

职业经理人创业时切忌沿袭企业成熟阶段的做法，要学会从大处着眼，从细微处入手。从大处着眼，就是要有战略眼光，入对行、做对事，要有战略雄心和构想，激励创业团队和自己。从细微处入手，就是要有弯腰捡芝麻的心态和做法。

职业经理人原来的管理活动或习惯是靠一个团队，靠一个平台，创业初始靠自己或者新的创业团队可能难以直接拥有那么多的资源，那么完善的管理制度和流程。这时就需要从细微处入手，从有限的资源开始，从一个小的细分市场做起，从一个不起眼的产品做起，逐步积累自己的资源和优势，不断形成规模，不断明确战略，使企业得以生存、发展和持续盈利。

职业经理人的创业故事

1. 甄荣辉：从创业投资家起步

甄荣辉大学毕业后进入惠普香港公司从事销售工作。三年后他成为惠普香港地区销售冠军，到了第四年甄荣辉感觉没有"向前冲"的动力了，于是就离开惠普公司去法国读MBA。1989年27岁的甄荣辉完成学业进入贝恩管理咨询公司，11年后从普通职员一步步坐到了贝恩公司中国区总裁的位置，年薪达到7位数美元。

当他再次感到事业上缺乏前进的动力时，开始拿出年薪的几分之一扮演起经理人和投资者的双重角色。1998年甄荣辉找到《中国贸易报》，与其合作推出名为"前程周刊"的招聘专版。1999年他个人投资200万美元成立了 career-post.com 的招聘网站，也就是51Job的前身。2000年他看中了招聘网站的发展潜力，于是辞去了贝恩公司中国区总裁的职务，就任前程无忧公司董事长、总裁，融资1 400万美元，正式投身互联网的"烧钱运动"。

现在回头看当年的义无反顾，甄荣辉欣喜于自己的魄力，也庆幸自己的运气。虽然他们在互联网还没塌下来的时候融到了资金，但在互联网塌下来以后也熬过了一段最苦的日子。从2001年到2002年两年的时间里，甄荣辉和他的"前程无忧"都在熬。最困难的时候甄荣辉的一位同事曾感叹："公司倒了不如去当渔民。"而乐观的甄荣辉却鼓励自己：至少不用当渔民，可以到跨国企业里当一个中国区总裁。"我们职业经理人是有退路的。"

甄荣辉笑谈毕竟自己不是一穷二白的大学生，假如公司真倒闭了，做回经理人也未尝不可，即使没钱了还有的是经验。不过这条"退路"到底没有用上，幸运的甄荣辉挺过了互联网寒冬。2003年公司开始进入高速增长期。2004年9月，"前程无忧"在纳斯达克挂牌上市。现在他的个人持股仍占到30.6%，是公司最大的股东。

做了老板的甄荣辉感觉自己对企业的执行力有了明显提高，以前做经理人需要三个月完成的事，现在一个月就能"拿下"，有很大的成就感和满足感。然而烦恼也多了：压力增大，常常因思考企业的前途夜不能寐。

2. 刘述尧：做经理的过程是"练功"的过程

2001年，刘述尧加盟在无线基础结构软件领域占领导地位的DoOnGo/Innopath公司，任大中国区副总裁和工程部副总裁，主要负责产品开发。

此时的刘述尧开始思考下一个主流产业在哪里。他发现中国的无线领域市场很大，竞争对手少。他认为无线领域将成为一个新的增长点。

2003年初，刘述尧毅然决然地辞职创业。与两位朋友合伙创办风网，专注于开发下一代手机增值服务的平台，一位天使投资人给了他第一笔50万美元的资金。

刘述尧不认为自己的"毅然决然"是冲动，他觉得任何创业者都经过长时间的积累，一直朝着一个方向去努力去准备，才可能有创业的机会。多年的职场历练，对刘述尧的创业有很大影响。由于工作的关系让他结识了不少企业的高层，并和他们有比较密切的互动。接触中，刘述尧对这些高层的思考模式、企业的运营模式都有了切身的体会。在DoOnGo，刘述尧负责融资，在融资方面累积了一定经验，对自己今后的创业有很大帮助。"去伯克利读MBA，也是希望扩展视野，为创业做准备。"职业经理人生涯对于刘述尧来说，就是"练功"。

2004年12月，思科(Cisco)与智基创投(iD TechVentures)等国际风险投资公司向风网注资500万美元。2010年3月，风网100TV被评为中国无线互联网站50强、中国手机客户端软件50强。

资料来源：齐飞，林涛. 从管家到当家——三位高级职业经理人的创业故事[J]. 中国企业家，2005(2)：82-85；风网信息技术有限公司网站，http://www.fone.net.cn/chronicle.html.

3. 职业经理人创业获取资源的方式

职业经理人可以通过以下渠道获取创业所需资源。[①]

(1) 靠"出卖"故主品牌整合市场资源

陈惠湘通过出版《联想为什么》著作而出名，靠名气创办了丰收文化发展公司，凭借联想公司在市场上的号召力获得了创业初期的业务合同，"先卖名气后赚钱"。

(2) 靠贩卖"老东家"的管理模式嫁接市场

职业经理在知名绩优公司的履历及所积累的管理经验是中小企业渴望分享的财富，而职业经理又驾轻就熟，且风险较小。譬如，谢立人在离开康柏公司后创办管理咨询公司所需的有形资本并不多。

① 特别企划. 我看资源嫁接(周文辉)[J]. 工厂管理，2003(2~3)：46-48.

(3) 以创新的盈利模式整合资源

北京心力源公司老总本是摩托罗拉公司的部门经理,他认为摩托罗拉车载电话是个大市场,于是以创新的商业模式得到了总代理权,在保险公司、经销商、消费者、供应商四方之间创造了多赢模式。

(4) 以互补战略整合"故主"资源

范坤芳是原恒基伟业副总裁,他创办了自己的企业——平治东方。现在,平治东方公司的办公地点就是原恒基伟业的合作增值事业部,平治东方公司推出的商务智能电话是一款集 PDA、手机、固定电话功能于一体的信息终端设备。通过不断整合价值链资源,平治东方公司已成为恒基伟业的核心合作伙伴。

(5) 整合创业团队和客户资源

段永平曾是小霸王公司的高级经理人,创办步步高公司后,原有部下跟随者众多,许多经销商也是在很短的时间内"城头变换大王旗",小霸王衰退的同时,步步高却快速成长。

所有这些整合资源的模式都有一个共同之处,那就是这些经理人在创业时,都是选择自己具有优势和能使经验充分发挥的领域,这也叫"成功路径依赖"。而且,成功地整合资源要做到以下四点:一是要主动。积极创造条件,主动出击,游说外部资源拥有者。二是要有清晰的战略意图。三是要在必要时出让自己的部分利益,根据别人提供资源的稀缺程度确定利益让渡的幅度。四是要掌握主动权,整合的过程中要始终把主动权掌握在自己手中,以抢占市场,建立广泛的统一战线。

扩展阅读　职业经理人的创业基因

比起学院派、海归派、官商派、草根派等创业者,职业经理人这一特殊的商业人群拥有先天的创业优势和资源,将这些资源优势细分后,可以发现他们的"创业基因"。

1. 创业动因

从经理人的角度看,告别打工生涯,创建企业实现自我价值,是件很有诱惑力的事情。创业给经理人"一个更宽广的舞台",最大限度发挥了创业者的主观能动性。经理人在做了老板以后,可以更顺畅地将创意(idea)转化为模式(deal),不再有烦琐的程序和掣肘。这是经理人主动创业的主要动因。

遇到权力"瓶颈",内部升迁受制,薪金低于预期,外部机会诱人……从意见分歧,到观点相左,开始出现权力争夺,最后爆发信任危机,然后是有人离开。下野的职业经理人要用创业来证明自己。在旁观者看来,这是一种典型的经理人被动创业模式。

2. 自有资源——个人能力和素质

(1) 知识:知识是生产力的一种形式,在知识经济时代,一个 MBA 学位还可以影响到投资者信心。

(2) 素质:坚韧、勇敢、冷静、果断、持之以恒、敏锐的预见力、准确的判断力……目前看来,承受压力的能力对于创业结果的影响更大,坚持下来的,才能"活着"。

(3) 经验:公司高层管理人员的工作经验是职业经理人身上最宝贵的东西,是区别于其他身份创业者的重要标志。

3. 社会资源——关系、团队……

(1) 关系：关系是一种重要的社会资源。刘述尧、寿国涛等依靠自己在圈中多年建立的人脉，靠着和投资人、媒体的交情，少花钱、多办事，降低了风险，提高了效率。

(2) 团队：21世纪什么最重要？人才！甄荣辉拥有一支忠诚的、强大的团队，团队骨干基本是来自贝恩公司的老部下。创业，用“自己人”，可以有效地控制风险和成本。

资料来源：齐飞. 职业经理人的创业基因[J]. 中国企业家，2005(2)：85.

1.3.6 影响创业资源获取的因素

资源获取是在确认并识别资源的基础上，得到所需资源并使之为创业服务的过程。创业资源的获取对于创业的成功非常重要。资源获取不仅决定着能否把创业设想转化为行动，而且决定着企业这一契约组织的形成方式。**影响创业资源获取的因素主要有创业导向、商业创意的价值、创业资源的配置方式、创业者的管理能力及创业者的社会网络等方面。**

1. 创业导向

创业导向是一种态度或意愿，这种态度或意愿会导致一系列创业行为。**创业导向会通过促进机会的识别和开发，进而促进对资源的获取。**因此，创业者要注重创业导向的培育和实施，充分关注创业者特质、组织文化和组织激励等影响创业导向形成的重要因素，采取有效的方式获取资源，并在资源的动态获取、整合和利用过程中，注意区分不同资源，充分发挥知识资源的促进作用。

2. 商业创意的价值

创业的关键在于商业创意。商业创意为资源获取提供了杠杆，但获取资源还有赖于创意的价值被资源所有者认同的程度。换言之，**一种能被资源所有者认同的、有价值的商业创意，才有助于降低创业者获取资源的难度。**

3. 创业资源的配置方式

由于资源的异质性、效用的多维性和知识的分散性，人们对于同样资源往往具有不同的效用期望。有些期望难以依靠市场交换得到满足，因此，**如果通过资源配置方式创新，能够开发出新的效用，使之更好地满足资源所有者的期望，创业者就有可能从资源所有者手中获得资源使用权，以开展生产经营活动。**

4. 创业者的管理能力

创业资源获取的关键往往取决于企业的软实力。创业者的管理能力是企业软实力的主要表现，**管理能力越高，获取资源的可能性越大。**

创业者的管理能力可以从其沟通能力、激励能力、行政管理能力、学习能力和外部协调能力等多方面予以衡量。

良好的沟通能力可以使创业团队表现出坚强的凝聚力，采取共同的行动，从而更容易获取必要的外在资源；团队激励和合作有助于企业综合能力的提升，产生团队外溢效果，获取必要的资产和资源；较强的行政管理能力有利于将各种资源进行较完美的匹配与组合，使企业的正常运作更有效率，企业因而会根据成员的要求和组织发展的需要，去吸引更多的人力资源和其他无形资产；学习能力则可以不断地使创业者提升自身管理能力，了解外部市场的变化和创业企业内部的需求，对其做出理性判断，运用一定的方式获取企业所需的资源；外部协调能力是创业者个人才能的外向性应用，创业者的外部协调能力越强，与合作者(如供应商、销售商等)达成一致的可能性就大，创业者就可以利用外部资源为企业服务，得到资源获取的外在效应，在获取必要资源的同时，为企业创造良好的发展环境。

5. 创业者的社会网络

社会网络是机构之间及人与人之间比较持久的、稳定的多种关系结合而成的网络关系。由于创业资源广泛存在于各种资源所有者手中，这些所有者又处于一定的社会网络之中，而且人们对于商业活动的认识和参与，客观上会受到自己所处网络及在网络中地位的影响，所以，社会网络对于创业资源的获取具有重要意义。不同的社会网络和网络地位，为人们之间的沟通协作提供了不同渠道。在社会网络中处于优势地位的创业者，具有较好的社会关系依托，可以有选择地了解不同对象的效用需求，有针对性地对不同对象传递商业创意的不同方面，有目的地取得不同资源所有者的理解和信任，最终成功从不同网络成员那里取得所需的各种资源，为自己进行资源配置方式创新提供基础。

另外，**创业者的资源辨识能力和外部社会环境等也会对创业资源的获取产生一定影响。**

1.4 创业资源整合

资源整合是指对资源给予配置，形成能力的过程(Sirmon et al.，2007)，有助于企业创造新知识(Tolstoy，2009)，促进企业绩效，并且这种影响效果随创业者特性、企业特征的不同而存在差异(Brush et al.，2008)，并受创业网络和战略行为或导向的影响(Sirmon & Hitt，2003)。另外，资源整合活动影响着资源获取与绩效的关系(Wiklund & Shepherd，2009)。①

创业之初，创业所需的各项资源往往只能依靠创业者通过自身努力获取，但是由于创业者可以直接控制的资源一般较少，而且新创企业具有高度的成长性，所以，依靠自有资源，分阶段投入资源，用拼凑的策略用好资源，以最经济的方式开展工作都非常有必要而且有效。但优秀的创业者绝不会仅仅停留在这样的水平上，而是会关注外部资源，通过整合外部资源实现自己的创业理想。**资源整合就是创业者通过协调各种资源之间的关系，匹配有用资源，剥离无用资源，充分发挥各种资源的效用**。通过协调，能够把互补性的资源搭配在一起，弥补各自的缺憾，充分发挥资源的作用，使资源间形成一种独特的联系，创造竞争对手无法模仿的价值，同时为资源开发奠定基础。

本章开头关于“洛克菲勒的女婿”的故事就是经典的整合资源的故事。实际上，现实生活中“空手套白狼”的例子很多，可以对创业者创造性整合资源进行较好的例证。当然，

---

① 蔡莉，单标安，朱秀梅，等.创业研究回顾与资源视角下的研究框架构建——基于扎根思想的编码与提炼[J].管理世界，2011(12)：160-169.

要做到故事中的资源整合，需要那个成功的商人具备以下条件：首先，他要掌握相关信息，知道老农有个可以胜任世界银行副总裁的儿子，洛克菲勒有个待嫁的女儿，世界银行可能增加一个副总裁；其次，他还必须能够约见洛克菲勒和世界银行行长，而且在这两人面前有一定声誉，使得对方能够相信他的承诺。

整合理念是现代营销学中的崭新理念。整合就是要优化资源配置，即有进有退、有取有舍，获得整体的最优。任何一个创业者都不可能把创业中所涉及的问题都解决好，把一切创业资源都备足。创业关键的一点在于资源整合。

1.4.1 创业资源整合的种类

创业企业资源整合方式主要有创业企业之间的整合、创业企业与产业资本的整合，以及创业企业与金融资本的整合三大类。①

1. 创业企业之间的整合

创业企业的产生，必然具备一定的核心能力，同时也不可避免地存在诸多方面的不足。因此，同行之间以及产业上下游企业之间通过策略联盟或者股权置换方式整合资源，在人力资源、物质资源、客户资源、技术资源等方面实现优势互补，对内相互支持，对外协同发展，就可以形成一定范围的利益共同体，有利于不同企业的共同发展。

2. 创业企业与产业资本的整合

通过创业企业与产业资本的整合可以形成产业群落。产业群落由一批创业企业和几个核心企业组成，以核心企业为枢纽，产业的上、中、下游企业之间彼此搭配、衔接，产供销联成一体，形成群体的竞争优势。同时通过产业群落内企业间的竞争合作，还能促进大量中小企业的形成和发展，促使产业群落不断更新。在这样的产业群落中，部分企业为核心企业提供产品或材料，扮演供应商的角色，另一部分企业作为核心企业的客户或中间商，帮核心企业销售产品，回收资金。

3. 创业企业与金融资本的整合

创业企业可以通过与金融资本的整合，筹集发展资金，加快成长速度。企业与金融资本的整合方式理论上可分为债务融资和股权融资两大类。对于创业企业来说，由于它们缺乏可抵押资产，通过债务方式融资困难较大，因此，股权融资是创业企业与金融资本整合的现实选择，而一个高效的资本市场是创业企业进行股权融资的必要条件。

众所周知，现代企业制度能够将一切稀缺资源的价值用企业股权的形式表达出来，这种资源资本化表达方式最有利于资源的优化配置。资本市场的运作过程就是资源达到优化配置的过程。本书所说的资源整合，其实质是资源的优化配置。因此，无论是创业企业之间的整合，还是创业企业与产业资本的整合、与金融资本的整合，通过资本纽带进行的整合既是各种整合形式中最牢固的，也是各种形式中最有效、最高级的整合形式。

资本市场在创业企业资源整合中的作用主要体现在以下几个方面。

首先，资本市场保证了企业股权的流动性，可以为企业资源整合提供便利通道。在资本市场中，资源的优化配置是通过股权的交换来实现的。由于资本市场的每一个参与者

---

① 赵辉. 创业企业资源整合的历史使命[J]. 科技创业，2002(9)：20，21.

都希望自己所拥有的资源价值最大化，因此通过反复交易，可以使其资源得到充分利用，价值得到充分体现，进而达到整个社会资源的价值最大化。

其次，资本市场的有效性使得所有市场信息都反映在企业股权的交易价格上，从而形成公允市场价格，为资源整合提供了价值参考。公允市场价格反映了不同资源之间的公平比价，会大大减少双方对相对价值的分歧，提高通过资本纽带进行资源整合的效率。企业在实施战略并购时，能够比较便利地采用股权置换的方式并购目标企业，就是这种资源整合的典型范例。

最后，为风险资本提供了退出渠道，有利于创业企业引进风险投资。创业企业与金融资本的整合主要是与风险投资资本的整合。鉴于风险资本的运作特点，它在进入创业企业时就考虑到将来如何退出，实现资本增值。一个高效的资本市场能够成为风险资本便捷的退出渠道，从而加速创业资本的循环速度，使更多的创业企业顺利引进风险资本，达到与金融资本整合的目的。

1.4.2 创业资源整合的机制

创业者要有效地、持久地保证创业机会实现所需要的资源，就需要建立起一套整合资源的机制。这种机制的核心就是以利益相关者为核心的资源杠杆机制。

1. 识别利益相关者及其利益

资源是创造价值的重要基础，资源的交换和整合应建立在利益的基础之上，因此，要整合外部资源，特别是对缺乏资源的创业者来说，更需要整合资源背后的利益机制。这可以从美孚石油公司的创办人、超级资本家洛克菲勒的名言得到证实，“建立在商业基础上的友谊永远比建立在友谊基础上的商业更重要”。所以，整合外部资源一定要关注有利益关系的组织和个人。

组织外部环境中受组织决策和行动影响的任何相关者都是企业的利益相关者。一般来说，利益相关者可以分为以下三个层面：资本市场的利益相关者，例如股东和债权人；产品市场利益相关者，主要包括顾客、供应商、所在社区和工会组织；企业内部的利益相关者，如经营者和其他员工。外部资源整合时强调的利益相关者主要是前两种。创业者要更多地整合到外部资源，首先要找到尽可能多的利益相关者，利益相关者和自己以及想要做的事情利益关系越强、越直接，整合到资源的可能性就越大，这是资源整合的基本前提。

在本章开头视美乐的例子中，利益相关者包括视美乐的创始人、清华兴业投资公司、上海一百集团、青岛澳柯玛集团等。在本书 1.5.2 节的中国农具博物馆的创业案例中，利益相关者包括已卸任的村支部书记、拥有农具的农户、受教育的广大参观者等。**创业者整合资源的第一步是把这些利益相关者一一识别出来，把他们之间的利益关系辨析出来，甚至有的时候还需要创造出来。**

一般来说，寻找利益相关者就是要寻找那些具有共同点的人，同时也需要寻找可以互补的人。这些有能力进行投资并愿意承担风险的人包括：①投资或经营多样化的利益相关者。他们更有能力提供创业所需要的初始资本。一般情况下，他们比那些单一化的人更容易向新创建企业进行投资。②有丰富经验的利益相关者。因为他们积累了丰富的经验和知识,更容易向新企业投资。③有过剩资源的利益相关者。虽然他们拥有很多过剩的资源,他们不需要任何新投资,也不会带来大量的机会成本,但是,他们对自身资源如何运用的压力大大高于新创建企业资源的需求。

如果要让利益相关者对企业有信心,创业者首先要有信心。同时创业者也要有诚实可信的声誉,最后还要与利益相关者在利益上公平分享回报。

虽然利益相关者是有利益关系的组织和个体,但有利益关系并不意味着能够实现资源整合,创业者还需要寻找利益相关者之间的利益共同点。为此,识别出利益相关者之后,创业者还需要逐一分析每一个利益相关者所关注的利益,以便寻找出他们之间的共同利益,形成一套资源整合机制。

2. 构建双赢的机制

双赢来自于英文的"win-win",强调双方的利益兼顾,是建立在互敬和互惠基础之上的更多的机会、财富和资源。"双赢"思想鼓励我们在进行资源整合时寻找互惠互利的解决办法,分享双方或多方的资讯、力量、认可以及报酬,强调发挥双方优势,尊重参与者之间的差异,求同存异、合作互补。"双赢"的理念既适用于创业的合作伙伴,也适用于行业上下游的商业伙伴,以及同行业的竞争对手之间。

"双赢"模式是中国传统文化中"和合"思想与西方市场竞争理念相结合的产物。市场经济是竞争经济,也是协作经济,是社会化专业协作的经济。市场经济下的创业活动中,竞争与协作不可分割地联系在一起。近年来,许多学者提倡"合作竞争",提出了有"竞合"概念的"双赢"模式。

双赢的机制是指创业者在进行资源整合的时候,一定要兼顾资源提供者的利益,使资源提供和使用的双方均能获益。

有了共同的利益和利益共同点,以及一定的资源整合机制,并不意味着就可以开展合作,而只是具备了合作的前提条件。要与外部的资源所有者进行合作,创业者还需要构建一套能够使各方利益真正实现双赢的机制,在给新创企业带来收益的同时,也给资源拥有者一定的回报,并能够使对方合理规避可能的风险。

华人首富李嘉诚曾说:"如果利润10%是合理的,本来你可以拿到11%,但还是拿9%为上策,因为只有这样才会有后续的生意源源而来。"同样道理,当创业者能够将利益与资源提供者共享时,后续的资源才会源源不断而来。

3. 维持信任长期合作

资源整合以利益为基础,需要以沟通和信任来维持。沟通是产生信任的前提,信任是社会资本的重要因素,是维持合作的基本条件。当信任产生的时候,资源提供和使用双方就有了一种相互的交托,就可以开展更长期的合作。

信任可以按照不同的标准进行分类,如按照信任的基础可以分为人际信任和制度信任。人际信任建立在熟悉程度以及人与人之间情感联系的基础上,是存在于人际关系中的保障性的信任;制度信任是用外在的,诸如法律一类的惩戒式或预防式的机制来降低社会交往的复杂性,是由对外的社会机制的信任而产生的一种对人的基本信任。这两种信任共同构成了社会的信任结构。

儒家文化和农耕文化的交互作用,决定了中国社会关系网络的亲疏有序,形成所谓的差序格局特征。个体对以血缘关系为纽带的家族成员的信任预期是与生俱来的，是以情感认同为出发点的信任，是一种家族信任；对家族成员以外的其他人，在交往互动过程中也倾向于不断地将与其有着地缘（如老乡）、业缘（如同事）、学缘（如同学）等联系的外部人予以“家人化”，变成“一家人不说两家话”，不断扩展信任边界，形成泛家族信任。这种泛家族信任的产生来源于两个方面：一是过去交往的经验，大量、长期的交往会形成对他人行为的主观预期，从而产生信任；二是基于社会的相似性，相似的社会背景往往意味着相近的行为规范，容易相互理解，在交往或交流中形成共识，从而形成信任关系。区分不同的信任关系，认识信任在资源整合中的重要性，对于创业者来说至关重要。同时，**创业者还应该尽快地从早期的家族信任过渡到泛家族信任，建立更宽泛的信任关系，以获取更大规模的社会资本**。

信任关系建立起来之后，要维持长期合作还需要做到以下几点：第一，给资源提供者一个明确的未来，让资源提供者看到资源投入的后果，增强其投入的信心；第二，要进行频繁的沟通，通过和资源提供者的互动，让对方了解企业资源使用的目的及方式，以便得到其进一步的支持和帮助。

创业实例　　**尤伯罗思的资源整合**

尤伯罗思的卓越贡献是策划和组织了洛杉矶奥运会，发现并挖掘出了潜藏在奥运会中的巨大商机。这种卓越贡献来自于两个方面：一方面是尤伯罗思敏锐的经济头脑，另一方面来自他敢于突破传统创新的独到思维。正是这两个方面的天才表现，使得尤伯罗思能够全面整合各种资源，在奥运会开办历史上，首次实现了盈利，也使得自1984年洛杉矶奥运会之后，奥运会成为各国经济发展的一个重要推动力，由此成为各国争抢的目标。

1978年国际奥委会雅典会议决定，由唯一申请城市美国洛杉矶承办1984年第23届奥运会。洛杉矶市开始进行全面的筹划工作，成立了筹备委员会，邀请金融人士、45岁的彼得·尤伯罗思就任奥运会组委会主席。

上任之后的尤伯罗思发现，洛杉矶的奥运会筹备委员会主席的头衔带给他的不仅仅是一个“闪光的头衔”，还是一次“白手起家”的创业经历。通过查阅1932年洛杉矶奥运会以来所有奥运会举办情况的材料，他发现奥运会耗资越来越巨大，而且已形成固定思维，成为举办奥运会的时髦和趋势，使每一个举办奥运会的城市面临一场财政上的“灾难”。如1972年，慕尼黑花了10亿美元；1976年，蒙特利尔花了二十多亿美元；而1980年，莫斯科竟花了九十多亿美元。

尤伯罗思任主席后，面临的第一个难题是经费来源。洛杉矶奥运会是1896年奥运会创办以来首次由民间承办的运动会，既无政府补贴，又不能为此增加纳税人的负担，加之美国法律还禁止发行彩票，一切资金都得由他这个筹委会主席自行筹措。于是，尤伯罗思领导这个委员会白手起家，充分整合了身边所有可以利用的资源，广开财路：与企业集团订立资助协议；出售电视广播权和比赛门票；压缩各项开支，充分利用现有设施，尽量不修建体育场馆；不新盖奥林匹克村，租借加州两座大学宿舍供运动员、官员住宿；招募志愿人员为大会义务工作等。尤伯罗思利用自己的聪明才智，使组委会的工作井井有条，一切如愿以偿。

本届奥运会原计划耗资5亿美元左右，后来不仅没有出现亏空，而且还有盈余。据1984年12月19日洛杉矶奥运会组委会公布的资料显示，本届奥运会共盈利2.5亿美元，从而使尤伯罗思成为了成功经营奥运会的传奇人物。

资料来源：阳飞扬.从零开始学创业[M].北京：中国华侨出版社，2011：108，109.

请思考：尤伯罗思是如何整合社会上各种资源的？

1.5 创业资源利用

资源利用是对资源整合形成的能力予以调动、协调和配置的过程，有助于提升企业的绩效(Craig et al.，2008)，并且企业特征以及不同战略行为或导向将影响到资源利用(Sirmon & Hitt，2003)。[①] 鉴于创业是在资源约束条件下开展的活动，因此对于资源的充分利用很多时候比单纯追求资源增加更为有效。

1.5.1 创业资源利用的原则

按照《现代汉语词典》的解释，利用是指“使事物或人发挥效能”，“用手段使人或事物为自己服务”。创业者在创业过程中，不必追求拥有更多资源，而是要把握创业资源的利用原则，使尽可能多的资源为企业所用。**创业资源的利用要强调“以用为先”，坚持“能用”、“够用”和“善用”的原则。**

1. 资源能够使用

能用是筹集资源的第一原则。创业者筹集的资源应该能够与创业目标相联系，而且可以使用。“垃圾是放错了地方的宝贝”，世上本没有绝对无用的东西或失败的事物，只是利用的方式不同罢了。同一种事物，在不同人的眼里，或者在不同的际遇里，往往会有不同的价值，关键取决于如何去运作和经营。创业者在筹集资源时最需要做的事情便是判断哪些资源能够为我所用，为创业企业带来价值。

知名的斯里兰卡象粪纸便是变废为宝的经典案例。

创业实例 **斯里兰卡的象粪纸**[②]

斯里兰卡有一家“大象孤儿院”，孤儿院里收容了这个国家几百头走失的大象。众多大象的到来，给大象孤儿院带来了麻烦和难题，其中最头疼的事情便是每天堆积如山的大象粪便。

与大象孤儿院比邻而居的是一家造纸厂，这家造纸厂的原材料主要是挨家挨户收购来的废纸和稻草。由于造纸原料的供应量不稳定，造纸厂常常出现“无米下锅”的窘境。

---

① 蔡莉，单标安，朱秀梅，等.创业研究回顾与资源视角下的研究框架构建——基于扎根思想的编码与提炼[J].管理世界，2011(12)：160-169.

② 段华.斯里兰卡的象粪纸.中国林业新闻网，http://www.greentimes.com/green/news/hqxc/ywcz/content/2008-12/04/content_23401.htm.

有一天，造纸厂的厂长正好碰到了大象孤儿院的负责人，这个正为大象粪便而苦恼的负责人半开玩笑地对厂长说，要是大象粪也能造纸就好了。说者无心，听者有意，这句话让正为原料供应不足而发愁的厂长茅塞顿开。他二话没说，背了一筐象粪回到厂里，抱着试试看的想法让工人们加工一下，看看能不能造出纸来。

工人们把这些大象粪过滤清洗，粉碎打浆，筛浆脱水，再经压榨烘干和压光。结果大象粪经过全部制作程序后发生了脱胎换骨的变化：它们变成了光亮柔韧的白纸！

象粪造纸的成功让厂长看到了无限商机，他立刻决定把自己的造纸厂注册成为一个纸业公司，专门生产象粪纸。象粪纸的出现，不仅给大象孤儿院减轻了负担，为当地带来可观的经济收益，而且还为整个斯里兰卡赢得了殊荣。2006 年，在荷兰举办的“世界挑战”大赛中，象粪纸以其人与自然和谐共处、有效利用和保护野生动物资源的超人创意一举夺冠。

如今，象粪纸已成为斯里兰卡人引以为荣的国宝，它们被斯里兰卡政府包装成精美的国礼，赠送给国外友人。象粪纸还远销到欧美和日本等国家，为这个国家赚取了大量的外汇。

2. 资源应该够用

鉴于资源的有限性，一下子筹集创业所需的全部资源不现实，也没有必要，创业者只要根据创业企业的发展阶段及其对资源的需求，筹集到足够当前使用的创业资源即可。这里所说的“够用”，是指能够使创业企业生存下来的最低的资源。如果创业者无法或者出于某种原因，没有筹集到维持企业生存的最低资源，则创业企业就会面临很严重的危机，甚至会威胁到企业的生存。刘博文的创业案例就是一个惨痛的教训。

创业实例　　**刘博文的创业案例**

刘博文作为国内某知名高校的高才生，在计算机编程方面颇有天赋。其在大学期间就研究开发了一套电脑内存的优化软件，能够较好地对计算机内存进行管理，优化电脑的使用性能，而且其开发的软件使用便捷，占用电脑硬盘空间较小。于是，刘博文便以此软件为契机着手参加了全国创业计划大赛。在大赛进行过程中，刘博文的软件得到了很多人的好评。有家软件公司主动找上门拟以一个较高的价格购买其软件，但刘博文毅然拒绝了，因为他看到了其中的商机，想自己创办企业将项目付诸实施。刘博文在参赛过程中结识的一位风险投资商愿意出 80 万元资金资助其创办企业，但是要求拥有企业 30%的股权，刘博文觉得该投资商想占的股份有些过多。正在其犹豫不决时，另一位看到创业大赛信息的投资商也找上门来，愿意出 50 万元的资金，但只要求占 15%的股份。刘博文觉得后者的出资与所占的股权比例较前者相比具有明显的优势，而且如果公司发展后，另外 15%的股份价值肯定会超过 30 万元，于是就选择了后者作为自己的风险投资商。

但接下来出现的情况却不像刘博文想象的那样顺利：投资商初期投入的 50 万元资金很快就在广告宣传和相关产品研发方面消耗殆尽，产品初期的销售状况又不太乐观，资金回流不像想象中的那样多。尽管企业的前景依然不错，公司的日常运营也依旧良好，但在企业资金濒于断流的情况下筹集资金却比原来难了许多，而且刘博文也很难在较短的时间内再找到愿意合作的合作者，企业只好在开业的半年之后解体。

3. 要善于利用资源

善于利用是指在资源的使用过程中，充分注重提高资源使用的效果，关注资源使用的频率、幅度和阶段性。创业者可以通过资源的合理配置、有效整合，提高资源的使用效率，使筹集到的资源得到充分利用。田家俊利用各方资源帮助珠海金正公司脱困的故事就是善用资源的经典案例。[①]

创业实例 **珠海金正公司脱困案例**

2004年，一场突发事件，使珠海金正公司承受了一场很大的灾难。原珠海金正电子有限公司董事长万平，由于涉嫌挪用巨额资金在山西被捕，金正集团陷入混乱。金正集团当时共欠下货款2.7亿元人民币，三百多家供应商（债权人）轮番前来讨债。董事会决定召回集团董事、上海分公司经理田家俊主持大局。为了保证珠海金正公司不被供应商一哄而上分割资产，田家俊主动出击，会同银行、法院，将公司的部分不动产、非流动库存进行保护性查封。

田家俊于2004年7月29日主持召开了金正集团三百多家供应商大会，向供应商坦诚地介绍了公司的实际情况，组织三百多家供应商成立了金正供应商管理委员会，请供应商监督企业，和金正公司协调解决债务问题。这次大会和会后的监督管理委员会使供应商和珠海金正公司化敌为友，空前团结。

为解决恢复生产的资金问题，田家俊想到了向供应商借钱。他先找到了一个叫毛绪兵的供应商，向他介绍了自己的想法：给毛绪兵一个专用账号，让毛绪兵管理新借给金正集团的资金。当资金变成产品，销售时将收到的货款交给毛绪兵，由他发货，并在发货单上签字。由于金正集团对销售代理商是先收钱后发货，所以金正集团的货款会先收在毛绪兵的账号上，再由毛绪兵把货发出去。这样，金正集团的资金和物流不但可以流动起来，也能够偿还毛绪兵的欠款。而毛绪兵很清楚金正集团陷入危机的真正原因，且对田家俊充分考虑供应商利益的借钱方案比较认同，再加上对田家俊本人的信任，很快就把260万元又借给了金正集团。随后，毛绪兵自己也加入了珠海金正集团，并出任采购部的经理。

毛绪兵投入了260万元之后，越来越多的供应商加入了融资队伍之中。面对生产线已经被查封半年处于瘫痪的状态，田家俊又想到了通过"品牌输出"的方式恢复生产，于是金正集团选择了佳彩公司代工。当时开发部、销售部、生产管理部门、品质部门，全部开赴佳彩公司。品牌输出短短的一年时间，毛绪兵及其他供应商不仅全部收回欠款，珠海金正公司的生产也开始恢复正常运转。这个时候，田家俊又把金正集团的品牌收了回来。

1.5.2 创业资源的利用方式

创业者要在资源高度约束的情况下创造财富，运用平凡的资源实现不平凡的业绩，一

① 张玉利. 创业管理. 第2版. 北京：机械工业出版社，2011：277-279.

定要善于利用有限的资源。**创业者利用资源的方法包括利用自有资源、创造性拼凑资源和发挥资源的杠杆效应等**。

1. 利用自有资源

美国学者杰弗里·康沃尔(Jeffrey Cornwall)在其出版的 *Bootstrapping* 一书中指出,步步为营不仅是一种最经济的方法,还是在有限资源的约束下获取满意收益的方法;不仅适用于小企业,还适用于高成长企业、高潜力企业。① **步步为营是指在缺乏资源的情况下,创业者分多个阶段投入资源,并在每个阶段或决策点投入最少的资源**。学术界用"bootstrapping"一词来描述这一过程。步步为营活动包括:创业者在资源受限的情况下寻找实现理想目的和目标的途径;最低限度降低对外部融资的需要;最大限度发挥创业者投在企业内部资金的作用;实现现金流的最佳使用。

创业者采用步步为营方法的理由包括:

(1) 企业不可能获得来自银行家或投资者的资金

创业者,特别是年轻的创业者,缺乏足够长的工作经历积攒开办企业所需要的资金,没有足够的信用等级,没有雄厚的个人资产,所以难以从银行筹措资金。

(2) 新创企业所需外部资金来源受到限制

大量有关新创企业资金来源的研究报告显示,创业者的初始资金主要来源于创业者本人,或其家庭成员、亲朋好友。其他外部资金来源,如银行贷款、非银行金融机构的贷款等,都不可能成为初始创业者的选择。即便是风险投资,也只是青睐少数的成长潜力很大的企业。

(3) 创业者推迟使用外部资金的要求

多数创业者特别关注其对企业的控制权,他们不愿意他人来分享创业的收益,而是希望通过自己的努力来创造和占有价值。另外,在创业初期,从外部筹集资金也会消耗创业者大量的时间和精力,很多创业者宁愿将其投入到生产和销售活动中。

(4) 创业者自己掌控企业全部所有权的愿望

创业者掌控企业全部所有权的愿望会使其尽量放弃对他人资金的使用,以免分散企业的控制权,或者由于借债失去对资金的自由支配权。

(5) 是使可承受风险最小化的一种方式

创业初期面临的不确定性很大,创业者或新创企业抗风险的能力较低,创业者对自己未来的发展也不是很确定,故为尽可能降低风险,创业者往往会放弃对他人资金,尤其是债务资金的使用,减轻还本付息的债务负担,尽可能地通过自己的现金储备保持盈利。

(6) 创造一个更高效的企业

大量的研究表明,创业初期的企业进入破产清算程序的很多原因不是因为资金不足,而是由于资金的过分充裕。因此,有些情况下,拥有很多资源并不是好事情,反而会带来不必要的开支和浪费。相反,较少的资源反而会迫使企业更柔性、更能随机应变。

---

① Cornwall,J. Bootstrapping [M]. Pearson Education Inc,该书的中译本译为《步步为营:白手起家之道》(陈寒松等译). 北京:机械工业出版社,2009。

(7) 使自己看起来"强大"以便争夺顾客

利用自有资源，可以给外界以企业比较强大的印象，让其他资源供应者看到创业者自己的投资实力，增强其对新创企业的信心和吸引力。

(8) 为创业者在企业中增加收入和财富

通过步步为营的策略，创业者可以降低成本，尽量做到用最经济的办法办事，当然也就等于增加企业和个人的收入和财富。

(9) 形成审慎控制和管理的价值理念

习惯于步步为营的创业者会形成一种审慎控制和管理的价值理念，在日常经营管理中会设法降低资源的使用量，降低成本，让所占用的资源发挥更大效益，为投资者带来更高的投资回报。

本着"保持节俭，但要有目标"的原则，创业者在实施步步为营策略时可采取以下措施。如为降低营运成本，可采取外包策略让其他人承担运营和库存的开支，减少固定成本的投资，防止因沉没成本过高降低企业的灵活性，同时还可以利用外包伙伴已形成的规模效益和剩余能力降低企业的成本；为降低管理费用，创业者可以到孵化器或创业服务中心创业，享受那里提供的廉价办公场所，与其他企业共享传真和复印设备，同时结交更多的创业者；雇用临时工甚至租借员工，使用实习生等。

2. 创造性拼凑资源

绝大部分企业在创立之初，都受到严重的资源束缚：没有钱购买先进的设备，就去淘一些别人废弃的二手货；招聘不到满意的员工，创业者则身兼数职，或者"上阵父子兵"。因此，受资源约束的创业者往往利用手头已经存在的资源，或者手边能够找到的一切资源——尽管这些资源的质量也许并不是最好的——去迈向自己创业帝国的第一步，创造独特的服务或价值。这些资源也许对他人来说是无用的，但创业者依靠自己的经验和技巧，通过将其进行充分整合，最终实现自己的目标。

特德·贝克(Ted Baker)和里德·纳尔逊(Reed Nelson)拜访和记录了40家独立的中小企业，进行了757小时的调查和167次访谈，发现和总是在压力下运营的同行比较，总有一些企业能够在很少的资源下运营并成长。他们挑选出20家特别的企业和9家对照企业进行了为期两年的跟踪研究，发现拼凑能够很好地描述创业者资源利用的行为。[①]

创业实例 **农民创办农具博物馆**

2003年，山西省长治市张庄村农民王金红从村党支部书记的位子上退下来之后，他把别人扔在地窖里、塞在门楼上的农具收拢了来，一件一件擦抹干净，贴上标签，编列号码，依序排列，自己筹集资金办起一个农具博物馆，前后收藏并展出农具十余种共268件。

张庄农具博物馆就建在王金红自家的小院里。小院里架起一个棚子，地上摆着错落有致的农具，墙上也是排列整齐的农具，空中悬挂着各式各样的农具，种类繁多，琳琅满目。那些农具中间，还点缀着用水泥堆捏、用石头雕琢、用金属打造、用木头制作的一些人

① 龙丹，田新. 资源束缚下的成功之道——创造性拼凑[J]. 企业管理，2009(5)：4-11.

物和禽兽模型，既古朴厚重，又充满生气，使人享受到一种既古朴又特色鲜明的农业文化。

漫步于王金红创办的农具博物馆，你会觉得自己游历于中国农耕文化悠悠历史的长河中，感悟到中国农民的聪颖智慧和无穷的创造力，从心底里生出对劳动者的崇敬之情。

截至2009年5月，已有14个国家的客人来农具博物馆参观考察过，仅2009年前5个月就接待了三百多位参观者，其中还有英国一个电视台的记者。

资料来源：王占禹．农民创办农具博物馆．新华网山西频道，http://www.sx.xinhuanet.com/lyrx/2009-05/09/content_16476633.htm.

(1) 创造性拼凑的概念和要素

创造性拼凑是指在资源束缚下，创业者为了解决新问题，实现新机会，整合手边现有资源，立即行动，创造出独特的服务和价值。对他人来说，这些资源也许一无是处或是"二手处理品"，但创业者能灵活运用自己的经验知识或某项技巧，创造性地整合各种资源，最终实现新的目标和价值。

学术界用"bricolage"一词来描述这一现象。人类学家列维·施特劳斯最早于1967年提出"拼凑"一词，之后被广泛应用于众多学科，如文化人类学、法学、教育学、社会学等。拼凑包含以下几层意思：一是通过加入一些新元素，实现有效组合，改变结构；二是新加入的元素往往是手边已有的东西，也许不是最好的，但可以通过一些技巧或窍门组合在一起；三是这种行为是一种创新行为，可能会带来意想不到的惊喜。因此，**创造性拼凑有三个关键要素：身边已有的资源、新的目的和将就使用**。

手边的已有资源经常是通过日积月累慢慢攒下来的，也许是免费的，或者廉价的处理品。创业者开始积累资源时也许并不清楚它们的用途，只是基于一种"以后也许用得着"的想法和积累资源的习惯，因此不经意间便拥有了一批"零碎"的东西——一些物质、一门艺术或者一种理念，然后，在适当的时候，这些创业者们会通过创造性的拼凑，使其变成创业所需的必要资源。

善于拼凑的创业者都有一双善于发现的眼睛，洞悉手边资源的各种属性，并能够将其创造性地整合起来，开发新机会，解决新问题。因此，拼凑的另一个特点是为了其他目的重新整合已有资源。由于市场环境日新月异，使得一些前所未有的问题层出不穷，企业的资源结构不可能适合于所有情况，也没有企业总是能够在第一时间找到合适的新资源。于是，利用手边现有资源，快速应对新的情况便成为创业成功的利器。

拼凑需要突破固有观念，忽视正常情况下人们对资源和产品的常规理解，坚持尝试突破，而且出于成本和时间的考虑，拼凑的载体常常是手边的一些可用资源。因此，这种方法的资源使用经常和次优方案联系在一起，也许是不完整的、低效率的、不全面的，但是在某种程度上却是当时唯一理性的选择。所以，创业者只能将就使用既有资源，在一次次尝试中，使其不断满足企业的基本要求，在不完美中逐渐蜕变出辉煌。

前述山西长治市张庄村农民王金红，正是利用了身边大量的，对于普通老百姓来说已经不再具有创造价值的旧农具，给其赋予了新的用途，在将就使用的过程中产生了大量的社会效益。

(2) 创造性拼凑的策略选择

按照拼凑策略涉及的空间跨度和时间长度，创造性拼凑可分为选择性拼凑和全面拼凑。**创业者在整合手头的资源去应对新问题或新机会时，应采用选择性的拼凑策略。**

选择性拼凑是指创业者在拼凑行为上有一定的选择性，有所为有所不为。例如，在应用领域上，他们往往会选择在一两个领域内进行拼凑，以避免全面拼凑给外界造成的标准低、质量次的“拼凑型企业”的特点，影响企业拓展新市场、获取更有价值的客户，阻碍企业进一步成长；在应用时间上，只在早期创业资源紧缺的情况下采用拼凑，并随着企业的发展逐渐减少拼凑的行为，直到最后完全放弃，使企业摆脱拼凑型企业的阴影，逐步走向正规化，满足更广泛的市场需求。

与选择性拼凑相对应的是全面拼凑的整合策略。全面拼凑是指创业者在物质资源、人力资源、技术资源、制度规范和顾客市场等诸多方面长期使用拼凑的方法，即使在企业现金流步入正轨之后依然不停止拼凑的行为。这种全面性拼凑的策略会导致企业在内部经营管理上难以形成公正有力、符合标准的规则章程，在外部拓展市场上会因为采用低标准的资源遇到阻力，使企业无法走上正轨。大量生存性创业的企业一直无法扩大规模、进入较大发展空间的原因主要是由其采用全面性拼凑策略造成的。

因此，创业者应采用选择性拼凑的资源利用策略，来应对环境的限制，以赢得外部资源，满足新的挑战。

采用拼凑策略整合资源要求创业者突破习惯性的思维方式，对手边的资源进行充分的再利用。在农具博物馆的案例中，创业者王金红正是突破了习惯性的思维方式，才能将大家都已经放弃使用的，失去了农具原始价值的，认为没有用的农村最原始的各种农具进行了收集和整理，而且只是在自家后院就建起了农具博物馆。创业者完全利用身边已有的资源，几乎没花什么成本就将其进行了整合。最后，通过参观者的口碑相传，农具博物馆吸引了来自14个国家的参观者，很好地宣传了中国的农耕文化。

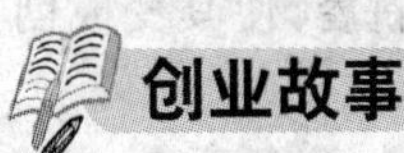

毕克畏巧卖八爪鱼[①]

2004年，在日本学习工作了6年的毕克畏，因为父母身体欠佳回到大连，接手父母创建的企业。毕克畏不到30岁就掌管着一家年销售额2 000多万元的海产品加工企业。

毕克畏接手企业后的两年中，因为原料及生产成本不断涨价，工厂加工鱼类、贝类和虾类等产品出口的利润越来越薄。为了寻求更多的加工订单，毕克畏在大连的公交车上做招商广告，寻找更多的赚钱机会。

1. 天上掉下的订单

2006年9月的一天，一位驻大连的日本客户代表，正好通过大连公交车上的招商广告取得了毕克畏的联系方式，并且来到他的加工厂，商谈能否加工一批章鱼产品。日本客户代表于洋看到毕克畏工厂里闲置的生产线，愿意以成品章鱼每吨6 000美元的价格，与毕克畏签订一份50万美元的订单。

于洋送上门的这份订单，对正在寻找出路的毕克畏来说具有很大的诱惑力，可细想之后，毕克畏却犹豫了。一是觉得送上门来的大生意不太靠谱，二是因为大连本地的章鱼八

---

① 新浪网，http://news.sina.com.cn/s/2008-07-14/145515929715.shtml.

条腿长短不均匀，肉质厚，不是日本市场需要的品种，而符合加工要求的章鱼主要在福建和浙江一带捕捞。如果从外地购进原料，就增加了章鱼加工的风险。于是毕克畏没有对此回复。

一个月以后日本客户代表再次找到了毕克畏，并且送上了一张50万美元的信用证，催促他尽快寻找原料加工产品。对于加工厂来说，信用证就相当于客户提前付款。这时，毕克畏决定试一次。11月，毕克畏南下福建，来到章鱼捕捞量比较大的东山岛，几经周折找到了一位叫曾炳东的人。在曾炳东的帮助下，毕克畏顺利在福建收购了150吨的章鱼原料，并运回大连，按照日本客户的要求进行加工。这一单生意，不仅让毕克畏赚到了4万多美元，更重要的是以后每月都有20万美元的订单。其他海产品加工还照常生产，这样工厂的产值竟翻了一倍。

2. 创造性拼凑策略

出口到日本的是章鱼头和章鱼爪，剩下的章鱼脖子和爪尖成了规格外的产品，若丢弃较为可惜但又卖不出去，只好积压在仓库里，造成了极大浪费。2007年4月的一天，毕克畏在逛街时，发现了当地有人在卖章鱼丸子。他买了两盒品尝，却发现这种名叫章鱼丸子的食品是用鱿鱼爪子做的。毕克畏通过这家章鱼丸子商铺的加盟电话，联系了大连代理商彭斌睿，两人开始合作。就这样，毕克畏将规格外产品卖给章鱼丸子销售商，这样每年又给他增加了20多万元的利润。同时毕克畏还发现彭斌睿的章鱼丸子，一盒仅四个卖3元钱，而章鱼成本却不到3角钱。这给了毕克畏一个很大的触动。毕克畏要摆脱这种单纯靠加工产品挣加工费的经营方式。他想做自己的产品，通过直接销售赚取更多利润。

2008年春节前夕，针对市民春节采购年货的需要，毕克畏让工人把鱼虾类产品装进一个大礼品盒里，进行组合销售。在推销礼品盒时，毕克畏认识了一位叫王振东的人，他是大连的海参经销商。毕克畏有了与王振东合作的想法。2008年初，毕克畏将章鱼、扇贝和虾仁做成了开袋即食的休闲类产品，在经过一番利益协商后，毕克畏以销售利润的40%作为回报，进入王振东在大连的10家海参专卖店销售。毕克畏的海鲜休闲食品，正好与这个高档的海参和鲍鱼互补，在王振东新开业的海参专卖店里不到一个月销售额就突破了10万元。王振东卖他的海参鲍鱼，毕克畏销售他的休闲食品，一小袋卖价2元钱，利润在20%左右，与王振东的海参产品互相弥补，使店里的产品变得更丰富。

毕克畏靠着自己对市场需求的灵敏反应，凭着其创造性拼凑的技能，在接手企业不到4年的时间里，将企业的年产值从2 000万元增加到3 000万元。

3. 发挥资源的杠杆效应

杠杆效应是指以尽可能少的付出获取尽可能多的收获的现象。**由于创业者在创业时拥有的资源有限，需要创业者在创业过程中尽可能利用资源的杠杆效应，形成杠杆优势。**

杠杆可以是资金杠杆，也可以是资产杠杆，还可以是时间杠杆、品牌杠杆、公共关系杠杆或能力杠杆等。对创业者来说，由于初期资金缺乏，时间紧迫，因此，最适合的杠杆就是创业者个人的素质和能力，识别一种没有被完全利用的资源的能力，看到某种资源怎样被运用于特殊方面的能力，说服那些拥有资源的人让渡使用权的能力等。创业者不应受其当前控制或支配的资源限制，而是应采用大量创造性方式，利用杠杆撬动更多资源。

资源的杠杆效应体现在以下几方面：能比别人更长时间地运用资源；更充分地利用他人没有意识到的资源；利用他人或者其他企业的资源来完成自己创业的目的；将一种资源补足另一种资源以产生更高的复合价值；利用一种资源获得其他资源等。

对创业者来说，容易产生杠杆作用的是其社会资源。社会资源是存在于社会结构之中，为社会网络之间的行为者进行交易与协作等特定活动提供便利的资源。创业者的个人社会网络为其提供了开拓不同市场的信息，也有利于社会上的有关信息通过网络中的亲朋好友传递给创业者，为其提供创业的机会，以及提高创业经济效率和发现新的获利机会。所以，能够成功创业并促进企业发展的是那些充分利用已建立了良好关系网络的人。

第 2 章

创业政策资源

创业政策是政府所制定的鼓励新企业创立、成长的政策和支持措施，其目的是促进创新和创造。由于创业型企业不能产生足够的内部资源而自我维持，所以需要从政府等外部主体获取政策支持，提高生存和成长的能力，抵抗外部环境不确定性所带来的路径依赖。

引导案例　利用创业支持政策，获得政府资助

2002 年 8 月，留学归国人员张锡盛博士创立了北京艾克赛利微电子技术有限公司。9 月，在公司成立还不到一个月的时候，就接到了创业园副主任的通知，要求他们关注创业园网站，于是公司根据关于申请留学人员创业发展扶持基金的通知，根据网站提示的资料，很快提交了申请表，并顺利拿到政府资助的第一笔金额 10 万元的款项。随后，他们又递交了留学人员科技活动择优资助的项目申请，并很快获得 15 万元的资助。这两笔资金对于刚刚创立的企业来说是一笔不小的资金。更重要的是，政府的资助表明了企业和项目得到政府的认可，这样的无形资产对于一个企业运营来讲可以起到非常大的作用，对外可以是一种信任和实力的资本，对内可以大大鼓舞员工的士气。在和客户谈判的时候，在融资的时候都可以把它当成一种引以为豪的资本跟对方讲，更能够让人信任。

2003 年 3 月，公司参加了由科技部与英国工贸部共同发起设立的一项科技型小企业创新竞赛奖“创意英国，科技创业奖”，并获得了全国总决赛冠军，得到 6 万英镑（约合人民币 78 万元）的奖金。同时获得了政府对产品技术水平、市场定位的肯定。

2004 年 4 月，企业获得了科技型中小企业创新基金的立项，得到了科技部给予的小额资助；结项之后，重新于 2006 年 2 月获得该项资助，得到了贴息贷款。2005 年公司成功申请到国家级“火炬计划”项目的认定。

为创造良好的商业信誉，同时解决企业运营中即将面临的资金紧张问题，公司还向银行申请了贷款。一般来说，像这样注册资金较少、成立时间较短的小型企业很难得到银行贷款，但是公司充分利用了北京市政府出台的一些专为留学人员创业企业提供便利的优惠政策，通过《留学人员创业企业小额担保贷款“绿色通道”服务业务》政策的途径成功申请到贷款，而且时间短，政府还给报销了 50% 的担保费（现在已经取消此项政策），承担了 50% 的利息。

企业在创立开始的几年之内，多次获得的政府资助在一定程度上缓解了创业初期资金紧张的局面。尤其是科研型企业，创业前期的研制周期相对较长，研制成本相对较高，关键时刻非常需要流动资金的扶持，才能帮助企业渡过初创期的难关。因此，创业者一定要多关注并且善于利用政府出台的各种扶持政策，来保证企业顺利的发展。

资料来源：张锡盛. 亲历创业：从硅谷到中关村[M]. 北京：中国发展出版社，2008：29-65，273.

中国在改革开放后一直维持着快速的经济增长，要继续维持经济的健康、快速增长，就必须调整经济结构，转变增长方式，提高中国企业的竞争力。转变经济增长方式、提高中国企业竞争力的关键是促进创新与创业；而要解决经济结构调整过程中出现的一系列问题，也必须发挥创新创业精神，这些已成为全社会的共识，因此，创新创业教育得到了全社会的关注和支持。

国家领导人多次强调转变经济增长方式和创新创业人才的重要性，确定了创新创业教育的全局性和战略性意义。从中央政府到地方政府，各相关部门出台了很多支持创新创业的政策。

尽管2003年以来，国家已经出台颁布了一系列包含促进大学毕业生创业的优惠税收政策的文件，为了鼓励和支持高校毕业生自主创业，各省市也在注册登记、税收优惠、银行贷款等方面出台相关的优惠政策。但是，当前我国仍需要系统制定与完善促进大学生创业的长期税收优惠政策，利用税收优惠政策引导学生进行专业型创业、促进针对大学生自主创业的金融扶持等。[①]

荀子曰："君子性非异也，善假于物也。"准备创业的人一定要详细了解国家及地方政府的创业政策，对其加以充分运用，降低创业成本，提高创业成功的概率。

2.1 国家层面的创业政策措施

近年来，政府各相关部门对创新创业日益关注，出台政策、制定计划、下发文件，全力促进创新创业的发展。教育部一方面加强开展高校的创新创业研究，另一方面在高校中大力推进创新创业教育，将之作为素质教育的核心部分，使创新创业教育和创业活动在全国各地高校中迅速开展；国家发展与改革委员会(以下简称发改委)出台了鼓励创业投资的政策，并积极推进中小企业的创业培训工作；人力资源和社会保障部从解决就业问题出发，提出"创业促进就业"的观念，并逐步使之成为解决就业问题的指导思想；共青团中央从支持青年创业的角度出台了大量的政策文件，并从创业活动和创业教育的角度给予了大力支持。

从2013年8月1日起，对小微企业中月销售额不超过2万元的增值税小规模纳税人和营业税纳税人，暂免征收增值税和营业税，并抓紧研究相关长效机制。这将使符合条件的小微企业享受与个体工商户同样的税收政策，为超过600万家小微企业带来实惠，直接关系几千万人的就业和收入。[②] 这也是对新创企业的一项实质性优惠政策。

扩展阅读 我国鼓励和支持创业的政策体系

2011年3月，刘延东同志在"中国大学生自主创业工作经验交流会暨全球创业周峰会开幕式上的主旨演讲"中提到，政府大力扶持创业，初步形成了鼓励和支持创业的政策

① 凤凰网，http://news.ifeng.com/gundong/detail_2011_03/03/4945715_0.shtml.

② 人民网，http://finance.people.com.cn/n/2013/0725/c1004-22317925.html.

体系。

一是积极放宽市场准入，特别是对高校毕业生等群体给予倾斜，针对青年大学生实施了“青年引领计划”、“女大学生创业扶持行动”等。二是广泛搭建创业平台，截至2010年，大学生创业和孵化基地已达2 000余个，总面积330万平方米。三是实施税费减免和费用补贴，提供资金支持。据统计，截至2010年，仅各级政府和高校设立的大学生创业扶持资金累计就达16亿元。2009年中国证券市场推出创业板，为创业企业开辟了新的融资渠道，截至2014年2月26日，已有379家公司成功上市。

2.1.1 教育部的政策措施

教育部是国内推进创新创业教育的部门，教育部对创业的支持政策主要体现在对创业教育、大学科技园区及创业孵化基地建设的支持上。

2002年教育部就确定了中国人民大学、清华大学、北京航空航天大学、黑龙江大学、上海交通大学、南京经济学院、武汉大学、西安交通大学等高校率先进行创业教育的试点工作，这些高校有步骤有层次地进行创业教育探索，形成了“课堂式创业教育”、“实践式创业教育”以及“综合式创业教育”三种比较典型的创业教育模型。

近年来，教育部从组织、政策、教育思想上不断加强创新创业教育的地位，推动了创新创业教育在高校和职业技术院校中的迅速发展，对学生创业意识的培养和创业知识的普及起到了很大的推动作用。

1. 思想上的支持

教育部在《教育部关于当前形势下做好普通高等学校毕业生就业工作的通知》(教学[2008]21号文件)中，要求各高校“加大创业教育工作力度，实现高校毕业生自主创业人数明显增加”：高等学校要整合学校教务、科研、就业、学生工作、学生社团等系统的优势，采取灵活多样的形式，普遍开展创业教育，培养学生的创新精神和创业能力。各地教育行政部门和高校要充分利用当地的经济技术开发区、高新技术开发区、工业园区和大学科技园区，为高校毕业生和在校学生构建创业孵化基地，组织创业实践。对有创业意愿的学生提供项目引导、技能培训、专家指导、法律援助等公益性服务。各地教育行政部门要加大投入，并积极争取人力资源社会保障、科技、财政等部门的支持，在政策、经费、项目等方面大力支持毕业生自主创业。

《国家中长期教育改革和发展规划纲要》(2010—2020年)中，要求各高校加强就业创业教育和就业指导服务，提高人才培养质量。

《教育部关于全面提高高等教育质量的若干意见》(教高[2012]4号)要求，各高校把创新创业教育贯穿人才培养全过程。制订高校创新创业教育教学基本要求，开发创新创业类课程，纳入学分管理。大力开展创新创业师资培养培训，聘请企业家、专业技术人才和能工巧匠等担任兼职教师。支持学生开展创新创业训练，完善国家、地方、高校三级项目资助体系。依托高新技术产业开发区、工业园区和大学科技园等，重点建设一批高校学生科技创业实习基地。普遍建立地方和高校创新创业教育指导中心和孵化基地。加强就业指导服务，加快就业指导服务机构建设，完善职业发展和就业指导课程体系。建立健全高校毕业生就业信息服务平台，加强困难群体毕业生就业援助与帮扶。

2. 组织上的支持

在组织上，进一步采取一些重要行动来促进创新创业教育。教育部建立了以高教司、科技司、学生司和就业指导中心四个司局联动的机制，形成了创新创业教育、创业基地建设、创业政策支持、创业服务“四位一体”的工作格局。

2010年4月，教育部会同科技部制定了《高校学生科技创业实习基地认定办法(试行)》，为即将开展的以国家大学科技园为主要依托，重点建设一批“高校学生科技创业实习基地”，以推动创新创业教育和大学生自主创业工作实现突破提供了参考标准。计划以大学创业科技园为主要依托全面建设100个“高校学生科技创业实习基地”，并计划通过多种形式建立省级、地市级大学生创业实习和孵化基地。“高校学生科技创业实习基地”的认定和设立必将打造全方位创新创业教育，促进学生自主创业平台的建设。

2010年5月4日，教育部下发《教育部关于大力推进高等学校创新创业教育和大学生自主创业工作的意见》(以下简称《意见》)，标志着创新创业教育进入了教育行政部门指导下的全面推进阶段。同年5月13日，教育部“高等学校创新创业教育指导委员会”成立，委员会在教育部领导下对高校创业教育工作进行研究、咨询、指导、评估和服务，委员会的建立对进一步进行创业教育的相关研究、指导、规范和促进创业教育有重大意义。2011年2月教育部高等教育司组织“高等学校创业教育教学基本要求”专家组(以下简称专家组)，就高等学校创业教育教学的开展工作进行研究，并于2012年8月发布《普通本科学校创业教育教学基本要求(试行)》的通知，要求高等学校应创造条件，面向全体学生单独开设“创业基础”必修课，同时发布了《创业基础》课程的教学大纲。为推动高等学校创业教育科学化、制度化、规范化建设，切实加强普通高等学校创业教育工作提供了政策支持。2013年6月，由教育部高等教育司组编、专家组全体成员参编的普通本科学校创业教育示范教材《创业基础》正式出版。

3. 政策上的支持

为进一步落实和完善对大学生自主创业的扶持政策，实施“创业引领计划”，教育部对高校学生自主创业实行税费减免，提供小额担保贷款，落实创业补贴政策，加强创业培训和服务工作。在《意见》中，教育部明确指出：自2011年1月1日起，毕业年度内的高校毕业生在校期间创业，可向所在高校申领《高校毕业生自主创业证》。教育部部长袁贵仁强调，要“认真做好《高校毕业生自主创业证》的审核发放工作，把好事办好，全力支持高校毕业生自主创业”。

教育部2012年5号文《教育部关于做好“本科教学工程”国家级大学生创新创业训练计划实施工作的通知》明确规定，在“十二五”期间实施国家级大学生创新创业训练计划，以促进高等学校转变教育思想观念，改革人才培养模式，强化创新创业能力训练，增强高校学生的创新能力和在创新基础上的创业能力，培养适应创新型国家建设需要的高水平创新人才。国家级大学生创新创业训练计划内容包括创新训练项目、创业训练项目和创业实践项目三类。对中央部委所属高校创业实践项目，每个项目经费不少于10万元，其中，中央财政经费应资助5万元左右。中央部委所属高校分为A、B、C三组，分别给予不同力度的支持。

2.1.2 发改委的政策措施

发改委一方面积极支持由人力资源和社会保障部、教育部推动的创新创业教育活动，另一方面也**出台了鼓励创业投资的政策，并积极推动中小企业的培训工作**。

1. 鼓励创业投资的政策措施

2005年，发改委等10部委出台了《创业投资企业管理暂行办法》，对备案的创业投资企业给予一定的政策扶持，并在之后国家的中长期科技规划中进一步明确了推动我国创业投资发展的有关政策措施。2007年为配合财政部、国家税务总局对创业投资企业的支持，国家发展改革委发布了《关于配合财税部门做好创业投资企业税收优惠政策实施工作的通知》，对创业投资企业投资于符合条件的中小高新技术企业投资额的70%抵扣应纳税所得额。并在此后相继出台了进一步的促进措施，如对新兴产业创业投资的进一步优惠措施等，极大地促进了国家自主创新和创业的发展。

2. 中小企业培训工作

在中小企业创业培训上，发改委发起了“国家中小企业银河培训工程”。该工程以中小企业经营者和小企业创业者为培训重点，兼顾中小企业经营管理人员、服务机构从业人员以及政府部门有关人员，依托各地区中小企业管理部门和各类服务（培训）机构开展培训工作。主要开展了以下培训：对创业者开展创业知识和创业技能培训；对小企业经营管理者及专业技术人员开展工商管理基础知识、法律法规、产业政策和企业信息化建设等培训；对中小企业服务机构从业人员开展专业知识和服务技能培训；对各级政府部门中直接从事中小企业管理工作的人员开展法律法规和相关促进中小企业发展政策措施的培训。

近年，发改委继续加大中小企业的培训力度。除利用其全国信息平台提供各种管理、技能、创业培训之外，还举办各种适应形势发展的培训。如2008年举办了支持中小企业技术创新政策暨中小企业发展专项资金管理培训班，2009年11月至2010年12月在全国范围内的省会城市开展“2010年企业会员制培训工作”。各地发改委在2008年之后开展的中小企业培训中日益强调创新创业教育，许多培训项目都包括了创新创业培训的内容。

2.1.3 人力资源和社会保障部的政策措施

人力资源和社会保障部（原劳动和社会保障部）是较早、较系统地开展创业培训、推进创业工作开展的部门之一。**在下岗失业人员和其他人员创业方面颁布了一系列政策，给予了大力支持**。

1. 2005年以前的政策措施

1998年原劳动和社会保障部就开始了创业培训的试点。

2002年，劳动和社会保障部、国家计委、国家经贸委、监察部、财政部、建设部、中国人民银行、国家税务总局、国家工商总局、中央编办、全国总工会等部委印发《关于〈贯彻落实中共中央国务院关于进一步做好下岗失业人员再就业工作的通知〉若干问题的意见》，规定有条件的地方，可为下岗失业人员安排相对集中的生产经营实验和培育性场所，鼓励他们自谋职业和自主创业；下岗失业人员自谋职业、自主创业或合伙经营与组织起来就业，资金不足的，经当地贷款担保机构承诺担保，可向商业银行或其分支机构申请小额担保贷款；从事微利项目的，可享受中央财政据实全额贴息。从事个体经营的下岗失业人员，可持《再就业优惠证》及税务机关规定的有关材料，向其当地主管税务机关申请减免有关税收。

2003 年，发布《关于进一步推动再就业培训和创业培训工作的通知》和《关于在十个城市建立国家创业示范基地的通知》，要求"全面推广创业培训与小额贷款等优惠政策整体推动的工作模式，提高下岗失业人员创业成功率"，并决定在北京、天津、鞍山、苏州、南昌、宜昌、青岛、长沙、成都、乌鲁木齐等十几个城市建立一批国家创业示范基地（以下简称基地），积极探索创业培训与项目开发、开业指导、融资服务有机结合，整体推动创业活动的工作机制，为全国的创业培训工作提供示范和样板。同年，同财政部、中国人民银行共同印发《下岗失业人员从事微利项目小额担保贷款财政贴息资金管理办法》的通知。

2004 年，联合财政部和中国人民银行颁发《关于进一步推进下岗失业人员小额担保贷款工作的通知》，通知要求对已经落实贷款担保机构的地区，银行、财政和劳动保障部门加强协调工作，进一步简化担保贷款手续，各地可结合个人信用制度的建立和创业培训的成效情况，降低反担保门槛；同年还启动了 SIYB（Start and Improve Your Business，创办和改善你的企业）中国项目，开始对创业教育领域进行深入的探索。

2. 2005 年以后的政策措施

近几年，人力资源和社会保障部推动了多个以创业促进就业的项目，而创新创业教育都是这些项目中必不可少的内容。

2005 年底，劳动保障部制定出台了《关于印发城镇技能再就业计划和能力促创业计划的通知》，决定在"十一五"期间开展"城镇技能再就业计划"和"能力促创业计划"。"城镇技能再就业计划"要求 2006 年至 2010 年 5 年内，对 2 000 万（每年 400 万）下岗失业人员开展职业技能培训，培训合格率达到 90%，培训后再就业率达到 60%；同时，在全国 300 个城市普遍建立相应机制，实现再就业培训与技能鉴定的紧密衔接，提高技能岗位对接服务成效。"能力促创业计划"的内容是：面向下岗失业人员、青年学生、进城务工人员以及社会其他群体开展创业培训，增强其创业能力和经营能力；同时，通过提供政策、资金、技术、信息等创业服务，为劳动者成功创业和带动就业创造良好环境。几年来，通过这一计划的实施，各地已普遍通过创业指导大厅搭建起了"一站式"的创业服务窗口，为建立公共创业服务体系奠定了基础，取得了显著成效。

2006 年发布的《关于贯彻落实国务院进一步加强就业再就业工作通知若干问题的意见》中明确表示要"鼓励自谋职业和自主创业"。

2007 年下发《关于进一步加强创业培训推进创业促就业工作的通知》，要求在全国大中城市广泛开展创业培训，并将培训对象从目前以下岗失业人员为主逐步向青年学生、进城务工的农村劳动者等群体扩展。依托全国 100 个创业培训重点联系城市指导创业就业工作，通过这些大中城市的示范带动作用，充分发挥创业带动就业的岗位倍增效应。劳动保障部还联合国家发展改革委、司法部、中国人民银行、国家税务总局、工商总局等部委，以及中国残疾人联合会、全国工商联、全国总工会、共青团中央和全国妇联等组织成立了全国创业培训工作指导委员会，进一步加强对全国创业培训工作的领导。

2008年，人力资源和社会保障部下发《关于推动建立以创业带动就业的创业型城市的通知》，开展创建创业型城市的工作。创建创业型城市工作中很重要的一部分是健全该城市的创业培训体系，并通过创建工作扩大创业培训范围，将有创业愿望和培训要求的城乡劳动者全部纳入创业培训对象范围，实现创业培训全覆盖。

2009年1月，人力资源和社会保障部、国家发展改革委、财政部联合发出《关于实施特别职业培训计划的通知》，主要内容为：在2009—2010年间，集中对困难企业在职职工开展技能提升培训和转岗转业培训，帮助其实现稳定就业；对失去工作返乡的农民工开展职业技能培训或创业培训，促进其实现转移就业或返乡创业；对失业人员（包括参加失业登记的大学毕业生、留在城里的失业农民工）开展中短期技能培训，帮助其实现再就业；对新成长劳动力开展储备性技能培训，提高其就业能力。

2010年4月7日，人力资源和社会保障部、教育部、财政部、中国人民银行、国家税务总局、国家工商行政管理总局下发了《关于实施2010高校毕业生就业推进行动，大力促进高校毕业生就业的通知》，要求实施"创业引领计划"，大力推进高校毕业生自主创业、加强创业教育和培训、提高创业意识，强化创业服务，完善创业扶持体系；同年5月4日，人力资源和社会保障部下发了《关于实施大学生创业引领计划的通知》，提出要让有创业愿望并具备一定条件的大学生都得到创业培训，准备创业的大学生都得到创业指导服务。2012年和2013年《关于做好高校毕业生就业服务工作的通知》中，分别要求深入开展创业指导进校园活动和鼓励高校毕业生自主创业。

创业实例　李桂枝：用爱心撑起一片蓝天①

李桂枝，黄石市温馨园敬老院院长，2003年6月从冶钢技校下岗，2004年10月参加了黄石市第七期创业培训班学习（SIYB培训，编者注），2005年5月创办初具规模的温馨园敬老院。2007年，她获得湖北省黄石市"自主创业先进个人"的荣誉称号。芝麻开花节节高，李桂枝的事业也稳步向前迈进。

1. 创业之路艰难多

李桂枝原是冶钢技校的一名职工，2000年在企业改革改制的大潮中，她下岗了。离开了十多年熟悉的工作岗位，只有30多岁的她心中充满了失落：下一步的人生道路该怎么走呢？难道下半生就做个全职家庭妇女吗？她不愿意也不甘心，虽然下岗失业了，但不能失去人生奋斗的目标。她尝试着在自己家的一楼开了一个小店，一个人每天起早贪黑，进货送货，一天要干十几个小时，还要照顾上初中的儿子，这样劳累的工作使她体力上实在吃不消，后来就把店转让了。李桂枝在家休息了一个月后，得知市劳动就业局和市妇联联合举办女老板创业培训班的消息，她立即报名参加。十多天的学习，让她学到了创办企业的相关知识，增强了她创业的信心和勇气，从此开始了她的创业之路。她先是开办了"温馨园儿童托管中心"，后来又开办了"温馨园敬老院"，她是如何一步步朝创业之路奋斗

① 中国创业培训网，http://www.siyb.com.cn/htm/6014/112119.html.

的呢？

李桂枝结合自身曾经在单位幼儿园工作的经验，决定在龚家港小学对面开办“温馨园儿童托管中心”。优质的服务使“温馨园儿童托管中心”日渐壮大，于是她又有了新的想法：我国已进入老年社会，老人更需要护理。她看到身边很多老人因子女工作繁忙而无人照顾，就萌发了开办敬老院的想法，而这对她来说是一个更大的挑战。开办敬老院投资大，回报微薄，护理老人难度大，有风险。但她觉得办敬老院既能让老人老有所养，又能让他们的子女安心工作，这是对社会非常有意义的事情，总得有人来做。她相信：凭自己的热情和初次创业的成功经验，一定能把这件事情做好。

2. 用一颗爱心壮大事业

说干就干，李桂枝想方设法筹集了一万多元钱，2005 年 5 月“温馨园敬老院”在黄石市四门原维修站开张了。开张的第二天就来了一位 93 岁、瘫痪 8 年之久的龙婆婆，当时她全身溃烂 11 处，手、脚长满透明的水泡，水泡一破就流出一种带臭味的水，护理工都嫌脏不做走了。收留了这位老人后，她亲自护理，三伏天顶住扑鼻的恶臭，每天为这位老人洗三次澡，勤换药、换尿布、帮她翻身、从床上抱她起来坐到便盆上大小便。一日三餐，李桂枝都亲自一勺一勺喂水、喂饭、喂药。经过一个多月的精心护理，这位婆婆全身溃烂的伤口逐渐愈合了，李桂枝也赢得了老人及亲属的赞扬。她女儿说，在医院换药每个伤口要 5 元钱，在你们这里一个月 600 元就包干了，这里真好！并送来锦旗，上面写着“温馨园关爱老人，敬老院奉献真诚”。就这样口碑相传，第一个月敬老院就来了 8 位老人。

来敬老院的老人大多是高龄老人，无自理能力，甚至神志不清，大小便失禁。对于这样的老人，李桂枝像对待自己的亲生父母一样，精心照顾直至送终。李桂枝的爱心和孝心又赢来了一面“敬老爱老亲如一家”的锦旗。

李桂枝很注重服务态度和服务质量，但由于资金有限、场地面积小等多种因素制约了敬老院的发展。于是她再次做出了重大的选择：重新选址、扩大投资、增加设施。资金不够，她卖掉了房子，还把准备给儿子上大学的几万元储蓄也拿出来投资，又申请了 15 000 元的小额贷款，一共筹集了十几万元：租下了黄思湾冶钢技校的一栋三层楼的房子，购买了免费接送老人的面包车，维修了房屋，添置了洗衣机、饮水机、太阳能热水器等家用电器。

2006 年 12 月，新的敬老院在黄石市黄思湾冶钢技校落成。那里背倚黄荆山，空气清新，视野开阔，鸟语花香，风景秀丽，有 2 000 平方米的面积，可同时收养 100 多个老人。搬家的那天，李桂枝把老人们一个个背到了新家。

为了降低成本，李桂枝带领员工利用业余时间在山上开辟荒地种菜。为让老人过一个愉快的节日，每年春节她都安排老人吃年饭、免费为老人发新衣服。重阳节时，她还带老人到团成山公园去玩，到文化宫看戏。看到老人们脸上露出的幸福笑容，李桂枝也欣慰地笑了。

3. 为他人带来福音

李桂枝自己是一名下岗职工，能深刻体会下岗职工的困难，现在她想通过创业帮助更多的下岗职工就业，也为社会贡献自己的微薄之力，所以她聘请了 5 位 40～50 岁的下岗职工。李桂枝和她们像姐妹一样相处，并与她们签订劳动合同，每月按时发放工资和劳动福利用品，逢年过节，还给员工们发红包和礼品。有一位员工上班突然生病了，李桂枝亲自送她到医院，为她花了265元看病。有的员工说，“你给她花的钱，就从下个月的工资里扣”。李桂枝说：“在这里工作的人家庭经济都比较困难，这钱我出。”那位员工很受感动。员工只要有经济困难，李桂枝都提前给她们支付工资，员工们感激地说：“只要温馨园敬老院办下去，我们就一直在这里干下去。”因为她自强不息、关爱老人，安置下岗失业人员，所以获得社会的广泛好评。2007年，她被评为湖北省“自主创业先进个人”。

创业至今李桂枝累计投资了十几万元，虽然经济效益还谈不上，但她通过创业的实践证明了自己的价值，为社会提供了就业岗位。李桂枝对老人付出很多爱，而对家人深感愧疚：儿子在黄石二中高中住读需要她陪读时，李桂枝竟然一天都没陪过他；丈夫常年在外打工，李桂枝竟没去看望过他一次，但儿子和丈夫都非常支持、理解她。

李桂枝创业的经历让她深深领悟到，下岗失业并不可怕，只要有坚定的信念，永不气馁、永不放弃、不断学习、不懈追求，就会有希望，就会赢来人生的第二次辉煌！今后她将继续沿着创业之路坚定地走下去，为构建和谐社会提供更多就业岗位。

2.1.4 共青团中央的政策措施

全球创业观察(GEM，由美国百森商学院、英国伦敦商学院和多家知名学术机构共同完成，调查覆盖全球35个国家，其经济总量占全球经济总量的92%)报告显示，无论是在发达国家还是在发展中国家，青年都是最具创业活力和创业潜力的群体。共青团中央、全国青联作为全国最有影响的青年组织，**以青年创新创业为突破口，通过对青年人创新创业教育和创新创业活动的支持在全社会创新创业教育的支持中占有重要地位**，它开展的各种活动得到了青年人的热情支持，取得了巨大成就。

1. 2008年以前的政策措施

“中国杰出(优秀)青年科技创业奖”自1994年开始举办以来，至2012年已经举办了7届。这一活动的开办在树立、表彰、宣传当代青年创业典型，激励引导广大青年弘扬创业精神，投身创业实践方面起了很大的推动作用。1998年共青团中央启动了“下岗青工创业行动”，1999年开始建立一批“中国青年科技创新行动教育基地和示范基地”，同年开展“挑战杯”中国大学生创业计划竞赛，印发了《中国青年创业行动实施方案》，召开了“全国企业青年职工创新创效活动现场启动大会”；2000年共青团中央印发了《关于深化下岗青工创业行动实施“帮助青年创业计划”的意见》；2001年共青团中央、国家经贸委、国家知识产权局、中国科协印发了《关于深化企业青年职工创新创效活动的实施意见》，2002年四部委开展了首届“全国青年创新创效大赛”。

2002年共青团中央印发了《关于进一步做好促进青年再就业工作》的通知，要求各级团组织着力扶持青年创业，把培养创业型青年人才作为工作的重要内容，加大青年兴业领头人的培养扶持力度，不断创造新的就业岗位，全面深化“帮助青年创业计划”，确定一批青年创业实践基地，开展创业项目推荐活动，成立青年创业专家指导团，加大“挑战杯”系列科技竞赛活动的实施力度，提高大学生科技创新的实际能力，鼓励大学生在毕业后自主创业。

2003年11月，共青团中央、中华全国青年联合会、国家劳动社会保障部、中华全国工商业联合会等7家机构倡导发起中国青年创业国际计划(Youth Business China，YBC)。

该机构是一个旨在帮助青年创业的教育性公益项目，通过动员社会各界特别是工商界的资源，为创业青年提供导师辅导以及资金、技术、网络支持，帮助青年成功创业。

2004 年，共青团中央、劳动和社会保障部共同印发《关于深入实施“中国青年创业行动”促进青年就业工作的意见》，举办首届“中国青年创业论坛”，组织评选“2004 年度全国农村青年创业致富带头人和服务农村青年增收成才奖”，并对首届获得“中国青年创业奖”的个人以及优秀组织单位进行表彰。

2005 年团中央印发了《关于进一步做好服务大学生就业创业工作的意见》，要求帮助大学生树立正确的就业创业观念，全面提高大学生就业创业素质，积极支持大学生创业实践活动，确保服务大学生就业创业各项工作落到实处。同年还在青年中实施“成功创业计划”、开展首届“中国青年企业家管理创新奖”的评选、举办第二届中国青年创业周等活动。2005 年 9 月，联合国国际劳工组织与共青团中央、全国青联合作，启动 KAB(Know About Business)创业教育项目，开始在全国高校范围内推广《大学生 KAB 创业基础》课程，并成立项目推广中心，建立培训基地，设立 KAB 创业教育(中国)研究所，大力培训高校师资，开展创业教育研究。课堂教学之外，还借助 KAB 俱乐部的形式帮助学生在实践中认识创业活动，通过诺基亚创业大讲堂丰富教学内容。KAB 创业教育(中国)研究所从 2009 年度开始每年在“KAB 创业教育年会”上发布《创业教育研究报告》，引领中国创业教育研究的发展，得到各界的广泛认可，引起社会的很大反响。

2006 年，共青团中央办公厅印发了《2006 年中国青年创业行动工作要点》和《共青团全国青年就业和再就业工作领导小组成员单位 2006 年主要工作安排》，要求各地大力扶持青年创办小企业、不断提升青年就业能力、为青年就业创业牵线搭桥、对特困青年实施就业援助、加大对青年就业创业观念的引导力度、建立健全青年就业再就业工作机制。同年，共青团中央、国家开发银行发布了《关于联合实施“中国青年创业小额贷款项目”的通知》，对全国 40 岁以下青年初次创业或 40 岁以下青年企业家二次创业的中小企业提供贷款，青年创业小额贷款每人单笔额度一般在 10 万元以内，最多不超过 100 万元；青年创办的中小企业贷款单户额度一般在 500 万元以下，最多不超过 3 000 万元。这一行动为推进中国青年创业行动，引导广大青年自主创业和自谋职业，帮助青年解决创业过程中的资金问题起到了一定作用。

2. 2008 年以后的政策措施

2008 年底，共青团“全团促进青年就业创业工作研讨会”召开，来自全国各地农村、企业、城市社区、学校等战线的 100 多名团干部，围绕共青团如何促进青年就业创业的主题，认真总结交流经验、做法及遇到的问题，取得了很大共识，对 2009 年以后的青年就业创业工作做了精心部署，使“以各种方式促进创新创业教育”的观念更加深入人心。

2008 年以来，共青团促进创新创业教育的工作主要有以下几个方面。

(1) 建立共青团“青年就业创业见习基地”

2009 年 1 月起共青团中央启动实施了共青团“青年就业创业见习基地”的建设工作，当年全国各地已分六批次在覆盖全国 31 个省(区、市)和 95.8%的地级市建立见习基地 23 321 个，安排了 270 931 名青年到岗见习，64 407 名青年被见习单位正式聘用。

(2) 设立青年就业创业基金

针对青年创业资金缺乏的问题，共青团中央和各省(区、市)团委分两个层次建立了"青年就业创业基金"，基金采用社会化方式募集资金，为专项公益基金，由地市级以下团组织使用，支持青年就业创业，同时鼓励有条件的地市级团委成立基金。

(3) 缓解创业资金不足的难题

继续深化与国家开发银行合作的"中国青年创业小额贷款"项目，并联合农村信用合作社等金融机构开展农村小额贷款项目，认真研究小额贷款担保方式的创新和风险控制，争取在青年受益方面有所突破。共青团中央还和银监会联合制定下发了指导意见，在自然人担保、互保等金融担保方式方面进行创新。

2009 年 5 月，团中央与中国农业银行签署《支持农村青年创业就业合作协议》，共青团中央农村青年工作部专门下发通知明确推进落实措施，并于 8 月与农业银行"三农"个人金融部联合举办试点县(市、区)农行行长和团委书记培训班，正式启动试点工作。

(4) 开展有针对性的信息服务和就业培训

2009 年，共青团中央积极开展青年就业创业技能培训，继续在全国广泛开展"青年文明号"、"青年岗位能手"等传统品牌工作，努力培养青年的职业精神和职业技能。共青团中央十六届三中全会上通过了计划两年培训 20 万名进城务工青年的决议，拟选择对进城务工青年需求量较大的行业，从 2010 年开始用两年时间分期分批对 20 万名进城务工青年实施与用工岗位衔接的技能培训[①]；同时，加强对农村青年的培训，建立农村青年就业创业培训基地。

(5) 支持农村青年科技创业

2010 年，共青团中央、科技部共同实施"农村青年科技特派员创业行动"，探索一条农村青年以科技促创业、以创业促增收的发展道路；2011 年，共青团中央和农业部共同发文促进农村青年的创业就业行动，大力开展农村青年创业培训；2012 年，两部委继续共同发文，支持和帮助农村青年科技创业，要求各地团委和农业主管部门整合各方科技支持力量，促进科技要素带动资金、人才、信息、管理等生产要素向农村创业青年集聚，更好地发挥科技对农村青年创业的支撑作用，促进更多的农民运用科技增收致富。

近十多年来，共青团中央还通过开展"中国青年创业行动"、"成功创业计划"、"中国青年创业周"、"中国青年企业家管理创新奖"和"全国农村青年创业致富带头人和服务农村青年增收成才奖"评选等活动，在深化中国青年就业创业行动，引导广大青年自主创业，通过创业带动就业，构建社会主义和谐社会等方面做出了积极贡献。

创业实例

谢珍：偏远藏区成就致富梦想[②]

沿着景色秀丽的蜿蜒山路，从云南省迪庆藏族自治州香格里拉县向西北方向驱车约 2 个小时后，就来到了海拔 3 160 米的尼西乡幸福村。这里地处滇、川两省交界，藏族群众

---

① 新华社北京 1 月 8 日电(记者贾楠)。

② http://tibet.news.cn/photo/2009-11/08/content_18167175.htm.

占绝大多数,交通不便。淳朴的34岁藏族妇女谢珍就生活在这里。她和丈夫扎西孙诺正凭借祖辈传下来的手艺,通过创业成就自己的致富梦想。

偏远的尼西乡长久以来就有着制作藏族传统手工木制品的传统。以家庭作坊形式生产出的木茶碗、酥油筒、糌粑盒及藏式小板凳选料讲究,古朴而精美耐用。这种独特的加工技艺通过数代人口口相传后延续至今。但是由于规模过于分散、交通不便,这些藏式手工木制品无法形成批量商品向外界广泛流通。随着时间的推移,掌握这种民间技艺的人也越来越少。

高中毕业之后,谢珍在家一边务农,一边向爷爷学艺,从雕刻到工艺再到烤漆,无不精通。结婚之后,有一些木制品加工基础的丈夫便承担了初成品的加工,而谢珍则集中精力进行雕刻和烤漆的研究。在最初的十年里,谢珍和丈夫扎西孙诺也都沿袭着祖辈的家庭作坊式生产方式。由于他们的产品雕刻精细、工艺精美、烤漆独特、集适用性和观赏性为一体、具有藏文化品位,产品不仅在迪庆当地畅销,同时也远销青海、西藏等远离迪庆的藏区。近年来,随着香格里拉游客的增多,谢珍的藏式木制品也越来越受到来自天南海北游客的欢迎,逐渐有些供不应求。家庭作坊的生产方式越来越无法满足市场的需求。谢珍和丈夫一直在考虑如何扩大生产规模,但是苦于资金的限制,一直未能如愿。

2008年初,谢珍从朋友那里得知在迪庆有一个扶持青年创业的组织——中国青年创业国际计划(YBC),如果申请成功可以得到3万~5万元的公益贷款,没有抵押更没有利息。抱着尝试的态度,在朋友的帮助下,谢珍夫妇填写了《商业计划书》。说到木制品加工,不能不考虑到生态、环保等问题,为此YBC迪庆办公室在接到谢珍的创业申请之后,专门协调企业家导师到谢珍的工厂现场进行实地考察。经过考察,专家认为她的项目耗材小,属于利用性变废为宝的项目,在利用原材料和生产、销售方面都能做到可持续发展。经过复审,YBC全国办的复审评委也认为谢珍的项目属于藏区的传统项目,兼容了民族文化传承和适用性,产品供不应求,市场前景看好,项目值得支持。

2008年6月,拿到YBC的5万元贷款后,谢珍和丈夫扎西孙诺在不到一个月的时间内扩建了厂房。虽然他们现在的企业依旧简陋,但是已经拥有制作车间、彩绘车间、烤漆车间、风干间等,也拥有了属于自己的制造设备。利用现代设备、保持原始工艺,谢珍既大幅提高了劳动生产率,同时产品也保留了原始的藏文化特色,实现了从家庭作坊到企业制的突破。有了自己创业企业的谢珍夫妇又从周边的村庄里招收了几个有心学艺的藏族小伙,带领大家一起把藏式木制品加工和彩绘的生意越做越大。谢珍的丈夫扎西孙诺谈到创业的前景时充满信心,他介绍说,2009年,他们的营业额达到近20万元。谢珍说:"祖辈的手艺传到我们手里,我们希望这些产品能够传播得更广,不仅在藏区、在祖国其他地区甚至世界都能遍及。在YBC的帮助下,我们正在一点一点地实现这个目标。"

2.1.5 妇联和工会的政策措施

1. 妇联对创业支持的政策措施

妇联组织主要从妇女发展、妇女就业以及妇女教育的角度支持妇女的创新创业活动。针对当前我国大学生的就业形势,特别是女大学生就业难的现状,为进一步推动女大学生就业创业,全国妇联妇女发展部、教育部高校学生司、人力资源和社会保障部就业促进司、中国女企业家协会决定，在全国范围内共同开展“女大学生创业导师行动”。这个行动为期三年，从2009年3月至2012年3月。2013年5月9日，全国妇联、教育部、人力资源和社会保障部共同主办了“女大学生创业扶持行动暨2013女大学生创业季——中国高校创业教育高层论坛”，论坛在助推女大学生创新创业教育的理论与实践探索、高校与企业有效互动上，在如何“激发女大学生创新意识”、“培养女大学生创新心理素质”、“提高女大学生自主创新能力”的问题上，在提高高校“创业教育”水平上，发挥了积极的作用，以服务女大学生就业创业为核心，搭建了一个政府、高校、企业、大学生等多方共赢的高规格沟通平台。

2009年7月，中华全国妇女联合会会同财政部、人力资源和社会保障部、中国人民银行共同出台了《关于完善小额担保贷款财政贴息政策，推动妇女创业就业工作的通知》，从资金上扶持妇女创业。同时，各省、区、市的妇联还在全国妇联的倡导和带动下，结合各自的地区特色开展适合本地区的创业培训项目和活动，从支持妇女就业的角度开展创新创业教育。如天津妇女创业服务中心成立“女大学生创业就业培训基地办公室”，充分发挥自身优势，搭建联动平台，推动企校联手，为女大学生提供全方位的创业指导及就业服务，在全市积极推进女大学生创业就业工作。

各地妇联开展的创业培训主要针对下岗妇女，与当地政府合作开办SYB课程或者能够发挥妇女优势的服务技能训练等。

创业实例

玫瑰园里培育一份心志

走进沈红英的玫瑰园，正繁花似锦。一片花的幽香中，写着“做给姐妹看，带着姐妹富”的海报格外惹眼。

从一间花店开始创业，20年间，沈红英成为一家拥有1 000亩生产基地、80 000平方米花卉市场的园艺公司老总。沈红英笑谈她的梦想是“农村包围城市”——让小小的玫瑰花，“包围”城市的钢筋水泥。

“赠人玫瑰，手有余香”，靠种玫瑰创业成功的沈红英，也将知识和经验无私教授给女大学生、女农民和下岗女工。2009年，沈红英被评选为全国SYB(创办你自己的企业)创业导师，她的玫瑰园也成为苏州市吴江市首个女大学生创业实践基地。

“再长的路，一步一步也能走完；再短的路，不迈开双脚也无法到达——苏州大学张抒燕”“实习期满后，我提出要求留在这里，玫瑰园让我找到了发展方向！——吉林农业科技学院吴月”……大厅一侧是“女大学生心语墙”，全国各地的女大学生们用小卡片写下实习感悟。

几位女大学生正在学习插花，不紧不慢，透着悠然。“很多大学生都有一种浮躁心态，养花和插花可以让她们安静下来，好好想想自己的路。”沈红英说。

沈红英把整个公司变成了课堂，她把有关花卉的各种知识，从种植、养护、花艺到销售、管理毫不保留地传授给女大学生们。有言传，更有身教，“我会把我的经历讲给她们听，告诉她们要像花一样，给点阳光就灿烂，心态积极地面对挫折，面对生活。”沈红英说。

王惠惠，2002年毕业于安徽机电学院，经历打工、失业诸多不顺后，2009年2月加入玫瑰园。8个月耳濡目染，她被沈红英的创业理念深深打动，在导师的帮助下，她在花卉市场租了一个摊位，开始创业。这几年王惠惠越来越体味到创业的艰辛，“我在进步，我的目标也在前进，我将沿着这条路坚定地走下去，再苦也不会放弃！”

资料来源：刘维涛. 女大学生创业导师行动：为年轻的梦想铺路，人民网，http://acwf.people.com.cn/GB/208418/17299319.html.

2. 工会的创业政策措施

各地工会组织主要从下岗需要再就业的职工以及其他类似的人群（如外来工）入手关注创新创业教育。它们利用自己的组织和资源，或者与人力资源和社会保障部合作，向以上人群推广创业培训，并为他们提供资金的优惠和支持，帮助这部分人群实现创业就业，成为缓解社会就业压力的主要途径。在过去几年中，它们扩大了培训学校的规模，提高了培训学校的质量，努力为职工提供优惠或免费的创业培训和咨询，取得了巨大成就。

2.1.6 其他部门的创业政策措施

1. 财政部、税务局的政策措施

两部委主要从创业投资企业的发展以及创业企业的税收优惠上支持创业活动。2007年，财政部、国家税务总局发布《关于促进创业投资企业发展有关税收政策的通知》，对创业投资企业采取股权投资方式投资于未上市中小高新技术企业的行为，在符合既定条件下予以一定的税收减免。

2010年，财政部、国家税务总局发布的《关于支持和促进就业有关税收优惠政策的通知》明确规定，高校毕业生从毕业年度起三年内自主创业可享受税收减免的优惠政策。其中，高校毕业生在校期间创业的可向高校申领《高校毕业生自主创业证》；离校后创业的，可凭毕业证书直接向创业地县以上人社部门申请核发《就业失业登记证》，作为享受政策的凭证。

2. 科技部的政策措施

科技部对创业的支持主要体现在对科技企业孵化器建设、高新技术企业的发展以及国家大学科技园的建设上。

我国的科技企业孵化器自1987年创办以来，在党中央、国务院以及各级政府的关心与支持下，在“火炬计划”的指引下，实现了快速发展。在高新技术创业服务中心的基础上，涌现了专业孵化器、大学科技创业园、留学人员创业园、软件创业园、国企创业孵化器、国际企业孵化器等多种类型，初步营造了科技创业环境，整合了科技产业化资源，融合了科教与经济发展体系，完善了社会主义市场经济发展体制。在此基础上，2001年，科技部制定《中国科技企业孵化器“十五”期间发展纲要》，要求各级政府、省市科委要充分认识到科技企业孵化器在国民经济发展中的基础性作用，积极倡导、大力扶持其建设与发展，使我国孵化器数量有一个大的提高，以满足国民经济发展的需求。

2005年，科技部印发《高新技术创业服务中心管理办法》的通知，要求各地科技局、各国家高新技术产业开发区管委会加强对全国高新技术创业服务中心的规范化管理，进一步贯彻落实《中华人民共和国中小企业促进法》。同年，科学技术部和财政部共同印发了《科技型中小企业技术创新基金财务管理暂行办法》和《科技型中小企业技术创新基金项目管理暂行办法》,以增强科技型中小企业创新能力,引导地方、企业、创业投资机构和金融机构对科技型中小企业技术创新的投资,逐步建立起符合社会主义市场经济规律、支持科技型中小企业技术创新的机制。

2006年科技部印发《科技型中小企业贷款平台建设指引》的通知,要求推动科技型中小企业贷款平台的建设,逐步建立在政府引导下的,有利于科技型中小企业自主创新的金融环境。同年印发《科技企业孵化器(高新技术创业服务中心)认定和管理办法》,要求以科技企业孵化器的认定和管理为基础,营造激励自主创新的环境,加快科技成果转化,培育科技型中小企业,发展高新技术产业,规范我国科技企业孵化器的管理,促进其健康发展,努力建设创新型国家。

2007年财政部和科技部又共同印发了《科技型中小企业创业投资引导基金管理暂行办法》,支持科技型中小企业自主创新;同年,国家发展改革委、教育部、科技部、财政部、人事部、人民银行、海关总署、国家税务总局、银监会、国家统计局、国家知识产权局、中科院等部委发布了《关于支持中小企业技术创新的若干政策》,激励企业自主创新,加强投融资对技术创新的支持,建立技术创新服务体系(加大创业服务)和健全保障措施。

2009年2月16日,科技部与教育部联合下发了《关于认定国家大学科技园的通知》,在通知中明确指出国家大学科技园要在培育创新创业人才等方面做出更大贡献。2010年3月,科技部和教育部在广州召开国家科技园促进大学生创业就业工作经验研讨会,共有40多个国家科技园参加了会议。会议要求把大学科技园建设成为创新企业孵化基地、科技成果转化基地、创新人才培养基地以及国家创新体系实践示范基地。

扩展阅读　2013年国家鼓励普通高校毕业生自主创业政策公告

一、放宽市场准入条件

1. 对自主创业高校毕业生进一步放宽准入条件,降低注册门槛,初创企业时,允许按行业特点放宽资金、人员准入条件,注册资金可分期到位。

2. 按照相关规定可将家庭住所、租借房、临时商业用房等作为注册地点及创业经营场所。

二、享受资金扶持政策

1. 对符合条件的高校毕业生自主创业的,可在创业地按规定申请小额担保贷款;从事微利项目的,可享受不超过10万元贷款额度的财政贴息扶持;合伙经营和组织起来就业的,可根据实际需要适当提高贷款额度。

2. 视当地情况,可申请“大学生创业资金”。

三、实行税费减免优惠

1. 毕业2年以内从事个体经营时,自在工商部门首次注册登记之日起3年内,可免交管理类、登记类和证照类等有关行政事业性收费。

2. 持《就业失业登记证》(注明“自主创业税收政策”或附着《高校毕业生自主创业证》)的高校毕业生在毕业年度内(指毕业所在自然年,即1月1日至12月31日)从事个体经营的,3年内按每户每年8 000元为限额享受有关税收优惠;毕业2年以内从事个体经营时，自在工商部门首次注册登记之日起3年内，可免交有关行政事业性收费。

四、提供培训指导服务

1. 对高校毕业生在整个毕业学年(即从毕业前一年7月1日起的12个月)内参加创业培训的，根据其获得创业培训合格证书或就业、创业情况，按规定给予培训补贴。

2. 进入"高校学生科技创业实习基地"创办企业，可以享受减免12个月的房租、专业技术服务与咨询、相应的公共设施以及公共信息平台服务等。

3. 在办理自主创业行政审批事项时，可以通过"绿色通道"享受联合审批、一站式服务、限时办结和承诺服务等。

4. 各城市应取消高校毕业生落户限制，允许包括专科生在内的高校毕业生在创业地办理落户手续(直辖市按有关规定执行)。

5. 自主创业申报灵活就业的高校毕业生，各级公共就业和人才服务机构按规定提供人事、劳动保障代理服务，做好社会保险关系接续工作。

资料来源：全国大学生就业公共服务立体化平台，http://www.ncss.org.cn/tbch/2013cyzcgg/.

2.2 典型地市的创业政策

在北京，京籍毕业生创业可享受民宅商用、免费注册等优惠；在上海，自2006年起，市政府连续5年，每年投入1亿元用于大学生科技创业基金；在湖南，省劳动部门推进高校毕业生创业培训计划，并且落实小额贷款政策，大学生最高可获得5万元的小额担保贷款等。全国其他各地市也出台了很多支持大学生自主创业的政策，以及支持其他群体创业的政策。本节将其整理，希望能够为需要这些信息的人群提供帮助。

2.2.1 北京市支持创业的政策

北京市作为全国的政治文化中心，为更好地解决大学生的创业就业工作，**在创业项目、创业资金、创业园建设、归国留学人员创业等多个方面出台了大量支持创业的政策，形成了一个"创业园建设优先，向高科技和归国留学人员倾斜"的政策体系**，主要表现在以下几个方面。

1. 完善创业园建设

始建于1988年的中关村国家自主创新示范区，是中国第一个国家级高新技术产业开发区。经过20多年的发展，它已经发展成为"一区多园"跨行政区的高端产业功能区，包括海淀园、丰台园、昌平园、电子城、亦庄园、德胜园、石景山园、雍和园、通州园和大兴生物医药产业基地。中关村是中国科教智力资源最密集、最具创新特色和活力的区域。拥有以联想、用友、百度为代表的高新技术企业2万余家；以北京大学、清华大学为代表的高等院校39所；以中国科学院、中国工程院、北京生命科学研究所为代表的科研院所200多家；国家级重点实验室63个，国家工程研究中心37个，国家工程技术研究中心49个；TD-SCDMA等产业技术联盟37个，各类孵化器50余家，大学科技园14家。中关村大批的科技园和研究所，可以为创业者提供较好的技术支持及后续服务等，使得中关村的创业文化深入人心，创业氛围浓厚，创业活动活跃。自2009年，中关村被国务院批复为我国第一个国家自主创新示范区以后，2012 年 8 月 6 日，国家发改委等 9 个部委会同北京市政府印发了《关于中关村国家自主创新示范区建设国家科技金融创新中心的意见》，进一步确立了中关村在国家科技金融体系中的战略地位，也为中关村高科技创业企业的发展带来新的契机。

2009 年 4 月，北京市首个大学生创业孵化基地在中关村科技园丰台园揭牌，这个基地首批将提供 1 000 万元创业引导资金，支持 100 家大学生创办的企业，并为北京市应往届毕业生免费提供总面积 3 000 平方米的创业办公用房。同年 5 月，由北京团市委与昌平区合作建设的北京青年创业示范园开园。高新技术企业、文化创意企业可优先入园，吸纳青年就业的企业可享受“三险一金”补贴；颁布《北京市创业培训工作实施细则》，对北京市的创业培训工作进行规范，更好地为创业培训服务，提高培训质量。

2. 开展大学生创业援助计划和自主创新推进项目活动

2012 年启动“放飞青春梦想，创业成就未来”北京市大学生创业援助计划。该计划将面向北京籍高校毕业生及毕业 2 年内未就业的北京籍大学生开展免费创业培训，考核合格后可获得北京市人力资源和社会保障局所属北京市创业指导中心颁发的创业培训合格证书。同时，援助计划实施单位还联合中国邮政储蓄银行北京分行对大学生创业提供免费的创业贷款咨询服务，并为符合创业条件的青年学生开辟创业贷款绿色通道，切身解决青年学生在创业初期面临的资金问题；组织创业专家团队进行创业跟踪指导，提供相应的后续服务；进一步完善彩虹工程网；开通咨询热线电话 400-890-0068 等。

北京市教委每年投入专项资金近 130 万元，启动北京高校大学生自主创新推进项目，对有创业意愿的毕业生进行创业辅导和培训，并帮助成熟的创业项目实现孵化。[①]

3. 大力吸引留学人员在京创业

留学人员来京创办企业，可凭护照直接注册登记，注册资本金可按国家有关法律法规规定的最低标准执行。通过北京海外学人中心评审的，政府提供 10 万元企业开办费。申请市、区县政府设立的各类中小型企业创业引导资金的，优先给予支持；取得银行贷款的，政府给予部分或全部贴息支持。创办高新技术企业的，可享受北京市的高新技术企业优惠政策。设立留学人员风险投资基金，为留学人员创业提供资金支持。留学人员来京创业和工作，从事技术转让、技术开发业务和与之相关的技术咨询、技术服务取得的收入，经有关部门认定，可免征营业税；创业取得的合法收入，依法纳税并经税务部门审核开具专用凭证后，可全部购买外汇携带或者汇出国(境)外。

4. 设立小额担保贷款

从 2006 年 5 月起，除拥有北京《再就业优惠证》的人员以外，具有北京户籍的未就业大学毕业生想要从事个体经营或自主、合伙创办小企业自筹资金不足的，也可以申请小额担保贷款。为了让更多的人群享受就业优惠政策，在原有享受范围的基础上，北京首次将城镇低保人员、残疾失业人员、农转居人员和大学生等纳入了优惠政策的适用范围。大学毕业后有创业要求的，只需带着自己的学历证明和北京市户口，到户口或经营所在地的社保所申请即可。

---

① 大学生创业网，http://bj.studentboss.com/html/news/2013-04-17/131335.htm.

对于自主创业的北京生源高校毕业生，还制定有下列优惠政策：创办个体工商户的，免收行政事业性收费。创办公司制企业的，投资人可以专利、股权等非货币资产出资；对其注册资本在50万元以下的，可按照出资人的约定，自公司成立之日起两年内分期缴足。对于开办文化经纪、动漫制作等文化创意产业及技术开发等科技企业或个体工商户的，可注册在区县政府确定的集中办公区，也可利用住宅作为住所（经营场所）进行登记注册。

5. 积极支持残疾人创业

对自主创业并取得《企业法人营业执照》的残疾人，按照最高不超过2万元的标准给予创业扶持；对租赁场地的，再给予最高不超过2万元的场地租赁费扶持。

登记失业人员、残疾人、退役士兵以及毕业2年以内的普通高校毕业生从事个体经营的，3年内免收管理类、登记类和证照类等有关行政事业性收费。

2.2.2 上海市支持创业的政策

作为中国经济发展前沿阵地的上海，也是中国创业氛围较浓厚的地区之一，**上海市政府为支持大学生创业，出台了很多支持创业的措施，形成一个"政策配套，多管齐下，共促创业"的良好局面，本章从以下9个方面进行梳理。**

1. 给予社保补贴

对具有本市户籍的劳动者在本市注册登记18个月以内的小企业、个体工商户、农民专业合作社、民办非企业单位等创业组织（不包括劳务派遣公司以及非正规就业劳动组织），以及吸纳经各级人力资源社会保障部门认定的就业困难人员，与其签订一年及以上期限的劳动合同并按相关规定为其缴纳社会保险的创业企业，给予社保补贴，补贴金额为按上年本市职工月平均工资60%作为基数计算的养老、医疗、失业、工伤和生育保险费，但以当月为补贴对象实际缴纳的社会保险费金额为限。补贴期限应在创业期内，最长不超过18个月。

2. 建立创业培训与创业见习制度

具有本市户籍，处于法定劳动年龄段、具有初中及以上文化程度，有创业意向的失业人员、协保人员、农村富余劳动力在完成创业培训，按要求取得创业培训结业合格证书的学员，可享受100%的政府补贴；参加创业培训的在职人员，可享受50%的政府补贴。

凡有创业意愿，35周岁（含）以下具有本市户籍的青年，以及本市高校非上海生源应届毕业生，可申请参加1～6个月的创业见习。原则上一年参加一次创业见习。见习学员月生活费按当年本市城镇职工月最低工资标准的60%补贴，为见习学员统一办理综合保险，创业见习基地带教费补贴按带教学员人数给予每人每月150元的补贴。

3. 提供房租补贴

创业组织的法定代表人或负责人是具有本市户籍的劳动者或毕业后两年以内的本市高校非上海生源毕业生，以及在本市注册登记（认定）18个月（即组织注册18个月内必须提出申请，否则视为放弃权利）以内的小企业（不包括劳务派遣公司）、个体工商户、农民专业合作社、民办非企业单位和非正规就业劳动组织（以下统称"创业组织"），可根据吸纳本市失业人员、协保人员和农村富余劳动力就业的情况，申请创业场地补贴。

4. 设立创业贷款

上海市设立的创业贷款包括劳动保障部门的开业贷款担保政策、小企业担保基金专项贷款、中小企业贷款信用担保、开业贷款担保、大学生科技创业基金等。政策优惠主要涉及创业贷款、担保及贴息等。

具有本市户籍、在法定劳动年龄段内的创业者，本市高校非上海生源毕业生、毕业后两年以内，在本市注册开业三年以内的个体工商户和非正规就业劳动组织业主等组织的人员，在满足一定条件时可以申请最高金额不超过100万元的开业担保贷款；具有本市户籍，35周岁(含)以下，拟在本市创办小企业、民办非企业单位、农民专业合作社、个体工商户且有创业项目的意向创业者，可以申请最高为10万元的开业前贷款；符合条件时还可以申请贷款贴息。

5. 减免行政事业收费

对创业者在创业园注册工商组织时的证照费、手续费进行补贴。园区内创业组织正常经营者，免创业者24个月证照管理费；本市失业人员、协保人员、农村富余劳动力、毕业两年以内的高校毕业生、残疾人、城镇退役士兵从事个体经营的，自其在工商部门注册登记之日起三年内，免收管理类、登记类、证照类等有关行政事业收费。

6. 鼓励科技创业

在鼓励科技创业方面主要出台了包括大学生科技创业基金政策、科技型中小企业创业基金政策和高新技术成果转化相关政策等在内的相关支持政策。

2005年3月，上海市政府批准设立了上海市大学生科技创业基金。2006年5月30日市委市政府召开专题会议，专题研究进一步加快推进大学生科技创业工作，决定成立上海市大学生科技创业基金会，在从2006年起的五年内，财政专项资金每年支出1亿元，支持大学生科技创业。高校毕业生以科研成果或者专利发明创办企业的，可申请享受这一政策。高新技术成果转化相关政策包括立项、注册登记、税费减免、贷款扶持、风险投资支持等。2006年8月26日，上海市大学生科技创业基金会正式成立，标志着上海市建立了推动大学生科技创业的长效管理机制，构建了专业化、社会化的管理模式。

7. 放宽经营场所限制

在不改变建筑结构、不影响建筑安全的前提下，鼓励利用闲置工业厂房、仓储用房等存量房产建设创意产业集聚区；确有合理原因无法提交产权证的房屋，允许提交建设工程竣工验收备案证书作为产权证明；经所在地村民委员会审查同意，允许农民以宅基地房屋自营或出租给他人开办个体工商户从事小型商业零售、“农家乐”等与农民生产生活密切相关的经营活动或者作为农民专业合作社的经营场所；对于机动车运输(含货物运输和旅客运输)、个体演出、个体演出经纪等采用流动经营方式的个体工商户，经营场所可登记为经营者的联系地址；从事翻译服务、软件设计开发、网络技术开发、电子商务、动漫设计等不影响周边环境和公共安全的经营项目的企业，允许其在区(县)政府提供的场地中集中登记。

8. 出台支持大学生创业的政策

加大对高校毕业生创业教育、培训和见习的力度，加强对有创业意向高校毕业生的咨询指导，加大对自主创业高校毕业生的扶持力度(大学生科技创业基金和小额贷款担保对从事科技、创意等各类创业的大学生给予创业前的融资支持,大学生科技创业基金项目的资助对象扩大到毕业两年之内的高校毕业生。本市高校的非上海生源毕业生,在提供有效的反担保基础上,也可给予小额贷款担保扶持)。完善成功创业高校毕业生的优惠政策(在18个月的初创期内,符合条件的给予有关房租补贴、社会保险费补贴、贷款担保及贴息的扶持;对从事农业创业的高校毕业生,可根据吸纳就业情况,给予专项创业补贴;高校毕业生从事个体经营的,自工商登记之日起3年内可免交登记类、管理类和证照类的各项行政事业性收费;本市高校的非上海生源毕业生在沪创业并吸纳本市劳动者就业的,在申请户籍时予以政策倾斜,有关服务部门免于收取人事代理等服务费用)。采用大学生注册公司零首付政策(上海毕业两年内的高校毕业生投资设立注册资本50万元以下的有限责任公司可"零首付"注册,自公司成立之日起两年内缴足注册资本)。出台创业三年行动计划(将小额担保贷款扶持范围扩大到创业后三年以内的创业组织,担保金额最高为100万元)。

制定大学毕业生创业四项优惠政策。根据国家和上海市政府的有关规定,上海地区应届大学毕业生创业可享受免费风险评估、免费政策培训、无偿贷款担保及部分税费减免四项优惠政策。

9. 建设完善创业园区

上海市积极建设创业园区,有留学生创业园区,有面向社会的非正规创业园区,还有大学生创业园区。位于中国(上海)创业者公共实训基地内的大学生创业示范园,总建筑面积12 234平方米,集创业实训、创业孵化、创业辅导等软件服务和创业场地、创业设施等硬件条件为一体,采用"创业导师+专门孵化+资金集成"的服务模式,为入驻园区的大学生企业(项目)提供全方位的专业化孵化服务。大学生创业示范园坚持"政府推动,市场运作"的原则,充分整合政府、高校、企业、科研院所和社会中介等各方面资源,为具有创业意向的大学生提供全面的创业咨询和指导,为不同成长发展阶段的大学生创业企业提供专业化、个性化的孵化服务和资源支持。①

2.2.3 浙江省支持创业的政策

浙江省是中国民营企业最发达、民间创业最活跃的省份。社会支持创业的氛围浓厚,媒体、居民支持创业,肯定创业成功经验,容忍创业失败,一批批新生代的创业者不断走上舞台。同时,浙江的"块状经济"、"区域经济"发展迅速,如湖州的地板市场、义乌的小商品市场等。许多高校又紧邻市场,许许多多身边人通过创业成为老板,环境熏陶着大学生,从而形成浙江大学生创业的"社会市场环境推动"特色。**浙江省政府和各地市也顺应潮流,出台了诸多创业支持政策,形成了"政府政策为先导,各地各高校各具特色"的创业政策体系。**

2013年,浙江省政府出台的《关于促进普通高等学校毕业生就业创业的实施意见》②是近些年浙江省支持创业政策的一个总结性文件,其中关于大力支持高校毕业生自主创

① http://fudanic.com/intro.
② 新华网,http://www.zj.xinhuanet.com/newscenter/2013-07/18/c_116582251.htm.

业的内容主要有以下几个方面。

1. 放宽市场准入

高校毕业生创办企业可依法分期缴纳注册资本。放宽高校毕业生创办企业住所(经营场所)登记条件,面向股权投资企业和电子商务、文化创意、软件设计、动漫游戏等现代服务产业的内资企业试行"一址多照",同一地址可以作为两个以上企业住所(经营场所)登记。面向无前置审批的内资公司试行"一照多址",住所和经营场所在同一县域范围内的,可以申请在企业营业执照"经营范围"后加注经营场所地址,免于另行办理分支机构登记。从事生物医药、新能源、新材料、海洋新兴产业和高端装备制造业等战略性新兴产业以及服务业中筹建周期较长的涉及前置审批的企业,可申办筹建营业执照。放宽取冠省名、市名企业名称条件,允许其注册资本分期缴纳。进一步深化行政审批制度改革,实行"多证联办"、"并联审批",减轻企业负担,提高审批效率。

2. 完善金融扶持政策

毕业两年以内的高校毕业生自主创业自筹资金不足的,可在创业地按规定申请不超过 30 万元的小额担保贷款,贷款期限不超过 3 年。对从事微利项目的,据实给予全额贴息;对从事其他项目的困难家庭高校毕业生给予 100%贷款贴息、其他人员给予 50%贷款贴息,贴息期不超过 3 年。对两名以上高校毕业生设立合伙企业的,可适当提高贷款额度,具体额度由各地自行确定。鼓励金融机构为无固定资产、无法提供合适担保对象的创业高校毕业生提供信用贷款。

省政府设立了 1 亿元大学生科技创新基金。截至 2009 年 2 月已审核批准大学生创新创业、科技推广项目 1 192 个,受惠大学生近 5 000 人。杭州市、宁波市、绍兴市积极出台针对高校毕业生的创业资助办法。杭州市西湖区设立"西湖区大学生创业专项资金",给予大学生创业企业 20 万元以下一次性创业资助资金;宁波市通过小额担保贷款、创新资助、税费减免、人事代理服务等方面的优惠措施,鼓励高校毕业生自主创业,创新资助金额每项最高可达 60 万元,个别重大项目可达 100 万元,创业扶持金额每项一般为 20 万~40 万元。[①]

3. 落实财税减免政策

高校毕业生创办的符合税法规定条件的小型微利企业,可按《浙江省人民政府办公厅关于促进小型微型企业再创新优势的若干意见》(浙政办发[2012]47 号)有关规定享受企业所得税减免政策。对高校毕业生创办的纳税确有困难的中小企业,报经地税部门批准,可予以减免房产税和城镇土地使用税。对毕业两年以内的高校毕业生从事个体经营的,按每户每年 2 000 元的限额减免地方水利建设基金,优惠期为 3 年。对持《就业失业登记证》(注明"自主创业税收政策"或附着《高校毕业生自主创业证》)的高校毕业生从事有关个体经营的,在 3 年内按每户每年 8 000 元为限额依次扣减其当年实际应缴纳的营业税、城市维护建设税、教育费附加和个人所得税。

4. 鼓励支持网络创业

毕业两年以内的高校毕业生从事电子商务经营并通过网上交易平台实名注册认证

---

① 中青在线教育新闻中心,http://edu.cyol.com/content/2009-02/11/content_2535746.htm.

的，经人力资源和社会保障厅、财政部门认定，可按规定享受小额担保贷款和贴息政策。其中，对按规定缴纳社会保险费满一年的，可参照高校毕业生从事个体经营社会保险补贴政策给予一次性自主创业社会保险补贴，所需资金从失业保险促进就业经费中列支。网络创业认定办法由省人力社保厅、省财政厅另行制订。

5. 加强创业教育培训

各高校要大力开展创业教育，将创业教育课程纳入学分管理，不断完善创业教育课程体系。鼓励高校与公共就业人才服务机构合作开展创业培训和创业实训。毕业学年和毕业年度大学生、离校未就业高校毕业生在定点培训机构参加创业培训的，可按规定享受创业培训补贴。各高校要加强专兼职结合的职业指导师资队伍建设，鼓励从事就业创业指导工作的教师参加创业咨询师培训。

高等学校通过开设创业教育选修和必修课，组织创业者沙龙、创业者协会、大学生创新创业中心、创业科技园等，开展多种形式的创业教育，鼓励支持毕业生自主创业。

6. 强化创业服务

鼓励各类创业服务机构为高校毕业生创业开展政策咨询、信息服务、项目开发、风险评估、开业指导、融资服务、跟踪扶持等"一条龙"服务。对免费提供高校毕业生创业辅导成效突出的机构，可给予适当的经费资助和奖励，所需经费从促进就业资金中列支。

7. 加大创业孵化力度

加强政策倾斜，积极推进大学生创业孵化基地建设。将符合条件的大学生创业基地纳入省级重点扶持建设100个创业示范基地评选范围，并给予一定政策倾斜。

浙江省各学校积极为大学生创业提供场地、经费支持，切实解决大学生创业无场地、无资金难题。如浙江万里学院为有志于创业的学生设立"大学生创新创业基金"，用于支持学生在自然学科、工程技术、医学科学、农业科学、人文社科、软科学等诸多学科领域进行研究、发明，帮助学生完成项目，实现研究成果的转化。浙江工贸职业技术学院建立温州市大学生科技创业园。杭州市建立起7个大学生创业园区。① 其中，杭州经济技术开发区主动与区内高校合作，在浙江经贸职业技术学院、杭州职业技术学院、浙江传媒学院、浙江水利水电专科学校、浙江理工大学、杭州师范大学、杭州电子科技大学、浙江警官职业学院等8所高校建立了8个区级大学生创业园，在高教、闻潮、七格3个社区建立了3个大学生创业社区。高新区（滨江）在认真执行杭州市高校毕业生创业资助政策的基础上，先后制定出台了一系列政策，给予高校毕业生创办企业最高20万元的创业项目资助，无偿资助高校毕业生从事科技成果转化、研发项目、文化创意类项目；给予房租补贴、贡献资助、会展补贴等，形成了一套鼓励高校毕业生创新创业的政策体系。

2.2.4 辽宁省支持创业的举措

辽宁省委、省政府高度重视大学生创业工作，针对辽宁国有经济比重过大、民营经济极不发达等因素研究制定了针对性、操作性强的鼓励大学生创业的优惠政策和具体措施。在省普通高校毕业生就业工作领导小组的统筹协调下，教育、发改委、财政、人事劳动、工

---

① http://www.studentboss.com/html/news/2010-09-20/53512.htm.

商、地税、银行等部门密切配合，在完善大学生创业政策支持体系方面作了积极探索，取得初步成果，**形成“政策法规引领，各部门配套联动”的创业支持模式**。

1. 制定鼓励大学生自主创业的优惠政策，完善政策支持体系

2003年以来，辽宁省各级党委、政府从完善组织体系、制定落实政策、强化就业服务入手，把高校毕业生就业创业摆上了重要日程，形成了党委统一领导、政府统筹协调、部门各司其职、社会大力支持的工作格局。省政府组织教育、发改委、劳动、人事、财政、税务、工商、公安、金融等有关部门，开创性地制定出台了促进毕业生就业创业的税费减免、贷款担保、财政补助、基层就业、创业扶持、就业援助、市场建设、督导检查等15个方面110项政策，建立了大学生创业政策支持体系。

(1) 省、市两级政府制定鼓励大学生自主创业的优惠政策

2006年，辽宁省教育厅会同省发改委、省财政厅制定了《关于加强全省普通高校毕业生创业工作的实施意见》(辽教发[2006]39号)，省财政厅转发了财政部、国家发展改革委《关于对从事个体经营的下岗失业人员和高校毕业生实行收费优惠政策的通知》(辽财非[2006]57号)，继续减免工商部门收取的行政事业性收费；省地方税务局出台《关于明确再就业税收优惠政策执行中若干问题的通知》(辽地税发[2006]70号)，对高校毕业生自主创业给予税收减免优惠。

2007年，省教育厅会同省发改委、省财政厅、省劳动厅制定了《关于实施辽宁省大学生创业工程的意见》(辽教发[2007]52号)，决定在全省实施“大学生创业工程”；2008年，省教育厅实施辽宁省大学生创业引导计划，与创业工程合并实施，在创业教育、创业资金、创业孵化基地建设等方面提出了更高的要求。

2008年，省政府出台《辽宁省人民政府关于进一步做好促进就业工作的通知》(辽政发[2008]16号)，全面落实国家及辽宁省促进毕业生就业创业的各项政策，综合运用财政、税收、金融等方面的优惠政策，大力扶持毕业生自主创业。同年还出台《辽宁省人民政府关于取消和停止征收220项行政事业性收费项目的通知》(辽政发[2008]44号)，努力降低了大学生自主创业的成本。

2009年，省政府下发《辽宁省人民政府关于切实做好稳定就业促进就业工作的通知》(辽政发[2009]6号)，再次接续落实各项大学生创业优惠政策，并加大扶持力度，明确提出“切实落实营业税月营业额5 000元的起征点政策”；“对高校毕业生创办企业初期(2年内)，按每户每年8 000元为限依次扣减其当年实际应缴纳的营业税、城市维护建设税、教育费附加和企业所得税”等内容，进一步加强创业政策支持体系建设。

省内各市地政府和毕业生就业主管部门，也相继出台了贯彻省政府文件精神的实施意见或地方性政策文件，为广大高校毕业生创造了良好的政策环境。

(2) 切实促进各项优惠政策的落实

辽宁省自2003年以来制定的鼓励和扶持高校毕业生自主创业的11份政策和文件，涉及教育、劳动、地税等多个部门。在如何保障这些政策落到实处，保障政策的延续性，完善创业政策支持体系等方面，辽宁摸索出了独具特色的工作方式。

2003年，辽宁创造性地设立了辽宁省《高校毕业生自主创业证》，作为自主创业大学生享受优惠政策的有效凭证，并制定了发放程序与使用规定。通过一张“自主创业证书”，

把分散在教育、劳动、工商、税务等有关部门职能内对大学生创业的“优惠”政策串联起来。

省市毕业生就业主管部门加强对大学生自主创业工作的管理和统计工作，建立高校毕业生自主创业台账和创业项目库，于 2008 年开始逐步推进全省教育、人事劳动、科技、中小企业、信息产业、工商、地税等部门大学生自主创业信息和项目资源共享，确保各项政策落到实处。

2. 设立创业资金，完善资金扶持体系

2005 年，辽宁省政府将促进就业创业的小额贷款、普惠培训、岗位补贴、税费减免等政策的惠及范围，在全国率先拓展至应往届高校毕业生，同时在省市两级进行资金扶持。

2007 年辽宁省政府设立大学生创业资金 5 000 万元，专门为高校毕业生自主创业提供资金扶持。同时，要求各市政府建立市级大学生创业资金 500 万元，沈阳、大连不低于 1 000 万元。目前，全省共统筹创业资金超过 1.45 亿元。

省政府要求将小额贷款政策惠及毕业生，各市设立的小额贷款担保基金要适当降低贷款担保门槛，充分发挥担保基金的使用效能。

截至 2010 年底，省、市政府设立的大学生创业资金共扶持大学生创业项目 1 461 个，累计发放资金 6 533.2 万元；全省为毕业生发放自主创业小额贷款 766 人，累计发放贷款 3 874 万元。

3. 实施引导项目，搭建创业平台，完善大学生创业孵化体系

2008 年，辽宁省教育厅、辽宁省发展和改革委员会、辽宁省财政厅、辽宁省劳动和社会保障厅联合下发《关于实施大学生创业引导计划的意见》(辽教发[2008]55 号)。截至 2010 年底，辽宁省政府设立大学生创业资金 5 000 万元，全省共统筹大学生创业资金超过 1.45 亿元，为大学生自主创业提供资金扶持；省市级大学生孵化基地 109 个；各级、各类孵化基地在孵大学生创业企业(项目)1 545 个。

2010 年，辽宁省教育厅专门下发《关于充分利用高校科技平台和资源大力促进大学生创新创业的通知》(辽教发[2010]86 号)。要求省内高校要充分利用科研队伍、平台和资源，为大学生创新创业提供有效的指导和服务。省教育厅积极与省妇联、省科技厅、省中小企业厅、团省委等多个部门合作，整合各部门各行业资源，研究对策、落实政策、出台举措，主动为大学生创新创业提供指导、扶持和服务。

辽宁以省大学生创业教育实训基地为龙头，建设省、市、区(县)、高校多级创业孵化体系，提供创业教育、创业实训、创业孵化、创业指导和服务的“一条龙”扶持。

2009 年，辽宁省政府投资 3 000 余万元建立了 1.1 万平方米辽宁省大学生创业教育实训基地正式投入使用，首批入孵大学生创业企业达到 46 个。2010 年，教育部专门致函辽宁省人民政府，授予辽宁省大学生创业教育实训基地“国家大学生创业示范基地”称号，进一步增强了创业实训基地的龙头和辐射作用。2010 年，省教育厅根据实际孵化能力，正式授予大连沙河口区和沈阳 123 创业基地为“辽宁省大学生创业示范基地”称号，进一步发挥了省级大学生创业实训基地的辐射带动作用。

4. 开展普遍创业教育，完善指导服务体系

2005 年，辽宁省提出在高校开展普遍的创业教育，引导高校逐步实现创新人才培养模式和教育理念，把创新创业教育作为高等教育教学改革的重要内容，培养大学生的创新精神和创业意识。2006年，省教育厅开展了评选“辽宁省大学生创业教育示范校”工作，发挥高校在大学生创业教育工作中的基础作用，探索加强大学生创业教育工作的新途径和新方法。2009年发布《辽宁省促进普通高等学校毕业生就业规定》(以下简称《规定》)。《规定》的实施标志着辽宁省高校毕业生就业创业工作进入法制化阶段，填补了国内法律、法规的空白。

5. 加强宣传力度，形成正确的创业宣传体系

近年来，辽宁省采取多重形式广泛宣传省市鼓励高校毕业生自主创业的优惠政策，组织全省高校深入挖掘大学生自主创业的先进典型，进行集中宣传报道，取得一定效果。

辽宁省教育厅组织编辑出版《大学生自主创业案例》DVD光盘，向全省高校免费发放1万套；编辑出版《大学生自主创业典型案例(名人篇)》等3本案例教材，向全省高校大学生免费发放2万余册。

近年来中央电视台、中国教育电视台、中国教育报等中央媒体，多次报道辽宁大学生创业经验；省内媒体开辟专栏、专题，宣传优惠政策、先进经验和创业典型；在《辽宁省高校毕业生就业工作简报》上设立“大学生自主创业典型案例”专栏。

辽宁省专门建立了辽宁省大学生创业网，搭建网络创业平台。网站共设创业新闻、创业指导、创业教育、创业案例、创业项目、创业资金、创业孵化、创业培训、视频中心等11个栏目，文字量50余万字。从各个角度宣传辽宁省鼓励和引导大学生自主创业的优惠政策及落实情况，宣传各市地、各高等学校的先进经验，宣传大学生自主创业的优秀典型。

2.3 政策资源的利用

2.3.1 了解创业政策

根据孟晋霞和李红萍在2011年所做的一份调查[①]，即使在创业氛围浓厚的浙江省，大学生对政府扶持政策的了解也不是很清楚。其中对扶持大学生自主创业的相关政策、法规经常关注，很了解的人占26.1%；偶尔关注，比较了解的人占45.3%；知道一点的人占19.9%；不了解的人占8.7%。接受调查的大学生中，47.7%的人认为大学生创业优惠政策的作用很大，31.2%的人认为大学生创业优惠政策的作用一般，5%的人认为大学生创业优惠政策的作用基本没有，也有16.1%的人不清楚大学生创业优惠政策的作用。由此可见，大学生对于政府出台的创业政策还是持肯定态度的，只是由于很多人对创业政策的不了解影响了其对于创业优惠政策的利用。因此，**拟创业的人员应积极主动关注政府出台的创业政策**，只有对创业政策有所了解，才有可能更好地加以利用。

2.3.2 利用创业政策

利用政府的创业政策，一方面可以为创业者或创业企业筹集创业资源，另一方面通过对政府政策的利用还能够在一定程度上提升创业企业的社会形象。当然，每个人的创业

① 孟晋霞，李红萍. 大学生创业政策需求和政策评价调查[J]. 浙江经济，2011(10)：44,45.

方向、创业特点不同，每项创业政策的适用范围和对象也不同，**创业者在用好创业政策时，要选择适合自己的政策**，既要适合自身的创业条件，也要适合自身的创业行业和创业类型，适合自身的创业过程。同时切实发挥好政策的实际效应，使政策的运用能真正降低经营成本，改善经营状况，提升经营能力，为实现企业的发展壮大做贡献，使企业走上长期发展的道路。

2.4 创业政策面临的挑战和对策

中国的创业政策虽然在近些年已经大大丰富并取得了一定成效，但相对于中国创业活动的开展特点，以及相对于西方的创业政策体系来看，依然存在着不足，需要进一步完善和优化。

2.4.1 中国创业政策面临的挑战

对比美国和欧洲国家，中国目前的创业环境培育政策还不够完善和细致，主要还集中于金融支持、税收优惠等基础性工作上，教育、经济等多部门的合作尚未得到协调和统一，有效的创业孵育和扶持体系尚未建立，创业的商业环境、服务环境等仍待优化。

1. 创业政策扶持对象少、受益面小

对创业企业的扶持政策集中于高科技企业和中小企业，对于其他企业的支持较弱，且关注的焦点基本在金融支持和税收优惠等方面，对于高科技企业的技术研发及成果转化以及知识产权保护的政策较少；对中小企业的创办手续、创业条件和创业门槛的降低未予以足够重视，对中小企业的发展存在一定程度的政策歧视，中小企业的行政和税收负担依然较重，强势政府和行政性政府意识较强、服务意识较弱，这些都在一定程度上制约了创业行为的普及以及中国创业型经济的发展。

关于个人创业的优惠政策主要集中于科技人员，创业教育资源也多投向大学生，这些社会精英人员得到了政府政策的偏向，而对于社会上更广大的弱势群体，如失地农民和农民工等的关注较少，对于普通大众的创业活动支持力度较弱。与那些受教育程度较高的人群相比，失地农民和农民工等弱势群体不是把创业作为个人更大发展的一种选择，而是在失去了原有的工作岗位或生存资源后，不得不重新面临生存的压力，因而他们面临的风险更大。加之这些弱势群体抵抗风险的能力很弱小，从而更需要政府在创业政策上给予适当帮助。但目前制定的创业政策专门针对失地农民和农民工的几乎没有，对农民工的培训主要集中在职业技能上，关于创业的知识和理念较少，使得占中国人口多数的农民阶层创业意识较弱，不利于创业活动的普遍开展。

2. 创业政策缺乏整合和阶段细分

虽然中国已经在商务部设立了中小企业司，在国务院办公厅成立了国务院促进中小企业发展工作领导小组，但仍缺乏像美国小企业局那样的专业性中小企业中央行政主管部门，而专门负责创业政策制定的部门和机构无论在中央或地方都很少见。另外，创业政策零碎地存在于科技部、发展和改革委员会、教育部、财政部、商务部、农业部、共青团中央、人力资源和社会保障部、中国人民银行等部委的政策措施之中，缺乏整体性；各部门之间在制定政策时有时会缺乏沟通和协作，各部门的创业促进政策整合性不强。

创业企业在不同生命周期阶段，会有不同的资源需求。发达国家一般根据企业不同发展阶段制定相应的创业扶持政策，例如在种子期、起步期、扩张期等企业不同的发展阶段，从资金、技术、管理咨询、税收优惠等不同方面给予相应的政策扶持，从而起到对初创企业的有效支持。中国现行的创业政策尚未针对企业的发展阶段进行细分，而且各地出台的创业支持政策千篇一律，针对性较差。

3. 创业政策的制定缺乏对需求端的考虑

目前，各地政府基本上都是采取简化创业手续、减免税收、提供一定金融支持等措施激发企业家创业，这是一种侧重于投入端的政策，而并非基于投资者优先需要的考虑。实际上，高效的交通系统等硬件环境，以及良好的政府服务等软环境可能更为投资者所关注。所以，政府在改善创业环境的同时更应该研究侧重于需求端的政策，通过提供更好的软硬件环境，挖掘和创造机会，吸引企业家资源，为创业者提供更多潜在的创业需求。

在制定相关创业政策时，各地政府较多考虑了企业创立阶段的资金需求以及创立初期的税收优惠措施等，对企业的未来发展和资本退出等考虑较少，由于创业投资机制的不完善、创业投资资金的缺乏，加上破产法规的范围有限、社会保险体系的覆盖面较窄等问题，创业企业日后发展以及资金的合理退出等更是创业者创业初期考虑较多的问题，但中国政府在制定政策时却未进行换位思考，未真正从创业者的角度出发，对创业资本产业的发展考虑较少。

4. 创业教育政策缺乏、创业导向不强

目前中国尚未出台专门针对创业教育的鼓励政策和优惠措施，设置创业教育专业的学校较少，从事创业教育培训的机构缺乏。虽然 2012 年教育部颁布了《高等学校创业教育教学基本要求》，但由于只是“试行”，加上高校创业教育师资缺乏等原因，目前课程的开设情况不够乐观；国家未从教育政策的角度对创业教育课程的开设予以规定和规范，所以中国的创业教育目前只开设在高等教育阶段，在中小学阶段尚未开设，更不用说学龄前时期和大部分成人教育阶段，由此使得青少年的创业意识淡薄，大部分青少年不具有创业导向，而是依然把学位教育和找工作作为自己主要的谋生手段。创业教育落后限制了民众创业精神和创业技能的培养，不利于创业文化的形成。加上媒体和社会对创业成功人士故事的宣传力度不够，导致人们对创业重要性和创业意义的认识不足，尤其是对创业失败案例的分析较少，整个社会的创业文化氛围不浓；很多年轻人可能会羡慕成功创业者的地位和风光，但较少人会将其当作偶像和学习目标，从而缺乏一种鼓励创新、允许失败的健康的创业文化。

5. 创业企业金融支持力度不够、创业政策各地不一

中国虽然于 2004 年在深圳证券交易所设立了中小企业板，于 2006 年 1 月 23 日，在中关村科技园区正式启动了未上市高新技术企业进入证券公司代办转让系统进行股份报价转让的试点，并通过一些政策规定给予创业企业一定的资金支持，但这些政策措施的制定和实施存在脱节情况，仍然有大量需要资金的中小企业得不到相应的金融支持，企业发展所需资金无法得到满足。据对中关村所做的一项研究表明，中关村科技园区 7 200 家具备一定规模的企业中，就至少有 280 亿元人民币的资金需求缺口，而 90% 的中小科技型企业长期处于发展资金极度短缺之中。对GDP贡献超过50%的中国中小企业，所获得贷款占全部金融机构贷款比重只有10%左右（辜胜阻等，2008）；再有，创业企业缺乏直接的融资渠道。尽管截至2014年2月26日已有379家中小企业在创业板上市，但是鉴于上市条件的限制，大部分的创业企业依然缺乏直接的融资渠道。

另外，各地促进创业的动机强弱不一，经济发达地区对于创业的重视程度较高，对于创业企业的政策支持力度较大，但经济相对落后地区还缺乏对创业政策的系统思考，创业政策较少且支持力度较弱。

6. 创业支持政策效果缺乏评估和监控

对现有创业政策实施的效果缺乏有效的监测和评估机制，学术研究也较少关注这个方面，从而不能为政府改进和创新政策工具提供理论指导。尽管国家和地方相继出台了各种优惠政策，但是很多政府领导主要出于其政绩动机，缺乏建立资金的稳定渠道以及保障机制和长效机制。这种短视政策取得了一定成效，但是没有发挥创业政策的地区联动效应和示范效应。因此，创业政策缺乏改进和创新的观念，在一定程度上制约了创业型企业的创新和持续成长。

2.4.2 完善我国创业政策的对策

发展创业型经济的主角是个人，关键在环境。因此，中国目前创业政策的制定应从系统性的角度考虑，充分借鉴创业政策的理论框架，系统分析创业政策的着力点和对象，从需求方的角度出发，尽可能减少创业障碍、降低创业风险，从鼓励创业政策、支持创业政策、服务创业政策和保护创业政策等几方面加以完善，以刺激创业活动，促进创业型经济的发展。

1. 整合创业优惠政策，扩大创业政策的受益面

从目前中国出台的创业政策的受益对象看，有直接主管部门的群体，其创业支持政策制定的就多，创业支持的力度较大。如共青团中央出台了大量的青年创业支持政策，人力资源和社会保障部出台了很多针对下岗失业人员的创业支持政策，科技部出台了许多针对高科技创业的支持政策等。但没有直接主管部门的群体，其创业支持政策较少，如失地农民、农民工乃至广泛的人民大众等。所以，针对目前中国创业政策扶持对象少、受益面小的现状，政府可通过发布相关支持全民创业的政策，扩大创业政策的受益面，将其扩大到普通民众，以形成促进全民创业的政策环境，加快中国创业型经济的发展。

另外，政府支持创业的政策也要体现地区差异。对于欠发达的西部地区，应该集中增加基础设施、创业培训、地域资源机会开发、技术可获得性等方面的投入，对于发达的沿海和中部地区要充分发挥人力资本优势，增加技术含量高、就业辐射力强、具有国际竞争力的创业机会的开发和投入。

2. 制定创业教育和培训政策

创业教育政策对于推动中国创业教育发展、培养创业文化、形成创业理念有着至关重要的作用。所以，中国政府应制定相应的创业教育政策，使创业教育纳入整个教育体系的范畴之内，以规范创业教育管理，提高创业教育质量，扩大创业教育的受益范围。通过创业教育政策的制定，应使创业教育贯穿于小学、中学、大学各个层次的学校教育，甚至涵盖学前教育和成人教育，形成一个完整的创业教育体系。通过创业教育的普及，在全社会营造一种重视并鼓励创业的创业文化，并通过拨款、立项、学科规划等手段引导创业教育的发展。

创业培训是提升全民创业意识和创业能力的重要手段，中国政府应通过相关创业培训政策的制定和实施，加大对创业培训工作的支持力度，并通过建立合理的指标考评体系，不断提高创业培训的质量。

3. 完善创业环境政策

创业环境会影响人们对创业机会的识别和对创业成功可能性的判断，从而影响创业决策。良好的创业环境，可以通过人为地控制环境变量，更大限度地释放人们的企业家精神，从而实现更加广泛的创业热潮，促进经济增长。所以，政府应通过政策措施不断完善创业环境。如通过大量宣传创业成功人士的故事、分析创业失败原因、推广创业成功经验，让全社会的人都认识创业，让创业者成为年轻人的偶像和学习目标，从而在全社会形成鼓励创新、允许失败的创业文化，营造良好的创业氛围。

另外，应进一步完善社会保障和保险制度，加快对创业者及其招聘的劳动者提供社会保障、人事管理、教育培训、职称评定等方面便利政策的落实，消除创业者创业失败的后顾之忧，促使其做出创办企业的决策。

4. 优化创业服务政策

政府应通过制定政策措施加大对创业服务中介机构的支持力度，完善服务机构向创业者提供的服务信息和公共产品，健全创业服务中介组织，推动创业咨询服务工作的开展，建立由企业家、创业成功人士、专家学者及政府工作人员共同组成的创业服务专家队伍，逐步形成创业服务指导专兼职队伍。并根据城乡创业者的需求，组织开展项目开发、方案设计、风险评估、开业指导、融资服务、跟踪扶持等“一条龙”创业服务，建立创业信息、政策发布平台，搭建创业者交流互助的有效渠道。建立创业项目资源库、创业者信息管理服务系统，设立创业服务热线，接受创业者的咨询和投诉，注重对创业失败者的指导和服务，帮助他们重树信心，再创新业①。

5. 合理定位创业扶持政策

政府制定创业扶持政策的基本目标应是减少创业障碍，促进创业活动。因此，政府出台的创业扶持政策，不能只从政策供给的角度出发，仅从资金、税收、管理等方面给予扶持，而应侧重于从需求端考虑，将扶持政策前移到创业投资的前期，充分挖掘和创造机会以吸引创业者投资。如通过发展风险投资、发展高技术、鼓励出口、降低市场准入和创业壁垒、加强孵化基地建设等措施，减少创业企业的进入和退出障碍，降低创业企业的进入门槛，同时扩大中小型企业的经营领域，进一步减少以致消除垄断和行业歧视。

6. 保障创业政策连续性

创业活动本质上就是一个充满不确定性的动态过程，企业在成长的不同阶段会面临许多不同的资源需求问题和成长战略的适时调整。而由于创业型企业对外部制度和支持政策存在较强的依赖性，要求国家对创业的支持也应随着时间的推移，呈现出阶段性、系

---

① 人力资源和社会保障部等，《关于促进以创业带动就业工作的指导意见》。

统性和连贯性的特征。从创业融资来看，一方面，创业型企业在创立阶段就缺乏资金，而且在企业的成长过程中，还需要持续的研发投入，所需投入的资金较多；另一方面，大多数创业型企业是建立在具有不确定的新市场机会基础之上，投资者对新市场机会的价值认识、对企业持续资金投入而引起的财务风险意识和对创业者的创业能力存在信息不对称，从而导致企业从外部获得资金的困难。所以，政府的政策支持就成了解决创业型企业融资的重要途径。由于创业型企业在创业的不同阶段对资金有不同的需求，就要求创业政策资金支持的形式也应多种多样。

只有将支持新企业快速成长的创业政策（旨在培育创业能力）和创新政策（旨在培育创新能力）结合起来，才能真正全面地促进经济发展和提升国家竞争力。据此，需要针对创业型企业的成长阶段，构建一个全新的、完整的两阶段——新企业形成和新企业生存与成长——创业政策工具体系框架，既要使政府制定的各种政策工具，譬如强调政府对创业教育的关注以及创业技能的投入来支持创业型企业的创建，同时还要完善创新政策工具，实行风险投资税收优惠，扩大风险资本规模，加快创业板市场的建设等，促进创业型企业的持续发展。

这种框架体系应特别强调政策的连续性与创业型企业成长阶段性的匹配，这不仅符合创业、创新要素向企业集聚、优化科技资源配置的政策精神，而且能极大地增强政策的可操作性，有效促进创业型企业快速成长。因此，还需要建立专门的包括专家、政府、企业等组成的公益性机构，来制定、实施和监督创业支持政策，并对其效果进行科学评估，为创业政策的改进和创新提供依据，以更好地服务于创业型企业。

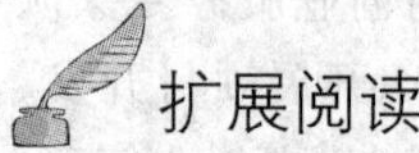

入驻创业园企业享受的优惠政策及服务
——以中关村创业园为例

(1) 入驻创业园的企业可以享受中关村科技园区新技术企业所得税方面的优惠政策，即新技术企业自成立之日起，第一年至第三年免征所得税，第四年至第六年减半按7.5%征收，第七年开始按15%的税率征收所得税。留学人员创业、工作取得的合法收入经依法纳税，税务部门审核开具专用凭证后，可全部购买外汇携带或汇出国（境）外。

(2) 留学人员来京创业、工作，从事技术转让、技术开发业务和与之相关的技术咨询、技术服务取得的收入，经有关部门认定，免征营业税。

(3) 在一定的办公用房面积内给予优惠的房租。

(4) 协助入园企业申请国家科技产业基金、市科委的科技产业基金，协助办理专利注册申请、科技成果鉴定、留学人员开发。

(5) 协助入园企业申请科技部“科技型中小企业技术创新基金”、“科技型中小企业技术创新基金小额资助”及中关村科技园区为留学生提供的其他专项资助基金。

(6) 推荐并协助入园企业申请海淀园创新基金，获得中关村科技园区“绿色通道”和海淀区“绿色行动”相关的各项资助。

(7) 为企业获得小额信用贷款做担保。

(8) 运用“海淀创业园企业评估系统”、“专家委员会”，为企业提供创业咨询与孵化服务，推荐企业获得金融机构的资金支持。

(9) 来京创业的留学人员在居留权、配偶及子女入北京户籍、购房、子女入学方面享受北京市政府提供的有关优惠政策。

(10) 优先安排入园企业的留学人员子女入学。

(11) 提供专业的留学创业咨询服务，包括国家及北京市对留学生在京创办企业相关政策的咨询服务、关于人才引进(留学生)的相关政策的咨询服务、关于留学生在留学人员海淀园创办企业的相关优惠政策及管理办法的咨询服务、为留学生创办企业提供公司注册流程的咨询服务，以及针对留学生在创办、经营企业中的其他相关问题的咨询服务。

(12) 定期组织企业参加项目推介及融资洽谈会。

(13) 定期组织入驻企业参加各种人才洽谈会、产品展示会、展览会等；免费为入驻企业举办各种培训班和专题讲座。

(14) 为入驻企业提供可靠的中介服务机构，包括律师事务所、会计师事务所、专利事务所及企业管理咨询机构。

另外，留学人员创业园有一个品牌效应，对于招人、客户、公司形象都是非常有利的。

资料来源：张锡盛. 亲历创业：从硅谷到中关村[M]. 北京：中国发展出版社，2008：25，26.

创业人力资源

松下幸之助有句名言——“企业最好的资产是人”,没有优秀的人才,就不会有优秀的企业。

彼得·德鲁克说,“企业只有一项真正的资源,那就是人”,人力资源是创业中最为重要的资源。

美国最早的风险投资公司——美国研究开发公司(America Research and Development Corporation,ARD)的创始人之一乔治·多利奥特(George Doriot)有句名言:“宁要一流的人才和二流的创意,也不要一流的创意和二流的人才。”可见人力资源在创业企业中的重要性。

创业者和创业团队是创业企业最初也是最重要的人力资源,员工则是创业企业经营管理的基础,是企业获得利润的源泉。创业者通过努力创造凝聚人才的条件,可以为企业吸引和留住人才,以利用“外脑”,整合人力资源,使企业获得长期持续发展,取得创业成功。

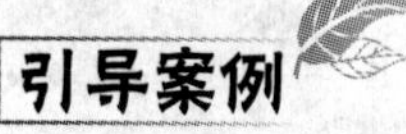

复兴集团“五虎将”

在福布斯 2005 中国富豪榜中,有 4 位来自复星集团郭广昌的创业团队,董事长郭广昌位列第 7 位,副董事长梁信军位列第 25 位,汪群斌和范伟同列第 115 位,5 人创业团队中,只有谈剑未进入富豪榜。于是,像复星这样创业 15 年,仍旧保持稳健分工的五人团队成为罕见的个案,也成为众人关注的焦点。究其原因主要是团队的明确分工、强大的执行力以及科学的决策机制。

1. 分工

在海南博鳌论坛上,面对实德集团徐明对兄弟分家的提出,郭广昌自信“兄弟同心,其利断金”。复星 15 年团队不散,其根源之一来自多年来团队明确的分工。

复星集团非常强调团队管理。目前在复星多元化的产业链条中,郭广昌是整个企业集团的灵魂;梁信军是副董事长兼副总裁,成为复星投资和信息产业的领军人物;汪群斌是复星实业总经理,专攻生物医药;范伟掌管复星地产;谈剑负责体育及文化产业。梁信军称他们 5 个人就像 5 根手指,哪根也少不得。5 根手指攥紧,就是一只拳头。

第一,作为集团核心的郭广昌情商高,具有较大的包容性,能很好地整合团队,并让团队的每个人都能畅所欲言;第二,他不独裁,能给大家适当分权,很好地进行协调,满足了团队成员的参与欲望;第三,郭有较强的使命感,在战略愿景上,每次当一件事达到一个水准,觉得可以歇一口气的时候,他都能提出重新创业,提出一个新的目标;第四,其个人决策能力最强,看问题比较准,而且年长几岁,威望最大,善思辨,新奇的想法从来不断。因此,具备了一个团队领导者综合素质的郭广昌能够稳坐复星的头把交椅。

2. 执行

在五人之中，汪群斌最早和研究部门的技术人员成功开发了复星第一个核酸试剂乙肝 DNA 核酸试剂盒，为复星进军医药行业打下了坚实基础，后来他提出的“生物医药新经济”概念也引起了业界广泛关注。1995 年，PCR 乙型肝炎诊断试剂的成功为复星的“五剑客”赚到了第一个 1 亿元。可以说汪群斌是复星从 1 000 万元到 1 亿元业绩的关键推手。

5 人中唯一的女性谈剑的优势则在政府公关等事务，同时她还是上海“星之健身俱乐部”总经理。从 2000 年复地房产在开发楼盘时，为制造卖点，在小区内建设第一个足球场的无心插柳开始，目前“星之健身俱乐部”已有了 12 家门店。

面对复星投资的宁波建龙项目被央视曝光的被动局面，郭广昌果断采取了两条应对措施——聘请著名国际会计师事务所安永对复星集团(包括非上市部分)进行全面的财务审计，把有关的报告提供给利益关系人；对战略进行调整，提出适度的多元化，但要坚决贯彻经营的专业化，同时请权威的国务院发展研究中心对复星集团的竞争力作评估。郭广昌把这一场风波看成是对复星的“体检”：检查民营企业的心态是否健康、体质是否健康。事实证明，复星集团经受住了宏观调控的考验，顺利渡过危机。

复星董事会的人数虽然已由最初的 5 个增加到 7 人，但是新增的是财务、法律方面的专家。“当年分工时就考虑到汪群斌、范伟和谈剑可能更适合做产业，做具体事情”，梁信军说，“如果没有汪群斌、范伟和谈剑他们兢兢业业地去操劳，再好的战略也等于零。”

3. 决策

为避免外行领导内行，团队管理流于原则，也为了解决集体领导下最不熟悉情况的人在作决策，而专业化的意见无法得到及时采纳的问题，复星采取了分工授权的团队管理方式，决策权下放给了最专业的人士。这使得团队决策都是由团队里智商最高、最熟悉情况的人拟定，真正实现了决策的群体智商高于个人智商。这就是使复星失败的绝对值尽可能小的重要原因，也是“复星系”茁壮成长的根源所在。

在复星的团队决策机制中，专业人士和“一把手”的权重比较大，采纳的是最专业那部分人的意见，从而最大地尊重了专业人士和“一把手”的决定，同时又兼顾了专业外的风险，考虑了可能的解决方案。

“做重大决策我们从来不举手表决，遇到矛盾时通过充分沟通以达成共识，没有形成共识的就放弃，以做到科学决策。”梁信军说。

从复星“五虎将”的创业经历中，我们不难得出以下三点启示：第一，能力结构互补。在复星，关于五位创业者有“五指”与“一拳”形象的比喻：五人团队好比一只伸出的手，长短粗细各不相同，但每人的特点都很鲜明，攥在一起，就是一只有力的拳。“五指”伸开，触觉灵敏，反应迅速，抓住机会，一“拳”有力，重点突破，占有市场。第二，角色分配合理。最重要的原因是相互需要。对于高效的团队而言，应识别团队成员的优势和劣势，并把他们安排到最能发挥其潜能的位置上。第三，决策科学、执行有力。分工授权的决策机制使复星最大程度上避免了决策的失误，有力的执行又使复星可以快速占领市场，保证其在行业中的竞争优势。

资料来源：李小宁. 团队不散生意就能长久[J]. 环球商业评论，2007(7)：108，109；王世华. 创建优势互补的创业团队——复星“五虎将”的启示[J]. 成才与就业，2011(23)：37，38；魏宗凯. 复星集团的 5 人创业团队，http://biz.zjol.com.cn/05biz/system/2005/12/16/006406494.shtml.

3.1 创 业 者

企业管理之神杰克·韦尔奇告诉我们:“优秀的领导者应当像教练一样,培育自己的员工,带领自己的团队,给他们提供机会去实现他们的梦想。”所以,创业者一定要在不断提高自身素质的基础上,组织一支优秀的创业团队,招聘合适的员工,使创业企业顺利建立并得以良性发展。

以往关于创业者的研究较多关注了创业者特性对新企业的影响,以及创业者经验的作用两个方面。在创业者特性对新企业的影响上包含了创业者的性别(DeMartino & Barbato,2003)、风险承担倾向(Caliendo,Fossen,Kritikos,2009)、认知偏见(Ensley,Pearce,Hmieleski,2006)等方面对新企业创建及绩效的作用,分析创业环境动态性对于创业者特性与绩效间关系的调节效应(Ensley,Pearce,Hmieleski,2006)。企业特征(年龄和规模)也会影响到创业者特性(如过度自信)。在创业者经验的作用方面,主要研究了创业者经验对机会识别(Ucbasaran et al.,2009)、新企业创建及成长(Westhead et al.,2004)的影响。[①]

通过学者们的研究及对创业实践的总结可以发现,合格的创业者应当具备一定的特质、相应的知识和能力。Hitt 等(2001)对服务企业的研究表明,创业者的人力资本是新企业的重要资源,它会影响企业的战略决策,进一步作用于企业绩效。[②] Colombo 和 Grilli(2005)通过对意大利 506 家技术创业企业进行实证分析,认为创业者的教育和先前在同行业的从业经历对企业的成长绩效有着显著的正向影响。

由于创业者的人格品质(如诚实、正直)和传记特征(如工作创业经历)客观上决定了创业者的个人能力和素质,所以,本节讨论创业者的基本素质、创业者的必备能力等内容。

3.1.1 创业者的基本素质

1. 创业者特质

狭义的创业者主要指主导创业的人,而且强调商业创业领域;广义的创业者则指参与创业的所有成员,既可以是商业创业也可以是公益创业,乃至岗位创业。因此,从广义创业者的角度看,人人都可以成为创业者,但从狭义创业者的角度看,并不是所有人都可以成为创业者。**要成为商业创业企业的创业者,需要具备一定的特质,包括诚实守信、勇于创新、善担风险、直觉敏锐、富有激情、持之以恒等。**

(1) 诚实守信

诚实守信是创业成功的基石。市场经济是以契约为基础的经济,诚实是其中最为关键的要素,组建创业团队、获取创业资源、取得创业成功都需要创业者具备诚实守信的品

---

① 蔡莉,单标安,朱秀梅,王倩.创业研究回顾与资源视角下的研究框架构建——基于扎根思想的编码与提炼[J].管理世界,2011(12):160-169.

② Hitt M A, Biermam L, Shimizu K, et al. Direct and moderating effects of human capital on strategy and performance in professional service firms: a resource-based perspective [J]. The Academy of Management Journal, 2001(44): 13-28.

格。2000 年 2 月美国出版的《百万富翁的智慧》一书，对美国 1 300 万个百万富翁进行了调查。在谈到为什么能成功时，受调查者竟没有一位归结为"才华"，最普遍的一个回答是：成功的秘诀在于诚实、有自我的约束力、善于与人相处、勤奋和有贤内助。诚实被放在了第一位。[①] 在 2003 年中国财富品质论坛上，100 位中国内地企业家将诚信列为十大财富品质之首。由此可见，诚信不仅是做人的第一品质，更是创业经商过程中的第一品质，是各种商业活动的最佳竞争手段，是市场经济的灵魂，是企业家的"金质名片"。

MacMillan 等(1985)将风险投资项目评估时考察的因素分为十类，发现其中五类与创业者的个人品质和经历有关。Van Deventer 和 Mlambo (2009)[②]根据南非风险机构对创业企业管理、市场、财务和产品四类因素的评分，研究发现与管理相关的因素是风险投资最为关注的因素，其中创业者的诚实与正直尤为重要。Pintado 等(2007)[③]利用西班牙风险投资的调研数据，同样发现创业者的诚实和正直是风险投资最看重的个人特质，其次是行业知识、工作经历和领导能力等。可见，诚实的品质对于创业者的重要性。

(2) 勇于创新

创新是创业的核心，勇于创新是创业成功的保证。熊彼特在其著作中提出：创新是指把一种新的生产要素和生产条件的"新结合"引入生产体系。它包括五种情况：引入一种新产品，引入一种新的生产方法，开辟一个新的市场，获得原材料或半成品的一种新的供应来源，实现任何一种工业的新的组织(比如造成一种垄断地位，或打破一种垄断地位)。由此可见创新在创业中的重要地位。创业者要创业成功，就应该具有不断追求创新的精神，要有不满足于维持现状的意识，以及推陈出新的观念，通过创新不断为客户创造新的财富，推动经济和社会发展。

(3) 善担风险

善于承担风险是创业者区别于常人的本质特征。百度的创始人李彦宏回顾自己的创业历程时说："作为一个创业者来讲，如果你害怕失败，就几乎不可能成功。10 个创业公司可能有 9 个都要倒掉，这一点我有清醒的认识，正是因为有这样的认识，所以我才敢去冒风险。成了皆大欢喜，如果不成，与不做其实没有什么太大的区别，因为如果不做，也一样是不成功。"[④]这里的善担风险指的是在对风险进行合理评估的基础上，对其有理性的认识和对待。华兴资本董事长兼首席执行官包凡说："真正的创业中，倒下是必然，成功是偶然，一定要做好思想准备。"

(4) 直觉敏锐

灵活敏锐的商业意识是创业成功的源头。机遇稍纵即逝，而且往往是留给那些有准备的人。当机遇来临时，具有敏锐直觉和把握机遇素质的人往往能先拔头筹。因此，创业者的第一素质就是拥有一双发现机遇的眼睛，要对外界的变化比较敏感，对商业机会能够

---

① 吴晓波. 大败局[M]. 杭州：浙江出版联合集团，浙江人民出版社，2011：194.

② Van Deventer B, Mlambo C. Factors influencing venture capitalists' project financing decisions in south africa [J]. South African Journal of Business Management, 2009, 40(1): 33-41.

③ Pintado T R, De Lema, D G P, Van Auken H. Venture capital in Spain by stage of development [J]. Journal of Small Business Management, 2007, 45(1): 68-88.

④ 人民网，http://paper.people.com.cn/jnsb/html/2008-07/24/content_65901.htm.

做出快速反应。

在一个偶然的机会，马化腾发现韩国网络公司一种给虚拟形象穿衣服的服务很受韩国网民欢迎，他就想"一个用户愿意花1～2元为自己的QQ增添服装和饰品的话，这个项目带来的收入就是天文数字"。于是他联合服装服饰、手机、饰品公司共同开发了风靡Q族世界的QQ秀。诺基亚和耐克等国际知名公司，都把自己最新款的产品提供给QQ秀用户来下载。目前已经有超过40%的QQ用户使用QQ秀，仅QQ秀一项给腾讯所带来的利润就是惊人的。另一个关于直觉敏锐的故事来自于拳王泰森，当泰森咬耳的丑闻报道传开时，许多人只是当热闹看看，美国一个巧克力商人却从中看到了商机。他赶紧推出一种形状像耳朵的巧克力，并有意在上面设计了一个缺角，象征着被泰森狠咬的那只耳朵。此举令这个牌子的巧克力备受世人关注，商人也一举发了大财。

潘石屹在海南万通集团任财务部经理的时候，就因为有一次出差在县政府食堂吃饭时无意听到北京市给怀柔提供4个定向募集资金的股份制公司指标，但没人愿意做，他不动声色地与县经济体制改革办公室的工作人员边吃饭边聊天，事后通过努力最终拿到8亿元的融资。潘石屹能拿到这笔融资，是与他对商机的敏感性分不开的。

广东中山圣雅伦有限公司董事长梁伯强，1998年在报纸上看到朱镕基关于"中国没有好指甲钳"的言论之后，敏锐地感觉到商业机会的到来，于是开始进行市场调研，并根据调研结果选择进入该市场，实现了年销售额2亿元的纪录，成为中国第一、世界第三的指甲钳生产企业，梁伯强也被评为中国"隐形冠军"形象代言人，蜚声海内外的"指甲钳大王"。

(5) 富有激情

激情是源自内心的一种动力，一种不可磨灭的梦想。小胜靠智、大胜靠德，常胜靠激情，有激情就会有毅力，有毅力就能顶住压力，就能在成功的路上走得更远。创业者自己没有积极性，是不可能调动别人的积极性的；同样，创业者如果缺乏信念、冲劲和前进的决心，是不可能使别人有信念和冲劲的，是不能带动别人前进的。激情导致行动，也积累起冲劲，而冲劲对于成功是无价之宝。富有激情是创业成功的助推剂。

(6) 持之以恒

持之以恒是指要将创业活动长久地坚持下去。创业的过程中可能会遇到各种困难，创业者只有敢于坚持、不放弃，才可能在不确定的环境中获得成功。在谈到坚持的重要性时，阿里巴巴的马云经常说，"今天很残酷，明天更残酷，后天会很美好，但是很多人死在了明天晚上"，只有穿过黎明前的黑暗，坚持到最后的人才能取得成功。其实创业就像挖井，在创业者按照自己的兴趣选好创业项目(挖井的地址)以后，就要坚持不懈地挖下去，而不应该浅尝辄止，遇到困难就退缩，换到另外一个地方再挖。若干年后，坚持在一个地方挖井的人可能挖了很深的一口井，得到了清澈的甘泉，但是经常换地方的人可能只挖了很多坑，只好望坑叹息，依然没有水喝。

2. 创业者必备知识

Bates(1990)通过研究1976—1982年自我雇用的男性创业者的创业情况发现，高学历的创业者更容易创建存活期更长的小企业(到1986年仍存活的企业)，因为教育经历决定了企业财务资本的内生来源，而在初创阶段财务实力较强的企业更容易进入存活者行列。[①] Hogan 和 Hutson (2005)借助爱尔兰软件行业 110 家高科技企业的调研数据，实证发现创业者受教育程度对于获得风险投资具有显著正向影响。[②] 教育经历和受教育程度一般会对创业者拥有的相关知识和能力有决定性的影响。因此，**创业成功需要创业者具备必要的知识，如商业方面的知识、技术方面的知识等**。

(1) 行业知识

隔行如隔山，创业者如果没有相关行业的经验，肯定会走弯路。俗话说“不熟悉的不做”，就是说创业者应尽可能在自己熟悉的行业领域内进行创业，以提高创业成功的可能性。在某个产业工作，个体可能识别出未被满足的利基市场。某个人一旦投身于某产业创业，将比那些从产业外观察的人，更容易看到产业内的新机会。康佳的创始人陈伟荣、创维的创始人黄宏生、TCL 的创始人李东生都是华南理工学院(1988 年更名为华南理工大学)恢复高考后无线电班的第一批学生，正是凭借其丰富的专业知识和行业内的资源，三个人创办的企业都取得了极大成功。极盛之时，这三家公司的彩电产量几乎占到全国彩电产量的 40%。

(2) 法律知识

创业成功的基础之一是创业者要守法经营，在国家法律法规允许的范围内从事创业活动。这就要求创业者一定要了解相关的法律知识，如注册登记的相关规定，合同法、税法和企业组织法等法律法规。

① 注册登记和商标广告方面的法律法规。注册登记方面的法律法规可以帮助创业者了解注册登记的基本流程，关于企业名称的有关规定等，使创业者缩短注册登记时间，更早地将精力投在企业的生产经营上；商标广告等方面的法律法规则有助于创业者提高商标意识，形成自主品牌，树立中国企业形象，使企业充分重视商标权等无形资产，同时在广告行为中减少不经意的侵权行为，更好地保护他人的同时也保护自己的权益。

② 合同法。市场经济条件下企业之间的关系更多地表现为各种各样的契约，对契约的尊重和保护体现了一个国家的经济发展程度，是市场成熟度的表现之一。大学生创业大多属于机会型创业，是高学历创业的一种代表，自然应该是遵纪守法的典型，是其他创业者学习的榜样，所以，准创业者一定要了解《合同法》的相关知识，自觉遵守和履行合同，主动和雇员签订合同，保护雇员及企业的利益；在和其他企业交往时，学会自觉运用合同这种法律形式保护自己。

③ 税法。经营企业自然少不了交税，流转环节有增值税、营业税等流转税，有盈利时还要缴纳所得税。根据企业的法律形式不同，会涉及个人所得税和企业所得税等不同的所得税税种，创业者不但应了解而且应该熟悉税收法律，在遵守法律的情况下，尽量做到合理避税，为企业减少现金流出，增加可供使用的现金数量，部分解决资金缺乏的问题。

④《个人独资企业法》、《合伙企业法》和《公司法》。企业的法律形式不仅决定了创业

---

① 张帏，陈琳纯. 创业者的人力资本和社会资本对创业过程的影响[J]. 技术经济，2009，8，28(8)：25.

② Hogan T，Hutson E. What factors determine the use of venture capital? Evidence from the Irish software sector [J]. Venture Capital，2005，7(3)：259-283.

者承担责任的方式，而且会影响企业的资金筹资渠道。适合的法律形式可以帮助创业者适当规避风险，减少税收支出，增加资金的来源渠道，创业者在创业之前一定要对不同法律形式企业的权利义务进行了解，以选择最合适的法律形式。

(3) 经济和管理知识

创业是一种商业行为，因此，需要创业者了解一定的商业知识，包括经济方面的知识和管理方面的知识。经济方面的知识有微观和宏观经济学、产业经济学以及投资学的知识；管理学方面的则包括战略和企业管理、人力资源管理、市场营销、财务管理等知识。

① 微观经济学知识。微观经济学的相关知识可以帮助创业者进行基本的供需分析，选择好的创业项目，使其更易被消费者接受。如市场调查方面的知识可以帮助拟创业的大学生进行基本的市场分析，使其及时发现创业机会，并通过供给和需求的分析，确定产品或服务的价格，分析创业项目市场的大小，以做出项目选择决策；创业者还可以根据基本的经济学原理，为不同行业、不同类型的企业选择合适的地址。

② 产业经济学、区域经济学、发展经济学知识。这些知识可以帮助创业者更好地了解不同行业对新创办企业的要求，理解并分析一个国家产业结构调整和升级(如产业结构演变的一般规律、工业结构演变的一般规律等)、整个经济系统产业之间的投入产出关系，以及产业内企业之间的竞争关系等，帮助其分析行业所处的生命周期阶段，避免进入处于衰退期的行业，而且可以帮助创业者了解某种行业在不同国家、不同地区的发展状况，进而分析拟创办企业的未来前景及发展趋势，以选对行业谋求更大发展。

③ 宏观经济学知识。宏观经济学关于经济增长、经济周期、就业与失业、通货膨胀、国家财政、储蓄、投资等方面的内容有助于创业者了解宏观经济发展的相关理论、宏观经济形式及相应的宏观经济政策如货币政策和财政政策，帮助创业者从宏观上把握企业发展的方向。

④ 投资学知识。投资学方面的知识有助于创业者了解市场经济条件下的投资运行机制和一般规律，以及各类投资运行的特点与规律，帮助其正确进行投资项目分析，做出科学的投资决策，提高投资的经济效益和社会效益。

⑤ 战略管理和企业管理知识。这两方面的知识有助于创业者从总体上设计和把握企业战略，高屋建瓴地为企业长远发展制定适合自身的目标，使企业实现可持续发展，并且能够在日常经营中，对企业进行科学管理，避免一些不应有的失误。

⑥ 人力资源管理知识。人力资源管理知识有利于创业者更好地组建团队，招聘到适合企业发展的员工，进行团队成员的分工和激励，安排员工的培训和晋升等，从而有利于创业企业的健康快速发展。

⑦ 市场营销知识。做产品不如做销售，做销售不如做市场。只有将企业生产的产品或提供的服务销售出去，企业才能够回笼资金，才能够产生利润。销售是产品或服务在市场上惊人的一跳，是实现利润的基础。市场营销方面的知识可以帮助创业者在盈利高的市场上以更好的价格销售产品或服务，并较好地去分析和开拓市场，实现企业更好发展。

⑧ 财务管理知识。创业最大的障碍是缺乏资金，经营企业最重要的问题是合理筹集和使用资金，财务管理知识可以帮助创业者了解资金的筹集渠道，各种资金的成本、收益和风险以及资金的有效使用，以做出正确的资金筹集和使用决策，提高企业资金利用效

率，实现投资目标；财务管理还可以提供资金管理的工具，使创业者借助先进方法进行现金的预算和管理，加快资金的循环和周转。

3.1.2 创业者的必备能力

能力是顺利完成某一活动所必需的主观条件，是直接影响活动效率，并使活动顺利完成的个性心理特征。能力是对知识的具体运用。**创业者最少需要具备洞察力、领导力和决策力、执行力学习能力和管理能力。**

1. 洞察力

洞察力是以批判的眼光，准确观察并认知复杂多变事物之间的相互关系的能力。经济学家卡斯那说："以深刻而敏锐的洞察力去发现时机，才是真正企业家精神的本质。"创业者应能够发现他人未曾注意到的、新颖的、潜在的、更有价值的某种目的(产出)，具有发现一直不被人们所知的手段(投入)的洞察力。企业家行为的本质就是及时发现投入和产出的对应关系中潜在的、尚未被利用的机会，并灵活、持久地充分利用这一机会。

2. 领导力和决策力

领导力是指在管辖范围内充分利用人力和客观条件，以最小成本办成所需事情，提高整个团队办事效率的能力。领导力可以被形容为一系列行为的组合，这些行为将会激励人们跟随领导去要去的地方，而不是简单地服从。对领导力内涵的理解有助于创业者成为更有效的领导者。**从创业者所承担工作的本质来看，创业者首先必须是领导者，一定要具备很强的领导力**。商业活动中的领导者主要承担任务责任和人员责任，一方面要推动任务的完成，另一方面要保持员工的士气，好的领导者会在上述两种责任间寻找平衡。有时，要求对人员比对任务本身给予更多关注，在另外一些情境下可能就要对任务有更多的关注。

管理的重心在经营，经营的中心在决策，决策力是创业者及时正确做出决策的能力，是保证创业成功的必备能力，也是创业者的另一个显著特征。一般来说，创业者要自己做出所有的重要决定，这些决定会对公司未来产生重大影响。因此，靠直觉做出决策的能力是创业者最有价值的财富，这种能力来源于在各种复杂情境中进行决策的经验积累。在特定情境下，创业者还必须有良好的洞察力，能够预测出几种备选解决方案的可能结果。在决策过程中，时间是一个至关重要的因素，特别是在业务发展阶段。在某些情况下，必须要快速决策、迅速执行。对决策执行情况的有效监控能够帮助创业者及时发现决策的不足之处，并为采取进一步行动提供信息。

3. 执行力

执行力是贯彻战略意图，有效利用资源，保质保量完成预定目标的操作能力。执行力是管理者具备的最基本条件，一个出色的管理者应该是一个好舵手，遭遇风浪时，临危不惧，身先士卒。中国并不缺少雄韬伟略的战略家，缺少的是精益求精的执行者；并不缺少各类管理制度，缺少的是对规章条款不折不扣的执行。执行力体现在完成公司目标的程度上，管理者必须执行公司确立的目标，使目标清晰具体落实；作为管理者落实执行力上，最基本的就是严格执行公司的既定目标与规章制度，按时完成各项工作，认真履行组织赋予的职责。创业者既是企业的创始人，也是企业最初和最核心的管理者，创业过程中，既需要创业者具有果断的决策力和高超的领导力，也需要创业者具有不折不扣的执行力。

4. 学习能力

卓有成效的创业者应该首先是优秀的学习者。他们会从一切可能中学习：顾客、供应商、竞争者、员工、合作伙伴以及其他创业者；他们从经验中学习、从实践中学习。并且，他们懂得如何从无效中学习。其中，最重要的是，要善于从关键事件中学习。

在当今世界发展迅猛的时代，知识的更新换代日益加快。2010 年急需的十大职业在 2004 年根本就不存在，《纽约时报》一周的信息量相当于 18 世纪人一生的信息量。① 要从事新职业，要快速接受和处理信息，需要创业者具有不断吸收新知识和新信息的能力，以及分析和处理信息的能力，这就要求创业者一定要具备很强的学习能力。

学习能力至少有两个方面的含义：第一，要爱学习。创业者不可能在一开始创业时就具备创业所需要的各种知识，这就要求其在创业过程中坚持学习，热爱学习，及时补充所需的各种知识，不断优化自己的知识结构，学习不同类型的新知识。第二，会学习。学习能力应该是学生在校期间学习的最重要的能力，知识会过时，但能力不会过时，创业者要利用自己的学习能力不断扩充其知识面，更新知识。最后，随着时代的发展，各种新职业层出不穷，新职业的出现既蕴含着大量的商机，也意味着对于创业者学习能力的考验，只有具有很强学习能力的人，才能适时把握各种机会，使自己取得创业成功。

5. 管理能力

管理能力是创业者提高创业企业组织效率的能力，是管理者准确把握并且提升组织效率的关键。创业者要不断提高自己的管理能力，通过目标管理、时间管理等方法，提高创业成功的概率。

(1) 目标管理

目标管理是以目标为导向，以人为中心，以成果为标准，而使组织和个人取得最佳业绩的现代管理方法。目标管理由管理学大师 Peter Drucker 提出，首先出现于他的著作《管理实践》(*The Practice of Management*)一书中，该书于 1954 年出版。根据 Drucker 的说法，管理人员一定要避免“活动陷阱”(activity trap)，不能只顾低头拉车，而不抬头看路，最终忘了自己的主要目标。**目标管理的基本原则是 Smart 原则，即目标必须是具体的(specific)，目标必须是可以衡量的(measurable)；目标必须是可以达到的(attainable)；目标之间具有相互关联性(relevant)；目标必须具有明确的截止期限(time-based)。**

① 明确性。目标必须是具体的和明确的，一定要能用具体的语言清楚地说明要达成的行为标准。明确的目标几乎是所有成功团队的一致特点。很多团队不成功的重要原因之一就是因为目标定得模棱两可，或没有将目标有效地传达给相关成员。

② 衡量性。衡量性就是指目标应该有一组明确的数据，作为衡量是否达成目标的依据。如果制定的目标没有办法衡量，就无法判断这个目标是否能实现。因此，创业者应尽可能将拟实现的目标量化，以便考评和改进。

③ 可接受性。目标要能够被执行人所接受，如果团队领导利用一些行政手段，利用权利性的影响力一厢情愿地把自己所制定的目标强压给团队成员，团队成员典型的反应

---

① 未来扑面而来，土豆网，http://www.tudou.com/programs/view/s9avw2C1peY/.

是一种心理和行为上的抗拒。因此,团队领导者应该更多地吸纳团队成员来参与目标制定的过程,提高团队成员对于目标的认可度。

④ 相关性。目标的相关性是指某一具体目标与其他目标的关联情况。如果实现了某个目标,但对其他的目标完全不相关,或者相关度很低,那这个目标即使达到了,意义也不是很大。

⑤ 时限性。目标的时限性就是指目标是有时间限制的。创业者在进行目标设置时,要根据工作任务的权重、事情的轻重缓急,拟定出完成目标项目的时间要求,定期检查项目的完成进度,及时掌握项目进展的变化情况,以方便对其他人的工作进行及时指导,以及根据工作计划的异常变化情况及时调整工作计划。

(2) 时间管理

世界上只有一个东西是完全属于你的,那就是时间,一定要做自己能安排时间的人。和被雇用相比,创业者要面临和处理的事情更多,占用在工作上的时间也会更长,更需要做好时间管理。时间管理就是用技巧、技术和工具帮助人们完成工作,实现目标。通过时间管理可以更有效地运用时间,可以帮创业者分析什么事情不应该做,降低工作上的被动性。

进行时间管理需要学会统筹安排时间,克服惰性,了解时间“四象限”法则,能够将时间化零为整,进行更有效的管理。

① 计划管理

创业者最好每天都制定工作计划,把当天要做的事情列出来,根据事物的轻重缓急,按照其重要性进行排列,紧急的事情先行处理,重要的事情在状态最好时处理,程序化的事情或轻松的工作放在精神状态低谷的时候处理。另外,在每天的工作过程中要做到张弛有序,学会积极休息。列宁说,不会休息就不会工作。适当的休息有助于提高工作效率,减少差错,最好能有适当的午休时间,帮助恢复体力,提高下午的工作效率。最后,在进行工作安排的时候要留有余量,以应付意外的不确定性事件。

② 积极管理

“日事日毕,日清日高”是海尔的企业文化之一,也应该成为创业者时间管理的一个原则。创业者要积极管理时间,克服惰性,即便是比较困难的事情,也应该坚持在计划的当天完成,而不能够半途而废,这样可以减少由于下次要从头开始所耽误的时间,避免事情的不断累积,保持较强的执行力。

③ 分类管理

创业者可以按照时间管理的“四象限”法则,对事情进行分类管理,提高时间管理的效率和效果。

时间管理的“四象限”法则由著名管理学家科维提出,该理论把工作按照重要和紧急两个维度进行划分,按照其重要性和紧急程度分为四个“象限”:第一象限是既紧急又重要的事情,如人事危机、客户投诉、即将到期的任务、财务危机等;第二象限是重要但不紧急的事情,如建立人际关系、新的机会、人员培训、制订防范措施等;第三象限是紧急但不重要的事情,如电话铃声、不速之客、行政检查、主管部门会议等;第四象限是既不紧急也不重要的事情,如客套的闲谈、无聊的信件、某些个人的爱好等。

对于第一象限的事情，应该立即去做。我们工作中的主要压力来自于第一象限，但第一象限80%的事务来自于第二象限没有被处理好的事情，正是因为我们在很多重要事情上的一拖再拖或事前准备不足，使其变成了迫在眉睫的事务，所以，第一象限的压力和危机实际上是自己给自己带来的。因此，时间管理的关键是尽可能多地解决来自第二象限的事情。一般来说，处理这个象限的事情的时间应该占到20%～25%。

对于第二象限的事情，应该有计划地去做。由于这个象限的事情不具有时间上的紧迫性，不会给我们造成催促的力量，所以要求创业者必须主动去做，在第一时间将这些任务进行分解，然后一个一个解决，并制定时间表，在规定的时间内完成，防止第二象限的事情偷溜到第一象限中去。忽视第二象限将使第一象限日益扩大，使我们陷入更大的压力，在危机中疲于应付。如果多投入一些时间在这个象限则有利于提高实践能力，缩小第一象限的范围。一般来说，处理这个象限的事情的时间应该占到65%～80%，以使第一象限的"急"事无限变少，不再瞎"忙"。

对于第三象限的事情，交给他人去做。这一象限的事情是我们忙碌而且盲目的源头。最好的方法是放权交给别人去做，或者通过委婉的拒绝减少此类事务的发生。处理这个象限事情的时间一般占到15%左右就可以了。

对于第四象限的事情，尽量别做。在疲惫的时候，可以通过一些不重要的而且不紧急的事情来调整情绪和身体，但是不要在这个象限中投入过多的精力，否则就是浪费生命了。像阅读令人上瘾的无聊小说、毫不精彩的电视节目、办公室聊天等属于第四象限的事情，占用创业者的时间一般不应该超过1%。

④ 有效管理

美国管理学者彼得·德鲁克认为，有效的时间管理可以从以下三个方面开展。第一，记录自己的时间。将每一天的时间花费予以记录，以认清自己的时间主要耗在什么地方，分析时间分配的合理性。第二，管理自己的时间。根据上面的事件记录，适时做出时间安排的调整，设法减少非生产性工作的时间，如减少上面所说的花费在第四象限的时间。第三，集中自己的时间，化零为整。创业者还应学会利用时间片段，在零星的时间里处理一些不需要花费太多时间的工作，将小的时间段进行累积，这样长期坚持会给自己带来意想不到的惊喜和可观的效益。

扩展阅读　考察创业者综合素质的十项标准

(1) 忠诚正直。一个忠诚正直的创业者具有强烈的法纪观念，在创业投资家面前能够胸怀坦荡，并信奉公平交易原则，容易赢得利益相关者的信任。

(2) 致力于创建伟大的企业，而非仅为赚钱致富。真正的创业者总是具有强烈的成就欲望且不断进取，他从来不会停留在既得的成就上，而是喜欢建立目标，然后超越它们，再进入下一个目标；他总能吃苦耐劳，而不求奢华。虽然看重钱，但不把钱当作享受的资本，而是将其作为衡量个人价值的标准。一个仅仅为赚钱致富而创建企业的人，总是会斤斤计较于眼前的蝇头小利，会在企业稍微有些盈利时，将之作为"取钞机"，失去迅速扩张的机会，被市场上的模仿者后来居上；真正的创业者会把创建伟大的企业作为人生的目标，能够忍受一切艰苦，将企业的资金都投入到关系企业发展的事业上，使企业永葆市场竞争力，不断成长，并最终成为投资人的“印钞机”。

(3) 敢于抓住稍纵即逝的商机，但只承担有限风险。在竞争日趋激烈的现代市场经济社会，机遇只可能属于那些敢于向未来挑战的人。因此，一个优秀的创业者宁愿放弃已经确定的现在，也要争取充满不确定性的未来。但创业者又绝不是赌徒，他们综观全局，全面权衡，尽量避免没有意义的冒险和冒过高的风险。在完全无风险、有限风险、高风险这三者之间，创业者通常只选择有限风险。

(4) 敏锐的判断能力和准确的预见能力。优秀的创业者之所以能够捕捉住稍纵即逝的商机，并能够在险象万生的风险之林中选择有限风险，是因为他们具有敏锐的判断能力和深邃的预见能力，能够从别人看来非常平凡的事物中发现出不平凡的东西，但同时又能够从纷繁复杂的矛盾中发现问题的关键所在。在综观全局的同时又能迅速预知它的未来。

(5) 具有丰富的想象力，而且务实。只有具有丰富的想象力，创业者才可能想到“点石成金”的创意；具有迅速形成实施方案的能力，创业者才能将商机化为现实商业价值。此外，一个好的创业者绝不仅仅是“只管出点子的人”，他还必须懂得数据的重要性。即使是雇有专职的会计师，也会记住大部分数据，并且能够用数据说话。

(6) 信念坚定，但能根据新情况随时调整。优秀的企业家必定是信念坚定的人。他为了创建出伟大企业的理想，可以放弃一切。他一旦形成自己的经营理念，并谋划出最佳的市场营销模式，就会毫不犹豫地贯彻。而且当市场发生新变化时，他又能很快根据市场的新情况及时调整方案。

(7) 具有坚定的自主意识，又能与人合作。创业家通常坚信自己就是命运的主人。面对失败，从不怨天尤人。即使是好运气对于他的成功起到了一定作用，也总认为是自己抓住了机遇。他具有强烈的自主意识，而从来不将自己附属于某个权威。他不希望被人控制与指挥，而总想控制与指挥别人。但即使如此，任何一个成功的创业者都应该懂得“一个好汉三个帮”的道理，因此，创业者还应该具有相当的包容力，以及与同事和创业投资家合作的精神。

(8) 精力充沛，能紧张而有秩序地工作。创业者通常必须超负荷地工作，所以，没有健康的体魄和良好的心理承受能力，则难以胜任创业的重任。但精力充沛不等于忙乱地工作。一个优秀的创业家总是既有紧迫感又能有条不紊地工作。

(9) 乐观豁达，坚忍不拔。一个健康的创业家通常属于被著名心理学家弗洛姆称为具有“创造型人格”的人。由于他把创造作为他人生的使命，所以，也就不会在乎一时一日的得失。因此，一个高境界的创业家从气质上就能感觉出他的爽朗、乐观与豁达。他不凡的气度总是可以让他从从容容地面对一切，包括面对创业投资家的各种质询。正是由于他们具有这种气度，所以，他们通常具有较强的社会活动能力，并且善于与人交谈。在困难与挫折面前，也总是能够以一种平和的心态去应对，并表现出百折不挠的精神。

(10) 敢于承担责任，又能急流勇退。优秀的创业家应当具有领袖风范。他敢于承担责任，能将团队的成功归诸部属。他能够同时运用物质与精神的力量，将企业的所有员工与创业紧紧联系在一起。而当他发现他人比自己更胜任领导创业使命时，能够急流勇退，虚心让贤。既对自己充满自信，又有自知之明和博大的胸怀。

资料来源：刘健钧.考察创业者综合素质的十项标准[J].科技创业，2006(5)：24-28.

3.1.3 创业者的经历

创业者的工作经历、创业经历、生活经历、社会经历等对于创业成功与否会有直接的重大影响。**丰富的工作经历将为创业者积累工作和管理经验以及行业内的资源提供较大帮助；曾经的创业经历，会使创业者对于创业过程中可能的风险有较好把握，也会使创业者更容易识别商机；生活经历和社会经历的历练则会对创业者资源筹集的方式和能力有较大影响。**

1. 工作经历

工作经历也叫产业经验，对新创企业的经营绩效能产生一定作用。因此，工作经历是创业者的一笔宝贵财富。在工作过程中的经历有助于创业者对所从事行业的了解，以更快更好地识别创业机会，对于行业内创业所需要的资源类型进行识别，对于资源的来源有所认识；工作过程中接触的供应商和客户，可能有助于创业者在筹集资源时更加容易；其工作的经历可能还会影响其未来筹资时风险投资者对于创业者品质的判断。职业经理人区别于白手起家型创业者的典型特征是其工作过程中资源的积累。因此，拟创业的人最好先在准备创业的行业内工作一段时间，加强对行业特征的认识，同时学习他人的先进经验，减少创业过程中可能的失误；同时，在工作时还要注意个人品质的培养。

扩展阅读

创业者的话——周鸿祎

创业的机会时刻存在，但是成功与否取决于你的能力，取决于天时、地利、人和。在360公司，大家能提高自己创业的能力，能结识自己创业的伙伴，也能获得一些创业的资源。也许几年之后，你在360的工作告一段落了，你就真的可以去创业，去创办自己的公司了，那个时候你从360淘到的，就不仅仅是第一桶金，而将是你人生的第二桶金。所以我觉得，我们的所有员工只要有能力，有这些经历，靠自己的双手、大脑和聪明才智，都有机会获得或大或小的成功。

成功是需要时间积累的，我在1995年研究生毕业，刚来北京也是从一无所有、一穷二白。到方正公司之前，我其实也创过业，但是没有成功。所以我得出一个经验：做公司很容易，把公司做成功很难。我决定在方正公司踏踏实实工作几年，那几年我不仅仅是在为公司打工，更是在为自己积累经验。所以，我在公司认真地做好我该做的事情，甚至还做了很多公司没想让我做的事情。我客观上为公司做了很大贡献，但实际上我个人是最大的受益者，因为我得到了很多锻炼，我做事的能力提高了很多。如果没有这个经历，我是没有能力出来做3721的。

我在雅虎的时候，大家觉得我是个职业经理人。职业经理人是什么形象？整天西装革履，说着洋文，执行总部的指令。我在雅虎公司打工，本来也是可以混的，这样还能拿到一大笔钱，但是我不想混，不愿意混。我觉得我的时间宝贵，在雅虎混时间久了，我就和这个行业脱离了。所以，在雅虎公司我也是一样怀着创业的精神，在努力地做事，把搜索、门户、邮箱做起来了。我努力地提高自己的能力、经验和见识，这才使我之后有能力去做投资，做奇虎，做360。

资料来源：周鸿祎在360新员工入职培训上的讲话[J].超级说客(经营版)，2012(9)：46，47.

2. 创业经历

先前创业经历是创业学习的重要途径，尤其是那些无法通过常规教育获得的隐性知识，而这类知识往往是个体在特定环境下通过实践经验不断积累的结果，即在实践中学的过程。创业经历对于创业者的创业成功起着更加直接的作用，无论是在风险的识别上，还是资源的筹集上，以往的创业经历非常重要。风险投资者在选择投资项目时，往往很看重创业者的创业经历，把以往的创业经验作为低风险投资的判断标准之一。按照北京金沙江创业投资基金总经理丁健的说法，“在国外，创业失败过的人在找风险投资时可能更容易，因为他用别人的钱已经交过学费了，这次投资的把握应该更大”。

3. 其他经历

其他经历指出国留学的经历、生活或社会经历等。

很多的创业机会都是创业者在留学的过程中产生的。除了受教育程度外，出国留学或工作是创业者人力资本重要的构成要素。直观上来讲，国外留学或工作的经历不仅使得创业者一定程度上受国外创业文化的渲染熏陶，进而对于激发创业激情和坚定创业信念具有重要作用；而且，国外与国内生活与工作环境的对比也容易使“海归”萌发富有价值的创业想法和发现相应的创业机会，更加可能将国外先进的商业模式、技术或产品引进国内进行本土创业。

生活或社会经历会影响创业者的人际关系，从而影响其筹集资源的能力。正如一句中国古话所说，“看一个人就看他的朋友”。一个人有什么样的生活或社会经历，就会有什么样的朋友；有什么样的朋友，就会反映出他是什么样的为人。俞敏洪之所以能成功举办“2012(首届)中国领袖力年会”①，正是得益于其在北大读书的经历，以及其作为北大校友的创业经历。这种生活或社会经历使得他能够拥有一大批北大毕业的成功的创业者朋友。俞敏洪成功创办新东方和他高考复读三年，在英语学习上的进步，以及其曾经作为北大英语教师的经历也紧密相关。

扩展阅读 **影响农民创业的个性特质因素**

影响农民创业的个性特质因素主要包括受教育程度、创业心理和创业技能，以及农民创业中所掌握的社会资本等。

1. 受教育程度

受教育程度高的人更容易产生创业意向，对农民成功创业及实现人权有重要影响(S. K. Aushik et al.，2006)。人力资本积累对农民创业有显著的影响，因为人力资本的水平决定了他们获取并利用机会的能力。而在农村地区，较低的人力资本水平是农民创业的主要障碍之一。Meccheri和Pelloni(2006)强调人力资本的积累对农民创业有着重

① 网易财经，http://money.163.com/12/0330/10/7TRATS8J002524TE.html.

要的影响，并将人力资本分为两种：一种是显性知识，另一种是隐性知识。研究还指出，在农村地区，人力资本往往是通过非正式学习过程而获得的，因为农民创业者更多是从当地的环境中获取专业或者特殊的知识技能，从中学习识别机会和辨别优势、劣势的能力，进而创造和开发新业务。

2. 创业心理和创业技能

Brockhaus 和 Horwitz(1985)认为，创业者主要具备以下四个特征：较高的成就需要，重视内部控制，较高的冒险主义倾向，对不确定性的忍受力较强。在后来的研究中，发现农民创业者创新和成就导向较强，有较强的独立自主、掌握自己命运的意识，并且对低风险有较强的厌恶，风险承担倾向及对不确定性的包容性都较强等(Aidis，Mickiewicz & Sauka，2008)。特别地，农民创业成功与否，在很大程度上取决于农民这一创业群体的创业心理与创业技能。

3. 社会资本

社会资本的多寡直接影响个人的行为决策。对于社会资本相对稀缺的农村居民而言，社会资本的拥有量对其创业动机的产生和创业行为的实施有巨大影响。拥有社会资本的创业者更容易有新的发现或促使新机会发展，有利于对稀缺资源的辨别和集成(Green & Brown，1997；Uzzi，1999)。比如，农村劳动力迁移过程社会资本的增加提高了创业的可能性(Zhongdong Ma，2002)。在社会资本丰裕的国家，公民更具有冒险精神，更能接受和利用新技术，并推进创业发展。

资料来源：罗明忠，邹佳瑜. 影响农民创业因素的研究述评[J]. 经济学动态，2011(8)：133-136.

3.2 创业团队

有资金没有团队，创业企业只能在一个平面上扩张，既有资金又有团队，企业才能在无限空间 N 次方的提升和发展。

——题记

团队有两个，一个是核心团队，另一个是企业的员工队伍。本部分讨论核心团队，下一节讨论企业的员工队伍。

史密斯在《团队智慧》一书中指出：“团队是拥有不同技巧的人员的组合，他们致力于共同的目的、共同的工作目标和共同的相互负责的处事方法。”斯蒂芬·罗宾斯(1994)认为，团队是指一种为了实现某一目标而由相互协作的个体所组成的正式群体。**创业团队是由技能互补、贡献互补的创业者组成的特殊群体，该群体在一个共同认同的、能使彼此担负责任的程序规范下，为达成高品质的创业结果而共同努力，相互依赖、协作，共同担当。**[①] 它可以调动团队成员的所有资源和才智，自动地驱除不和谐和不公正现象，给予那些诚心、大公无私的奉献者适当的回报。如果团队合作是出于自觉自愿而且技能互补时，将会产生强大而且持久的竞争力。

大量的实证研究表明，团队创办的企业在存活率和成长性两方面都显著高于个人创

---

① 李家华. 创业基础[M]. 北京：北京师范大学出版社，2013：46.

办的企业，团队对企业的成功有着重要的影响。① 这是因为团队拥有的企业通常具有更多样化的技能和竞争力基础，可以形成更广阔的社会和企业网络，有利于获取额外的资源。创业投资家也经常把新企业创业团队的素质作为其投资与否的最重要的决策依据之一。

一项针对美国104家20世纪60年代创办的高科技企业的研究报告指出，在年销售额达到500万美元以上的高成长企业中，有83.3%是由创业团队建立的。② Shrader 和 Siegel 利用198家技术创业企业的时间序列数据评估了人力资本在企业成长中所起的作用。该实证研究表明，创业团队的经验有利于企业做出合适的战略选择，进而促进新企业长期的成长绩效。

随着现代社会分工的日益细化，单打独斗很难获得大的成功，因此，组建合适的创业团队，对团队进行科学管理，可以在一定程度上促成创业成功。

3.2.1 创业团队的构成要素

任何团队都包括五个必不可少的构成元素——人员(people)、计划(plan)、目标(purpose)、职权(power)和定位(place)。五个要素的首字母都是P，所以简称"5P要素"，如图3-1所示。

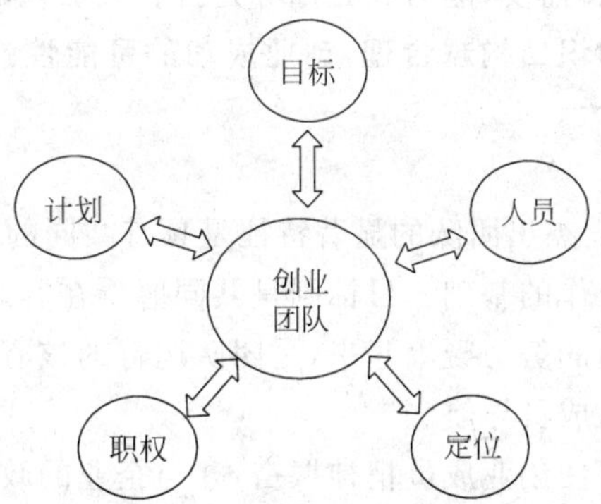

图3-1 创业团队的5P要素

1. 人员

团队成员是决定创业能否成功的关键因素，只有适合的创业成员或创业团队一起进行创业的运作，才能够保证创业活动的顺利开展。成员的选择可从两个角度考虑：一方面是创业者选择合适的人员组建自己的创业团队，另一方面是创业者加盟一个合适的团队共同创业。无论哪一个角度都要考虑成员个体和团队整体的动机和需要、能力和目标以及职能和规则。人员选择需考虑的因素如图3-2所示。

---

① Lechler T. Social interaction: a determinant of entrepreneurial team venture success [J]. Small Business Economics, 2001(16): 263-278; Kammj B, Shumanj C, Seegera, et al. Entrepreneurial teams in new venture creation: a research agenda [J]. Entrepreneurship Theory and Practice, 1990(14): 7-17.

② [美]杰弗里·蒂蒙斯，小斯蒂芬·斯皮内利.创业学[M].第6版.周伟民，吕长春，译.北京：人民邮电出版社，2005：200.

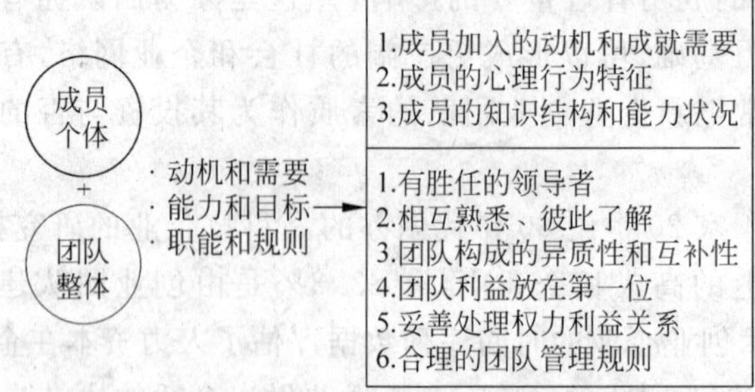

图 3-2　团队成员及其选择

选择组成自己创业团队的成员可分两步进行：首先，根据团队的目标和定位，明确所需成员的技能、学识、经验及才华；然后再根据个人加入团队的动机和成就需要，心理行为特征，知识结构和能力状况，性格、兴趣、价值观念等选择合适的人选。

选择加盟创业团队需要从以下几个因素对其进行评价：是否有胜任的领导者，团队成员是否相互熟悉、彼此了解，团队构成的异质性和互补性如何，团队利益是否高于团队成员的个人利益，有无合理的团队管理规则，能否妥善处理权力利益关系等；同时创业者还要考虑自己创业的动机和需要，能力和目标等是否和拟加入的团队相吻合。

创业团队中，成员的知识结构越合理，创业成功的可能性就越大；价值观念越相近，创业成功的可能性也就越大。

2. 目标

心理学家马斯洛指出：杰出团队的显著特征是具有共同的愿景与目标。凝聚人心的愿景与经营理念，是团队合作的基础。目标则是共同愿景在客观环境中的具体化，能够为团队成员指明方向，将人们的努力凝聚起来，是团队运行的核心动力。创业团队应该有一个既定的共同目标，为团队成员导航。

共同、远大的目标可以使创业成员精神振奋，并与企业的政策和行动协调、配合，充分发挥个人潜能，创造超乎寻常的成果。明确的目标使得成员能够清楚地知道团队对自己的期望，以及他们应该怎样共同最终完成任务，而且成员也愿意对团队目标做出承诺，把个人目标升华到群体目标之中，在实现共同目标的过程中获得自我实现的满足。因此，在创业团队工作开展之前，创业者应当让所有成员充分参与讨论并确定企业的最终目标。

3. 定位

创业团队的定位包含两层意思：创业团队在企业中的定位以及团队成员在团队中的定位。前者要明确创业团队在整个创业企业中处于什么位置，由谁选择和决定团队的成员，创业团队最终对谁负责，采取什么方式激励下属等。后者是要明确成员在创业团队中应扮演的角色，是决策者还是执行、监督或评估者。大家共同出资、委派其中某人或部分投资者参与管理，还是共同出资共同管理，或者是共同出资聘请职业经理人进行管理等都需要进行明确定位，即确定企业的具体组织形式——是采用个人独资企业、合伙企业还是公司制企业。创业活动的成功推进，不仅需要整个企业能够寻找到合适的商机，同时也需要整个创业团队能够各司其职，并且形成一种良好的合力。

4. 职权

职权指团队成员负有的职责和享有的权利。适当的授权是调动团队积极性的关键因素。创业团队中每一个成员的工作范围、工作重心和工作标准等都应该明确界定，而且应该和其在团队中的定位、团队成员的工作能力、创业活动的动态复杂性以及团队成员所控制的资源一致。

5. 计划

计划是创业团队未来的发展规划，表现为一系列具体的行动方案，是目标和定位的具体体现。通过计划可以将团队的职责和权限具体分配给团队成员，明确团队成员如何进行分工合作。好的团队计划一般应包括如下内容：团队成员的数量，团队领导的特征和要求，领导者的权限和职责，团队沟通的方式，每位团队成员的工作时限，完成团队任务的标准，评价和激励团队成员的方式等。

3.2.2 优秀团队的特征

根据大量的调查资料，**一个优秀的创业团队一般具有目标明确、凝聚力强，技能互补、才华各异，知己知彼、相互信任，有效沟通、合理分享等特征。**

1. 目标明确，凝聚力强

目标在团队组建过程中具有特殊的价值。首先，目标是一种有效的激励因素。创业最重要的是要激发身边人最大的潜能，共同而明确的目标是激励团队成员的有效工具。如果一个人看清了团队的未来发展目标，并认为随着团队目标的实现，自己可以从中分享到很多的利益，那么他就会把这个目标当成自己的目标，并为之奋斗。从这个意义上讲，共同的未来目标是创业团队克服困难、取得胜利的动力。其次，目标是一种有效的协调因素。团队中各种角色的个性、能力有所不同，但是“步调一致才能取得胜利”，只有真正目标一致、齐心协力的创业团队才会得到最终的胜利与成功。

凝聚力是使人或事物聚合到一起的力量。创业团队是一个整体，创业成败关系到每一个成员的利益，团队工作是作为一个团队而不是靠个别“英雄”的工作，每个人的工作都需要相互依赖和支持，要依靠团队的事业成功来激励每个人。拥有正确的团队理念，团队成员同甘共苦，创业企业经营成果公开且合理分享等可以增强团队的凝聚力。

2. 技能互补，才华各异

当组建起来的创业团队成员的知识、才能可以互补时，团队就可发挥出“1＋1＞2”的协同作用。一般而言，一支优秀的创业团队一般包括以下几种人：创新意识强的人，负责公司未来发展的方向，相当于公司战略决策者；策划能力强的人，负责全面周到地分析整个公司面临的机遇与风险，考虑成本、投资、收益的来源和预期收益，以及公司的管理规范、章程、长远规划设计等工作；执行能力强的人，负责执行过程，包括联系客户、接触终端消费者、拓展市场等。此外，还应该在平时的交往中注重团队成员能力的挖掘，使人尽其才，让公司的各种资源物尽其用。

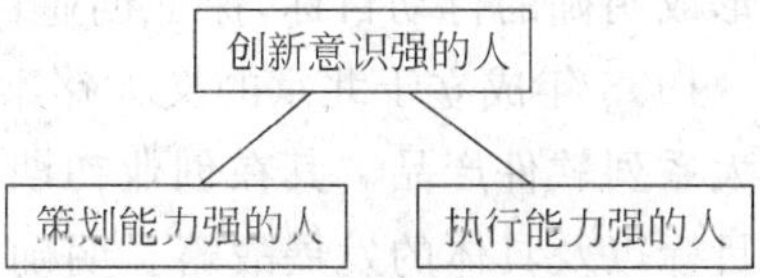

图 3-3　创业团队成员构成

创业团队的成员构成如图 3-3 所示。

3. 知己知彼,相互信任

高效创业团队的成员应该相互熟悉、知己知彼。各个团队成员能清醒地认识到自身的优势和劣势,并对其他成员的长短处比较清楚,这样可以避免团队成员之间因相互不熟悉造成的矛盾,迅速提高团队的凝聚力。而且团队成员的彼此熟悉还有利于成员之间工作的合理分配,最大限度发挥各自的优势。

信任是解决分歧、达成一致的最佳途径,相互信任有助于形成良好和高效的工作氛围,实现团队目标。美国管理者坚信这样一个简单的理念:如果连起码的信任都做不到,那么,团队协作就是一句空话,绝没有落实到位的可能。相互信任有两个层次的含义:一是团队成员间相互的高度信任,团队成员要做到相互欣赏、相互信任、相互了解和相互配合,要彼此相信各自的正直、个性特点和工作能力;二是管理者对团队成员的信任,主要表现为组织过程中的透明度和公开性。包括决策过程中所体现的高度公正、公司管理过程中所体现的共同参与以及各阶层个人能力的不断提高等。这种信任可以在团队内部创造高度互信的互动能量,使团队成员乐于付出、相信团队的目标并为之付出自己的责任与激情。

4. 有效沟通,合理分享

有效沟通是创业团队成员之间和管理者与创业团队之间形成的规范的、经常的沟通。良好的沟通基础、渠道与形式是有效沟通的前提。有效沟通有助于指导和协调团队成员的行为,消除彼此的误解,使成员之间迅速而准确地了解各自的想法和情感,避免由于内部矛盾消耗有限的创业资源。

创业团队通过恰当的形式将经营成果与团队成员进行合理分享是成功创业团队的重要特征之一。团队成员的个人努力需要通过经营成果的分享得到创业企业的认可,这种认可是个人目标和企业目标一致的体现,也是对成员的一种激励,能够使团队成员更加努力地工作,在实现团队目标的同时实现自我价值。

3.2.3 团队组建原则

优秀创业团队是创业行动成功实施的关键,因此,组建创业团队时,应根据创业计划实施过程中所需人员应具备的基本知识与能力,按照一定的原则,来组织能够担当各种职能的成员。**这些原则包括共同的志向、互补的技能、利益的分享、动态的优化原则等。**

1. 志向原则

志向是人们在某一方面决心有所作为的努力方向。志向原则是指团队成员应该有共同的奋斗目标和努力方向。俗话说"人以类聚、物以群分,道不同不相为谋"。有共同志向的人一起奋斗才能够齐心协力,劲往一处使。共同的创业理念和创业愿景可以使创业团队形成明确的行动目标,保证创业目的的实现。

1998年成立于北京的交大铭泰公司,主要从事研究、开发及销售以翻译软件为主的四大系列软件产品。其在创业初期就确定了三年内成为我国最大应用软件和服务提供商的目标以及具体的发展战略。明确的创业目标保证了团队成员的稳定性,其成员自创业以来基本上没有太大变化,这不仅带来了企业凝聚力的提高,也使交大铭泰在企业创新方面取得了较大突破。交大铭泰很快成了国内第一个通用软件上市公司,亚洲首支"信息本地化概念股”，2004 年香港股市第一家上市企业。

2. 互补原则

汉朝开国皇帝刘邦曾说：“论运筹帷幄之中，决胜千里之外，我不如张良；论镇服国家，安抚百姓，源源不断地运用粮草，我不如萧何；论统兵百万，战必胜，攻必克，我不如韩信。这三个人是当今的豪杰，我能把他们争求过来，委以重任，而项羽只有一个谋士范增，尚且疑忌不用，所以才为我所灭。”建立一个国家尚且如此，创办一家企业又何尝不是。所以，成功的创业者不一定是面面俱到的多面手，在各方面都很优秀，而是可以整合到适合创业需要的具有不同专长的人才。如上所述，创业团队内成员的技能互补，是优秀创业团队的特征之一，因此，组建创业团队时需要注重团队构成的异质性和互补性。如团队要尽可能在年龄、专业、经历、资源、地域、兴趣、技能等方面达到互补，团队中既应该有管理方面的人才，也应该有财会、技术、公关和营销等方面的人才。

3. 利益原则

以自我为圆心，以个人利益为半径画圆，画不大；以团队为圆心，以众人利益为半径画圆可画得无限大。如何设置一个好的利益分配机制，使团队成员围绕着共同的志向将企业的圆画得无限大，是值得每一个创业者深思的话题，也是非常重要的话题。博雅天下传播机构总裁荣波曾在“2012 中国首届领袖力论坛上”说道，“股权分布是企业健康成长的基因”，将利益分配机制放到了创业企业能否健康成长的高度。根据 2004 年 6 月对 200 多位在职工商管理研修班的学员进行的“创业管理调查”结果得知，影响中国现阶段创业团队散伙的前两个主要原因是团队矛盾(26%)和利益分配(15%)。团队矛盾的背后或多或少存在利益的影响，因此可以看出，利益分配对于创业团队的持续长期发展有着重要的意义。

利益原则包含两层含义：第一，在创业团队成员之间形成合理的利益分配机制，这种分配机制最好在创业开始时就予以明确；**第二，在初始创业团队和其他团队成员之间制定一种利益均衡的机制**。创业企业的全部股份最好不要在初始创业团队中全部分配完毕，给日后加入的关键团队成员，或企业急需的技术骨干等预留部分股份。很多创业企业的普遍做法是，给予特殊人才干股或期权，以较低的成本，获得最忠实的员工，把员工变成主人，推动创业成功。用奇虎公司董事长周鸿祎的话来说：不管你的团队强弱与否，都不要把股票分完，再强的团队也要留 15%～20%的池子，团队弱一些的，你要懂得大方地留下 40%甚至 50%的池子才行。这样的好处在于一开始大家利益均沾也无所谓，不过当日后有更强的人进入团队，或是你们(创业团队的成员)的贡献与股权不一致，总可以从“大锅饭”里给牛人添点。毕竟再从别人口袋掏钱这事儿太悬。[①]

正泰集团的董事长南存辉正是基于这样的理念，一步步弱化南氏家族的股权绝对数，对家族控制的集团公司核心层(即低压电器主业)进行股份制改造，把家族核心利益让出来，并在集团内推行股权配送制度，将最优良的资本配送给企业最为优秀的人才。就这样，正泰的股东由原来的 10 个增加到 100 多个，南存辉的股份下降至 20%，资产却膨胀

① 余涛，张佳. 天使教你这些事儿“范进”也许变“上进”，南都网，http://epaper.oeeee.com/D/html/2010-01/25/content_1000162.htm.

了数十倍,同时数十位百万"知本"富翁诞生了。对此,南存辉认为:"分享不是慷慨,对创业者来说,分享是一种明智。"

利益原则意味着创业者在进行利益分配的安排时,应坚持"有利于凝结创业团队,有利于获取创业需要但自己未直接掌握的关键资源,有利于关键人员掌握企业剩余的控制权和索取权,有利于提高创业活动的效率"的理念。

4. 优化原则

创业过程是一个充满了不确定性的过程,创业团队也并非一蹴而就,往往是在新创企业发展过程中逐渐孕育形成并走向完善的。团队中可能因为能力、观念等多种原因不断有人在离开,同时也有人在要求加入。因此,在组建创业团队时,为使成员活动保持行为和意识的一致性,保持团队足够的活力,需要保持团队的动态性和开放性,使不适合的人离开,而真正完美匹配的人员被吸纳到创业团队中来。

3.2.4 创业团队的管理技巧

创业团队组建起来以后,创业者还应采取一定策略,做好团队的管理工作,防止团队出现解体的风险,以通过团队成员的密切配合,确保创业取得成功。**创业团队管理中价值管理是关键、利益关系明晰是实质、沟通顺畅是基础、团队评估表的运用是工具。**[①]

1. 创业团队管理的关键是价值管理

创业是基于理想的追求,来自于激情的支持。大多数创业团队都是多年好友,同甘共苦、相互扶持、筚路蓝缕走过事业发展征途。然而创业毕竟是事业,而不是交友。在创业过程中分歧甚至争斗都不可避免,这是团队分崩离析的要害所在。一个好的、有活力的创业团队的维系仅靠友情、亲情是远远不够的,必须实现团队的价值管理。创业核心人物的价值观必须得到团队认可,深入所有或至少是多数创业成员人心,并上升为创业团队的价值观,才能保证创业企业战略性的优势。

2. 创业团队管理的实质是利益关系明晰

俗语讲"亲兄弟,明算账"。利益关系明晰是化解创业团队分歧、防止团队解体的主要机制。在涉及权利义务与利益分配问题时,事先一定要说清楚,讲明白,不能感情用事,更不能回避不谈。一定要在团队创立初期,以法律文本的形式把最基本的责、权、利界定清楚,尤其是股权、期权和分红权。此外,还要包括增资、扩股、融资、撤资、人事安排、解散、议事规则、争议解决途径等与团队成员利益密切相关的事宜。由于创业过程中人员会有变动,要求利益分配要有弹性,能够反映成员对企业的贡献,同时也要体现差异,如核心成员与一般成员的差异,创始成员与非创始成员的差异。创始成员、核心成员要拥有比较多的期权比例,同时这就也意味着长期的承诺与契约,有时必须牺牲薪资、福利等短期利益,来增加企业的价值。

同时,在组建团队时就应该考虑好成员的退出机制,以保障团队成员更安心、积极地为企业工作,更好地保障所创立企业的长久发展,不至于因有关成员退出而元气大伤,并使团队成员有公平的回报、为其实现当初创业时的梦想提供保障。很多企业创业期能共

① 张项民.好的创业团队从哪里来[J].中国人才,2012(12):47-49.

患难，但成功后分利不均，导致不能同甘而分崩离析甚至反目成仇，还有很多企业因创业成员的离开而蒙受巨大损失等，这与退出机制没有解决好有重大关系。

3. 创业团队管理的基础是沟通顺畅

"功之成，非成于成之日，盖必有所由起；祸之作，不作于作之日，亦必有所由兆。"在艰苦的创业过程中，创业团队成员大多致力于业务发展和市场开拓，相互交流与沟通的机会大大减少，一旦出了问题将会产生不信任甚至互相猜忌，导致创业团队成员丧失信心，偏离创业目标。信息沟通是把团队成员联系起来以实现共同目标的手段。创业团队要实行定期正式沟通(如会议、公告、论坛、拓展训练)和随时的非正式沟通(聚餐、散步、谈心、节日贺卡等)，形成畅所欲言、信息流畅的创业文化。

4. 学会运用团队评估表

可通过与个人目标的契合程度、机会成本、失败的底线、个人偏好、风险承受度、负荷承受度、诚信正直的人格、法制法律观念、事业坦诚度、产业经验与专业背景等10项指标评估创业团队成员的总体效应，见表3-1。

表3-1 创业团队评估表

项目	成员1	成员2	……	成员 n
与个人目标契合程度				
机会成本				
失败的底线				
个人偏好				
风险承受度				
负荷承受度				
诚实正直的人格				
法制法律观念				
事业坦诚度				
产业经验与专业背景				
总分				

每个指标评价分为1、2、3、4、5依次分数级，1是最低值，5是最高值，评估根据自己判断取其适当的分值，并综合得分。该表可以独立使用，也可将团队成员各自评分综合后使用，但是，团队评估表应因时因人因事，灵活运用，不可机械固守评估结果。

企业的组织形式及其选择

1. 企业的组织形式

组织形式选择是企业定位的重要方面。创业企业可以选择的组织形式有个人独资企业、合伙企业和公司制企业。公司制企业又包括一人有限公司、有限责任公司和股份有限公司。各种企业组织形式没有绝对的好与坏之分，对创业者而言，需要考虑的是选择哪一种企业组织形式更有利于所创建企业的生存与发展。所以，创业者应当了解各种企业组织形式的优缺点以及相关的法律规定，见表3-2。

表 3-2 各种企业组织形式优劣表

组织形式＼优劣势	优　势	劣　势
个人独资企业	• 企业设立、转让和解散等行为手续简便，仅向登记机关登记即可，且费用低； • 创业者拥有对企业的控制权； • 企业经营灵活性强，可迅速对市场变化做出反应； • 利润归创业者所有，不需与他人分享； • 只需缴纳个人所得税，无须双重课税； • 在技术和经费方面易于保密	• 创业者承担无限责任； • 不易从企业外部获得信用资金，筹资困难； • 企业寿命有限，易随着创业者的退出而消亡； • 企业的成功更多依赖创业者个人能力； • 创业者投资的流动性低
合伙企业	• 企业设立较简单和容易，费用低； • 企业经营具有高度的灵活性； • 企业资金来源较广，信用度较高； • 企业拥有一个整体团队的能力	• 合伙人承担无限连带责任； • 财产转让困难； • 融资能力有限，企业规模受限； • 企业往往因关键合伙人的意外退出而解散； • 在合伙人对企业经营有分歧时，决策困难
有限责任公司	• 股东对公司只承担有限责任，风险小； • 公司具有独立寿命，易于存续； • 公司所有权与经营权分离，聘任职业经理人管理，更能适应市场竞争； • 以出资人的出资额为限承担公司经营的风险； • 促使公司形成有效的治理结构； • 多元化产权结构有利于科学决策； • 可吸纳多个投资人，促进资本集中	• 公司设立程序比较复杂，费用较高； • 税收负担较重，存在双重纳税问题； • 不能公开发行股票，筹集资金的规模与途径受限； • 产权不能充分流动，资产运作受限
一人有限公司	• 投资者对公司只承担有限责任，风险小； • 设立比较便捷； • 运营与管理成本较低	• 筹资能力受限； • 财务审计条件较严格
股份有限公司	• 股东只承担有限责任，风险小； • 公司具有独立寿命，易于存续； • 公司产权可以股票形式充分流动； • 可聘任职业经理人管理，管理水平较高； • 筹资能力强	• 公司创立程序复杂，费用高； • 税收负担较重，存在双重纳税问题； • 政府限制较多，法规要求比较严格； • 因公司要定期报告其财务状况，使公司的相关事务不能严格保密

公司制企业注册资本的规定如下。

有限责任公司的注册资本为在公司登记机关登记的全体股东认缴的出资额。法律、行政法规以及国务院决定对有限责任公司注册资本实缴、注册资本最低限额另有规定的，从其规定。

股份有限公司采取发起方式设立的，注册资本为在公司登记机关登记的全体发起人认购的股本总额。采取募集方式设立的，注册资本为在公司登记机关登记的实收股本总额。法律、行政法规及国务院对股份有限公司注册资本实缴、注册资本最低限额另有规定的，从其规定。

2. 选择企业组织形式应考虑的因素

选择企业组织形式时应考虑企业规模、行业类型和发展前景、投资者数量、创业资金多少以及创业者观念（倾向于个人决策还是协商合作）等因素。创业者在进行企业组织形式选择时可以向专门为扶持小企业提供咨询的政府机构（如国家和各地区的工商行政管理局、教育行政主管部门、人力资源和社会保障部门等）和非政府组织（工商联合会、共青团等）进行咨询。

在选择企业组织形式时创业者应做好以下几个方面的评估。

(1) 如果创办的企业本打算借债，则是否限制业主个人对企业债务承担的责任就无关紧要，此时可以采用简单、经济的形式开办企业，如个体工商户、个人独资企业或合伙企业。

(2) 如果要创办的企业需要大量借债，则限制业主个人对企业债务承担责任就很重要，此时采用有限责任公司的形式比较合适。

(3) 如果有国外亲戚愿意投资帮助自己创业，还可以选择中外合资或中外合作的组织形式。

(4) 若创业者的技术或资金不足，但有志同道合的朋友愿意一起干，可以选择合伙企业、有限责任公司的组织形式。

(5) 如果创业者不喜欢与他人合作，怕麻烦或怕得罪人，则可以选择个体工商户或个人独资企业。

(6) 当创办的企业需要大量资金，创业者也想和他人一起创业时，可以采用股份有限公司的形式来设立企业。

资料来源：西凤茹，孙云龙，李学东. 大学生创业理论与实务[M]. 北京：北京师范大学出版集团，北京师范大学出版社，2011：116.

3.3 创业企业的人力资源管理

为实施创业战略，完成创业企业的生产经营目标，创业者或创业团队（以下统称为“创业者”）需要根据创业环境和条件的变化，运用科学的方法对创业人力资源的需求和供给进行预测，招聘企业所需的各种人才，满足企业用人需求。

3.3.1 创业人力资源管理概述

人力资源是所有资源中最宝贵的资源，加强人力资源管理，有利于创业企业对其他资源的合理、科学配置和使用。

1. 人力资源管理的目标

人力资源管理最关键的工作就是在适当的时刻，把适当的人安排在适当的工作岗位上。所以，**人力资源管理的总目标是发挥人力最大的主观能动性，取得人力最大的使用价值，提高工作效率和效果**。其具体目标可以分解为：第一，对创业企业的人力资源需求做出预测；第二，用合适的成本获得企业所需的各种人员；第三，对人力资源进行有效运用，使企业整体目标和更高层次的人力资源管理目标得以快速有效完成；第四，使企业中各成员之间建立良好的工作关系；第五，使每个人在企业中得到最大限度的发展。

2. 人力资源管理的任务

为达到上述各项目标，需要创业企业的人力资源管理做好以下工作。

(1) 获得有能力的人。创业者应明确企业的人力资源政策与策略。对创业企业的工作进行妥善规划，对企业需要的每一个职位拟定其责任和义务，列出该职位所必须具备的资格和条件，以便据此招聘和选择适合该职位的人才。

(2) 发挥人的特长。尽管人无完人，但每个人都有其擅长的领域，创业者应认真研究招聘进入企业的人员，充分了解其具备的知识、技术及其他有助于完成工作任务的能力，根据其自身的优点赋予其相应的职责，充分用其所长。

(3) 提供培训和发展的机会。在资讯快速发展的当今社会，知识的淘汰率很高，据统计[①]，现在新技术信息每两年增加一倍，意味着大学一年级学的知识到大学三年级就有1/2过时了。因此，为了能够让企业的员工紧跟时代步伐，掌握最先进的知识，需要创业者为其提供必要的培训机会，使招聘进入企业的人能够有更好的发展前景。

(4) 给予恰当的考核和激励。“考核什么就实现什么”，创业者可以通过建立合理的考评体系，明确奖惩制度，将员工的诉求和企业未来的发展相结合，为员工提供公平合理的待遇，使员工与创业企业站在同一个角度思考问题，在达成企业目标的同时实现员工个人的意愿和诉求。

3. 人力资源管理应注意的问题

创业企业在开展人力资源管理时，应充分关注以下三个方面的问题。

(1) 形成企业文化。一个积极向上的企业文化可以增强企业的凝聚力，促成企业目标的实现。创业者要在以身作则、言行一致的基础上，不断把企业的价值观向员工灌输，把企业的经营目标、战略、经营观念等融入每个员工头脑中，成为员工的共识。同时建立、健全和完善必要的规章制度，特别是相应的激励和约束机制，使员工既有价值观的导向，又有制度化的规范，将企业的价值观内在化为一种企业文化。

(2) 明确岗位职责。创业初期尽管企业的规模较小，可能每个人都会身兼数职，但是对每一个职位的岗位职责进行明确，有利于对员工的管理和考核。明确岗位职责要求把企业的目标进行分解，使每一部门、每一个人都知道自己承担的责任和应做出的贡献，把每一部门、每一个人的工作与组织总目标紧密结合在一起。

(3) 签订劳动合同。员工是企业的第一产品，对员工权益的保护会增强其对企业的感情和忠诚度，从而提高其工作的质量和效率；同时劳动合同是解决劳动争议的法律依据，签订劳动合同也是对创业企业的法律保护。根据《劳动合同法》第八十二条的规定：“用人单位自用工之日起超过一个月不满一年未与劳动者订立书面劳动合同的，应当向劳

① 未来扑面而来，土豆网，http://www.tudou.com/programs/view/s9avw2C1peY/.

动者每月支付二倍的工资。”因此，即使企业创办初期员工人数较少，创业者也应该按照《劳动合同法》的规定，与员工签订劳动合同，并按照法律规定为员工交纳相应的保险（目前我国的社会保险主要有养老保险、医疗保险、失业保险、工伤保险和生育保险），消除员工的后顾之忧，满足员工的意愿。

3.3.2 创业人力资源需求

为了获得企业需要的人力资源，创业者首先应明晰企业的人力资源需求，据此制定招聘计划。

1. 预测未来的人力资源需求

创业者需要根据企业的发展战略以及人员的流动性规律来预测创业企业未来所需要的员工人数及其能力，预测由未来工作岗位的性质和要求所决定的员工的数量、素质和技能等。

2. 进行人员流动分析

未来的人力资源供给不仅受目前供给状况的影响，而且受企业内部人员流动状况的影响，如员工的内部调动、离职以及伤残、退休、死亡等。创业者应分析企业的人员流动模式，预测员工的变动率，如离职率、调动率或升迁率等，据此修正需求计划。

3. 制定招聘计划

初创企业的员工数量一般不足，需要招聘加以补充，招聘状况从源头上决定着员工的质量和企业的核心竞争力。创业者需要了解不同招聘渠道的特点，制定合理的招聘计划，按照科学的招聘原则，从外部市场引进适合创业企业需要的各种人员，同时还要在发展企业自己的人力资本和从市场获得人力资本的战略之间做出科学抉择。

4. 制定培训发展计划

从企业来看，培训开发是改善员工素质、提高工作效率、获得更多利润的过程；从员工来看，培训开发是促进自身更好发展的过程。为了能够“招得来、用得好、留得住”创业企业需要的各种人员，创业者需要为员工量身定制合理的培训发展计划，以适应企业发展需求。企业可以通过培训来改变员工态度、提升工作知识和技能，以提高工作效率，也可以将培训机会作为对优秀员工的奖励，以激发其工作热情。

3.3.3 创业人力资源获得

拥有企业所需要的员工是创业企业生存的根本，员工的知识、技能和素质是企业发展的基础，也是企业发展竞争的源泉。获得企业所需要的人力资源的主要方式是人员招聘。创业者应事先了解人员招聘的主要程序和原则，以吸引具有合适素质和技能的求职者进入企业。

1. 人员招聘的主要程序

人员招聘的主要程序包括以下步骤。

（1）确定岗位需求、制定招聘计划。创业者在开始招聘工作之前需要进行工作分析，明确所招聘职位的本质及其要求的条件，然后利用获得的信息，编制工作说明书，进行职务描述和职务规范，详细解释该项工作所需要的知识和技能，在确定出恰当的工作名称

(或各种类别)、工作报酬和福利的基础上,制定招聘计划,包括招聘规模、招聘范围和招聘经费预算等。

(2) 发布招聘信息。工作分析和职务描述完成后,需要选择合适的招聘途径或者发布招聘信息。创业者应在了解不同招聘渠道的基础上,根据招聘对象的不同选择最有效的发布媒体或渠道发布招聘信息,鼓励和吸引应聘者。一般来说,常用的招聘渠道有:①公开招聘。根据招聘人员的层次及要求不同,可分别选择在地方性、商业性或全国性的报纸、杂志等公开发行的刊物上或者其他大众媒体上发布招聘广告。②在线招聘。可以在公司网页、专业网站等互联网渠道中列出需要招聘的职位。在互联网时代,在线招聘是现代招聘常用的渠道之一。③内部员工推荐。推荐人了解应聘人员,因而招聘成本较低,离职率也较低,是一种低成本而且简便实用的招聘途径,创业企业可以利用内部员工推荐的方法使新员工尽快获得认可。④直接参加招聘会或利用外部中介机构。现场招聘会避免信息失真,见面交流作为一种初步筛选机制,还有助于宣传企业;利用外部中介可以节省时间,针对性较强,但招聘费用可能较高。**初创企业的资本有限,通过员工推荐或选择适当的广告进行招聘,是比较理想的招聘方式。**

(3) 进行人员选任。创业者在收到应聘信息之后就可以运用适当的方法对应聘者进行审查选用。如可以通过面谈的方式直接接触了解应聘者,进行初步筛选,然后对于初选合格者举行考试、心理测验和人事测验等来考核应聘者的知识和技能,最后对测试筛选后的人员进行面试,考察其接受的教育、工作经验、能力、爱好和兴趣等是否适合本企业,同时让应聘者对应聘的职位有进一步的了解。

2. 人员招聘的基本原则

创业者在进行人员招聘时,可以遵循以下原则,以选拔录用到合适的人才。①因事择人、能级对应。创业者应根据企业的实际需要选聘员工,使受聘人员的工作技能和拟聘职务契合,而不是一味强调高学历等外在特征。②公平竞争、择优录取。要给应聘者公平竞争的机会,以应聘者的自身条件作为录用依据,避免用人唯亲。③注重结构协调和整体高效。在招聘中不仅考虑个人条件,而且要综合考虑人员的组合结构,注重拟招人员之间、招聘人员与既有员工在知识、技能、品质等方面的互补性,使人员结构协调、优化。④知人善用。"寸有所长,尺有所短",创业者应看到应聘者的长处,对于细微之处的不足应予以指导帮助,使其更好地发挥作用。

3.3.4 创业人力资源管理

创业企业的人力资源管理包括人员的分级管理、合理使用、培训开发和考核激励等内容。

1. 分级管理

不同级别的员工可以按照不同的管理思想进行分级管理。按照华远地产总经理任志强的说法,对高层的管理用道家的"无为而治",对中层的管理用儒家的"人之初,性本善",对基层的管理者用法家的"人之初,性本恶"的思想。一个企业中人数最多的是普通员工,他们也许只要求企业能给一个较高的收入、相对稳定的工作,尽可能少地承担风险。他们可以以企业为家,也可以以企业为跳板,不能要求他们对企业绝对忠诚。这些人也许有较大的流动性，对他们来说最重要的是要有较强的责任心，能干好交给他们必须完成的基础工作。这些工作大多不是决策和决定性的工作，只要靠责任心决定的执行力就可以完成，因此法家刻板的监督与严格的纪律成为最主要的管理方式。一个企业中只有15%的中高层管理人员，他们已不再是以个体为单位获取激励与荣誉了，也不仅仅是为个人的所得为唯一目标，他们虽不一定以企业为家，但至少在建设自己的家，对他们来说，除了要有责任心外，还要有上进心，力求提高效率、创造价值和塑造企业形象，因此，以其为善而出发的儒家管理才能给他们一定的自由空间，发挥他们的积极性和主动性。最核心层约占5%的高级管理人员，他们希望能管理、控制更多的社会资源，希望有更大的舞台，希望创造企业的价值而不仅仅是利润，个人与企业的声誉远远超过了个人利益上的激励，个人的价值与企业的命运息息相关，于是他们从经理人的角色变成企业的主人，不但要有责任心、上进心，还要有事业心，以企业为家、企业利益至上，此时的德比才更重要，能吃亏和能忍耐的品德成为承担风险的基础，对于这样充满事业心的精英而言，道家的"无为而治"最能让他们展现才华。

2. 合理使用

用人是人力资源管理的一个主要目标，只有人用得好，有关部门的工作才能有成效。在员工的合理使用方面，应该注意以下几点：①善待员工。善待员工，是留住人才的唯一法宝。善待员工，可以让员工有一种家的感觉，找到归属感。这种善待，不只是在精神上给予员工满足，还要适当地配以物质利益。如现在很多沿海企业为留住优秀员工，纷纷提高员工的工资待遇，很多还为打工者提供职工公寓、夫妻公寓等。②量才而用。人无完人，在用人的时候要用人所长，容人所短，尽可能使每一个人的长处得到充分发挥。③职责明确。尽管创业初期人手紧张，有些岗位可以采用兼职的方式，但创业者还是应该尽可能明确每一个岗位的工作任务和责任范围，使不同职位的分工尽可能明确，以便日后控制和考核。④内容丰富。枯燥的、呆板的工作会使员工感到乏味，丰富多彩的工作不但可以激发员工兴趣，还可以激发其工作的潜力，所以创业者应充分考虑员工的身心要求，创新工作设计，使工作内容尽可能丰富。

3. 培训开发

企业的发展主要靠人推动，员工的培训开发是人力资源管理的主要任务之一。企业应建立培训机制，进行人员的培训开发，让人员在企业里发挥其最大的潜能。

培训开发一般要遵循以下两个原则，才能收到更好的效果。①目标明确。企业的培训开发计划应该目标明确，为企业的可持续发展服务。②因材施教。每个人的素质、经历不同，拥有的知识和技能也不同，所以应根据每个人的特点，安排适当的培训开发计划；培训内容要具有一定的差异化和个性化；培养对象也主要向中高层管理和技术人员等关键职位倾斜，以提高培训开发的针对性。

根据形式，培训开发分为在职培训和脱产培训。在职培训主要指员工不脱离工作岗位而使用"师傅带徒弟"、工作轮换等方法的培训；脱产培训主要指员工脱离原工作岗位而使用授课法、讨论法、案例分析法等方法的培训。**对于初创企业而言，由于时间和财力的不足，更应重视在职"师徒式"培训的重要作用。**

4. 考核激励

根据职位要求制定合理的考核标准，一方面可以进一步将工作量化，使绩效管理有据可依；另一方面根据考核结果进行奖惩还可以激励先进个人，丰富企业文化的内容，发挥员工的积极性和创造性，增强员工的归属感和成就感。

绩效考核管理是创业者与员工之间在目标与如何实现目标上达成共识，以增强员工成功达到目标的管理方法，以及促进员工取得优异绩效的管理过程。其目的在于提高员工的能力和素质，改进与提高公司绩效水平。绩效考核管理包括四个有机联系的组成部分。第一，绩效计划。主要是设计绩效目标及其标准。设计时应力求具体、明确，具有一定的可变性和差异性。第二，绩效监控。可通过工作记录法、观察法、他人反馈法等收集绩效信息，与员工保持沟通，及时进行咨询和辅导，随时纠正偏差。第三，绩效考核。对员工的绩效考核应包括业绩考核和行为考核两大部分；要根据具体情况，选择适当的考核主体和考核方法，对绩效结果进行评价。第四，绩效反馈。可通过与员工面谈的方式，反馈员工完成绩效目标的情况、存在的问题及其原因以及解决问题的建议，并根据绩效考核结果，在培训、奖惩、晋升方面做出相应的反应。

企业的活力源于每个员工的积极性、创造性。创业者应建立起完善的激励体系，综合运用不同激励手段来激发全体员工的积极性、创造性，使其达到最佳状态，提高企业综合活力。可采用的激励手段有：物质激励、目标激励、工作激励、参与激励、荣誉激励、尊重和关心激励、竞争激励、信息激励、文化激励、自我激励以及负激励等。激励时应重点关注以下问题：从结果均等转移到机会均等，努力创造公平竞争环境；要有足够力度，对有突出贡献的予以重奖，对造成巨大损失的予以重罚，通过各种有效的激励技巧，达到以小博大的激励效果。要公平准确、奖罚分明，将物质奖励与精神奖励相结合，将奖励与惩罚相结合。

创业实例　　**人力资源的“链式反应”**

上海中科合臣股份有限公司是于 2000 年 9 月 29 日，由上海中科合臣化学公司联合上海联和投资有限公司、上海科技投资公司和上海市普陀区国有资产经营有限公司等法人单位及 5 名自然人共同发起设立的股份有限公司。第一大股东上海中科合臣化学公司的前身成立于 1959 年，是曾经为我国“二弹一星”的研制做出重要贡献的中国科学院有机化学研究所的实验工厂，1985 年成为独立经营的企业法人。2003 年 6 月，上海中科合臣股份有限公司在上海证券交易所挂牌上市。

1996 年以前，中科合臣处在一盘散沙的状态，到了濒临破产的边缘。直面市场经济下的困境，1996 年，公司领导层毅然决定引进人才，发挥人才资源的积聚效应，重振中科合臣的昔日雄风。公司首先邀请精于医药、农药等科研产品开发的姜标从美国杜邦公司新药研究中试基地回来担任科研和产品开发的副总经理。姜标临危受命，凭借自己在这一领域多年研究的积累和对国际市场的了解，很快就组建起公司的医药、农药开发基地，并开发、生产出可供出口的高品质的医药和农药中间体。

1998 年，以姜标为核心的项目组仅用一年时间就开发出两类高科技医药中间体，创造了800多万美元的产值，为中科合臣带来了巨大的经济效益。

在中科合臣，这被称为"姜标现象"，即"引进一个人才，带动一个产业"。基于"姜标现象"的样板效应，中科合臣加快了顶尖人才的引进步伐，加大了人才资源整合的力度。几年来，先后引进11名硕士、6名博士和5名博士后，整个专业技术人员数量占到职工总数的30%左右。在这支可观的专业技术队伍中，涌现了一批"姜标式"的人物，开发了一批高质量的高科技产品。

中科合臣成功的关键在于引进培养了以姜标为代表的一批具有专业知识的高层次复合型科技领军人才，从而使中科合臣工程中心从无到有，组建起一支完整的科研开发队伍，建立了一套完整的、均衡发展的产业化体系，并开发出一系列高科技产品，挽救了企业并使之走上了高新技术产业化之路。至此，人才产生的"链式反应"已充分显现出来。

中科合臣吸引、留住人才的方法主要是在尊重人才的价值上下功夫。一是用好人才，按照人才的才能和特长，安排适当的领导岗位、聘任技术职务，使人才有价值"认可感"、受"信任感"；二是给任务、压担子，让人才攻关键、解难题，使人才有"成就感"；三是表彰奖励有重大贡献的人才，使人才有"光荣感"；四是待遇从优，使人才有"幸福感"、"满足感"。

2013年5月18日，公司中文名称变更为"鹏欣环球资源股份有限公司"。

资料来源：佚名.创业资源整合二人力资源[J].科技创业，2005(2)：28,29.

3.4 创业的人力资源风险

创业的人力资源风险既有基于创业者自身的风险，也有基于团队建设和管理的风险，还有群体决策的风险以及人力资源的短缺风险等。

3.4.1 创业者素质风险

创业者的素质风险可能由创业者自身的特质引起，也可能基于创业者后天的学习能力、管理能力不足等产生。

1. 创业者综合素质不高

创业者综合素质不高可以表现在很多方面，比如容易满足、容易退缩，抗打击能力差；信心不足、犹豫不定，难以坚持长久；不诚实守信、遵纪守法，可能偷税漏税；眼高手低、重战略轻战术，不重视执行；没有热情、工作低效，缺乏创新力等。这样的人如果由于偶然机会成为创业者，一般也不会成为成功的创业者。因此，创业者应着力提高自身的综合素质，降低创业的人力资源风险。

2. 创业知识缺乏

如前所述，创业成功需要行业知识、法律知识和经济管理知识等大量知识的支撑，如果创业者自身知识缺乏，又未能建立一支科学高效的创业团队，则在创业过程中会遇到更多困难。因此，创业者应尽量丰富自己的创业知识，通过学习能力的培养和提高，不断扩充和完善创业所需知识。

3. 管理能力低下

创业者如果缺乏应有的洞察力、领导力和决策力、执行力、学习和管理能力，会给创业企业的发展带来很大障碍。洞察力的缺乏可能会使企业丧失发展的良机,领导力和决策力的欠缺则会使企业迷失发展的方向,执行力的缺乏可能会使企业停滞不前,被后来者超越,学习和管理能力的缺乏则可能会使企业在前进的过程中动力不足,严重时可能会引起企业解体,导致创业失败。因此,创业者应努力提高其自身或者团队的管理能力。

3.4.2 创业者信息处理偏误

个体创业者由于受到自身经验或认知方面的局限,在处理信息时容易出现一些偏误,常见的有以下几方面。

1. 直觉推断

2002 年度诺贝尔经济学奖获得者之一丹尼尔·卡尼曼(Daniel Kahneman)和其合作者特维斯基(Amos Tversky)发现,人在面对问题和决策时,总是倾向于以偏概全,且囿于记忆和可利用信息的限制。在《不确定条件下的判断》一文中,他们指出:一般来说,人们的直觉推断是非常有用的,它大大减少了推断过程的复杂化。但是,由于生动的或非同寻常的信息比那些平淡的信息更容易被记起,有时直觉推断会导致严重的偏差。

克服直觉推断的认知偏见,需要创业者将自己的决策与一些平时较理智,并喜欢分析的朋友、同事、专家进行讨论。

2. 过于自信

从统计数据看,平均来讲,创业失败的可能性差不多有 80%。邓恩(Dunne)、罗伯茨(Roberts)和萨缪尔森(Samuelson)对美国市场多年的数据进行研究后发现,大致 61%的企业在创立五年内退出市场,有 79%的企业在创立十年后退出市场,以失败告终。三位学者对如此高的失败率给出了一个共同的深层次的解释:企业管理层对自己的经营能力过度自信。比如他们本来能相对准确地预见到竞争的程度,但是他们经常会过于自信地认为尽管许多企业都会最终失败,但他们的企业与众不同,最终将会获得成功;如果创业者的注意力集中在和技术能力有关的方面,他们会更加相信自己的企业有更大的成功可能性。而实际上由于这种过度自信,他们没有在经营管理和决策上做好应有的充分准备,从而导致创业失败率高。

要减少由于过于自信造成的决策失误,创业者可以将自己的决策与一些比较保守、悲观、喜欢挑剔的人进行探讨,听听最坏的前景预测,纠正自己过分乐观的想法。

3. 证实偏见

证实偏见是一种更愿意注意、处理和记忆能证实当前信念和假设的信息,忽略那些不能证实当前信念的信息的倾向,其后果之一就是过度自信。由于人们只看到了对自己有利的信息,就非常乐观地相信自己的判断,越来越觉得自己的判断是对的,由此使创业者在不断强化自己信念或假设的情况下忽视创业中的风险。

通过将自己的观点与和自己意见相左的人进行交流,与平时观点不一致的人进行讨论,并充分关注他人的不同意见,创业者可以在一定程度上克服证实偏见,减少决策失误的可能性。

4. 沉溺于沉没成本的误区

创业者在选择创业项目或进行创业活动时往往会陷入沉没成本的误区。沉没成本指通过未来的决策无法改变或影响的成本。创业者在进行项目选择时往往会投入一定的时间、精力、财力等，如果市场调查的结果显示某个项目的市场不够大，或者通过分析发现自己拥有的资源不能够驾驭该项目，则应该勇敢地放弃，而不是纠结于已经花费的代价，使自己陷入进退两难的境地。

创业实例　化妆品创业者失败反思：能犯的错误都犯了①

1992 年，余涛在老家钟祥帮亲戚站柜台，从此踏入化妆品零售行业。三年后，他拿出 7 500 元积蓄及父母给他结婚用的 4 000 元，又贷款 1 万元，开了家 30 平方米的小化妆品店。生意顺风顺水地做到 2002 年，余涛不仅扩大了店面，他代理的多个品牌一年创下两三百万元的销售额，在湖北省内排名数一数二。

创业路上一帆风顺，余涛被成功冲昏了头脑，开始盲目扩张。他先在钟祥开了一家电脑店，接着又成立了一家宽带公司，随后又在武汉开公司代理美容院产品，同时化妆品店也在不断扩张。到 2004 年，他在钟祥、京山、荆门开了 3 家化妆品直营店，荆门地区的乡镇加盟店扩张到 43 家(所有的加盟店都用统一的门店招牌，所有加盟店的货物都由余涛供货，不收加盟费)。“我没买房子车子，赚的钱又投进新的生意里。”余涛称，经历了一阵快速扩张后，到 2006 年，他的经营陷入困境，代理公司、宽带公司、电脑店相继关闭，半年内两家直营店和 43 家乡镇店也接连关门，亏损将近 300 万元，仅剩下钟祥的化妆品店。

1. 反思：能犯的错误都犯了

那段时间，有一两个月，我没有出家门，也什么事情都没做，只是待在家里反思自己。我突然发觉，我把一个人在创业的过程之中能犯的错误都犯了，我要是不失败都很难。

仔细地反思自己，自己的生意之所以从当初很红火的一年能赚 100 多万元，到最终所有加盟店不再要我供货，我的所谓加盟形同虚设，我至少了犯了以下几个致命错误。

第一，商业模式或者说经营方向一开始就错了。我自己这么多年化妆品经营的经验本来已经证明我是可以做好化妆品这个生意的，但是，最终我却没能做成，就是因为一开始就不该做所谓的加盟，因为我对加盟不懂，根本没法控制这些所谓的打着我的品牌旗号的店面。我到现在后悔当初没有做直营。

第二，我很轻易相信他人。我对加盟店的老板太信任了，没想到他们会偷偷地卖别人家的货物，结果我的竞争对手偷偷地用一个更低的折扣让他们卖货，很快他们就背叛了我的体系。

第三，步子迈得太快，导致管理混乱。我们当时用很快的速度做加盟，一下子开了 43 家店，但是没有建立相应的管理制度，只知道快点赚钱往前冲，忽视了团队的管理与建设。

第四，我自己兴趣太广泛了。我现在能领悟得到“一次只做一件事情”这句话了。我在做我的化妆品生意的时候，还陆续做了很多其他项目，不仅占用了资金，而且极大地分散了我的精力去做化妆品生意。

---

① 佚名.余涛：一个化妆品老板的漫漫互联网路，创业网，http://www.cyone.com.cn/Article/Article_23380.html.

第五，不太懂供应链和货物管理。当时下面的加盟店的需求我理解得不清楚，搞不清楚自己需要备多少货物，结果导致了大量的库存积压，这也成为生意失败的主要原因之一。

第六，一直都是单干，没有好的合伙人。当时只知道自己赚钱，不知道需要组建团队，虽然早在20世纪90年代我就读了MBA。

第七，这也是我认为的最重要的一点，那个时候自己创业做事情，还是凭着小聪明在做事。例如，我们带着促销队去帮下面的产品做促销的时候，我们当时有两个选择给客户推荐，一个为国际知名的玉兰油，它的利润会低一点，另外一个不知名的品牌价格低一点，但是利润也会高很多，我们没有想到向用户推荐玉兰油这个好产品，也没有请用户体验产品，结果这些店一个回头客都没有。

2. 后记

2007年1月，余涛开始筹建中国美容化妆品网，9月正式上线运营，2012年成立公司，网站改名有功网。目前，该网站论坛已有接近11万名会员，其中化妆品店老板占七成，发帖数共达68余万条。很多店老板一边开店，一边在论坛聊生意上的事，相互分享店铺经营之道，小到宣传单的设计，大到店铺制度、人员管理、财物、行业未来发展等。“行业网站虽有几家，但真正能把论坛做火的，仅我一个。”

2013年4月，他和几名助手筹备了两个月，举办了2013年中国化妆品专营店大全(湖北站)，聚集了湖北A类店130多家，全程由厂商合作。因合作及赞助品牌经精心挑选，行业上游品牌和专营店的对接相对精准，现场签约异常火爆，有一款产品在湖北销售70万元。通过收赞助费及抽成，余涛在这场活动中共赚了30万元。此外，他在网站发起的针对化妆品店老板的团购，一个星期赚了6万元。

3.4.3 创业团队管理风险

创业团队的风险因素，一般来说可以表现在以下几个方面。第一，过分追求民主，没有形成创业团队的领袖。第二，创业团队盲目自信，听不进其他人的意见和建议。第三，团队成员中个别成员有畏惧心理，集体决策时动摇不定，影响决策效率。第四，创业团队成员搭配不尽合理，没有人尽其才、物尽其用。第五，新创团队过于相信他人。第六，团队成员因为性格、个性、兴趣不合等原因，导致磨合出现问题。第七，团队成员之间缺乏共同的创业目标、利益、思路、纲领、规则等，影响企业决策的效力，减弱决策的执行力。第八，团队成员中有些能力不适应企业发展的需要，又没有及时补足。第九，没有明确的利润分配方案，企业发展缺少健康的成长基因。

3.4.4 群体决策风险

团队创业在处理信息时，由于群体的早期偏好倾向，容易形成群体思维，造成群体极化，而且可能会由于漏掉重要信息造成决策失误，给新建企业带来灾难性的后果。

1. 早期偏好

由于先入为主现象的存在，人们一般会有喜欢或较易接受早期或开始时某个解释或决策的倾向，而失去认真考虑、理性思考其他解释或决策的机会，使可能更正确的决策遭到拒绝，从而使创业企业陷入决策陷阱，造成决策失误。

索尼公司在20世纪60年代明知彩色电视机项目无法取得突破，却迟迟不肯终止对项目的投资，管理者对失败的恐惧导致他们不能“壮士断腕”而选择继续“烧钱”，给企业带来持续的损失。

克服早期偏好的偏见，可采用头脑风暴的方法，由创业者邀请外行或新人参与讨论决策，鼓励提出不同的决策方案，并严禁对方案的批评意见。

扩展阅读

超音速飞机研制始末

1962年11月29日，英法两国政府签署了一个联合研制民用客机的协议——“超音速运输计划”，开始共同出资研制一架民用超音速飞机。刚开始的市场预测表明，虽然超音速飞机造价比一般飞机高出好几倍，但市场需求旺盛，因此协和公司觉得研制超音速飞机可以盈利。与此同时，波音公司也在研制超音速飞机。同时，波音公司还在研制另外一种飞机，速度没有超音速飞机那么快，但比较省油，价格也较低，这就是后来赫赫有名的波音747飞机。后来国际局势发生变化，中东石油危机的爆发使得石油价格大幅上涨，超音速飞机由于耗油量大，运用和维护成本高，愿意订购超音速飞机的航空公司数量下降，盈利可能较为困难。于是波音公司毅然停止了超音速飞机的生产，转而全力研制波音747飞机。但是协和公司觉得既然已经为超音速飞机投入了那么多的资金，如果半途而废终止研发，不但投入的资金无法收回，白白浪费纳税人的资金，而且对法国和英国政府的声誉可能会有影响，于是继续坚持。果然，超音速飞机研制成功之后少人问津，本来准备生产1 370架协和飞机，但最后只生产了20架，且由于没人购买只能由英法两国自己的航空公司购买。从经济角度看，协和飞机的研制和生产是一个败笔。

资料来源：奚恺元. 别做正常的傻瓜[M]. 第2版. 北京：机械工业出版社，2009：43,44.

2. 群体思维

一般来说，与群体保持一致，成为群体中积极的分子比成为干扰力量对于人的发展更为有利，因此，当群体成员个人观点与处于控制地位的大部分群体成员的观点不一致时，在群体压力之下，他就可能屈服、退缩或修正自己真实的情感或信念。这种当群体的凝聚力很强时，群体成员为寻求与群体一致而产生的放弃个体信息、意见、方案或决策的思维倾向就是群体思维。群体思维往往会使群体在决策时由于缺乏不一致观点的“干扰”而趋于同向性思维，从而形成错误决策。

防止群体思维带来的不利影响需要做到以下几点：第一，群体领导人应该努力做到公正，创造一种轻松的、公开讨论的氛围；第二，群体成员应鼓励人们提出不同观点，包括相关问题和批评意见；第三，在讨论重大决策时应聘请“局外的专家们”对群体成员提出挑战，以给群体带来新思路；第四，在初步达到共同的意向后，群体领导人应安排至少一次“第二次机会”的会议，给群体成员提供将萦绕在心头的困惑和保留意见表达出来的机会。

3. 群体极化

团队决策和个人决策相比，往往更倾向于冒险或保守，向某一个极端倾斜，从而背离最佳决策。在阐述论点、进行逻辑论战时，群体成员中原已存在的倾向性，往往会通过群体的作用得以加强，使一种观点或态度从原来的平均水平加强为居于支配地位。当群体成员最初的意见倾向保守时，群体讨论的结果导致意见更加保守；而当最初的意见倾向冒险时，群体讨论将导致结论更倾向于冒险，这种“群体极化”的现象，使团队决策更倾向于向两极方向运动，使原来的不同意见之间的差距变得更大。

克服团队决策时的群体极化现象，需要提出方案之前，各个团队成员要独立思考，通过书面的方式列出各自知道的所有信息，并提出自己的观点和方案，然后在将各种信息和观点汇总到一起的基础上，共同讨论做出评价。

3.4.5 人力资源短缺风险

人力资源短缺可能是每一个创业企业都要面临的风险，只不过有的企业这一风险较为严重，有的企业面临风险的表现不是很明显。一般来说，企业创立初期由于资金紧张，都会尽量少雇用员工，导致许多工作可能因为没有人做而暂时搁置；同时，人员的工作和职责经常出现混乱的现象，导致企业效率低下。这就要求创业者自己首先应该是一个多面手，能够在需要的时候及时补充到相应岗位上。

另外，虽说随着创业企业的建立，创业团队成员之间产生意见分歧、团队成员或企业内部人员的变化是一件很正常的事情，但关键职位人员的频繁变动会带来人员稳定的风险，对企业造成一定损害。人员的长期频繁流动不但会导致企业大量的人力成本浪费，同时对于加强企业的凝聚力，培养团队意识也不利。所以，创业者应尽可能在组建团队时就充分关注到这一问题，在选择团队成员时力求谨慎，努力打造一支稳定的创业团队。

扩展阅读

防止创业团队散伙的十大绝招

(1) 首先在理念上要正确。要坚信组织能够健康发展下去，不要一开始就想着失败，尤其不要用只能共苦、不能共甘、天下没有不散的宴席、过河拆桥等想法来支配自己的思想，脑子里根本不应有这种想法，有这种想法本身就为失败的结局埋下了种子。就像刚开始学习骑自行车一样，发现前面马路中间有一障碍，而你越不想碰上它，偏偏最后还是碰上了。因为你的精力集中于失败，所以必然失败。

(2) 持续不断地沟通。开始要沟通，遇到问题也要沟通，解决问题时还要沟通，有矛盾时更要沟通，多想有利于组织发展的事情。有不同的看法，不要在公开场合辩论，不要把矛盾展示给下属。

(3) 发现小人钻空子，坚决开除。领导之间的矛盾，不要让下属来评论，来解决。如果双方沟通有困难时，就主动寻找外方的力量，尤其双方都信得过的好朋友来解铃，但不要露出太明显的痕迹。如果发现组织中的小人利用领导之间的矛盾分歧达到个人的目的和损害组织利益，那就毫不犹豫地坚决开除，不论他是什么人。

(4) 就事论事。当双方矛盾冲突发展为两个阵营的矛盾时，外力也不能解决时应停止争论，停止人事波动，就问题来解决问题，不要就人来讨论。

(5) 换种环境换心境。双方应出去郊游、散心，不要纠缠在矛盾之中。大家撇开工作问题和事业上的矛盾，出去多讨论人生话题、休闲话题，把利益看淡一些。

(6) 丑话说在前面。最初创业时就把该说的话说到，该立的字据一定要立到。把最基本的责权利说个明白透彻，尤其关于股权配置、利益分配等更要说清楚，包括增资、扩股、融资、撤资、人事安排、解散等。

(7) 及时协调立据。任何事情都不可能在最初计划周全，事情是随时都有可能变化的，合作运营过程中，遇到新问题新矛盾一定先说清楚、立下字据再行动。千万不要先干再说，因为事情发生后都是朝着自己有利的一方考虑。先干再说，会埋下祸患的种子，使企业陷入风起云涌、企业组织颠覆性的运动中。

(8) 不要太计较小事。难得糊涂对创业合作的各方都是保养自己心灵的鸡汤和企业组织运转的润滑剂，这与前面讲的丑话说在前和及时立据看似矛盾，其实并不矛盾。前者讲的是在没有形成事实的情况下的做法，后者是说事实已经形成了就不要太计较了，计较了也于事无补。其实，过后经常会发现双方的计较毫无实际意义。

(9) 不要轻易地考验对方。创业者团队合作起来不是一件容易的事情，不考验还会出事，更何况有意考验对方时，对方肯定禁不住考验。因为当你考验对方时，对方不知道，只能是顺着你设定的情景运行，结果肯定是和你设想的一致，没有禁得起考验。如果对方知道你在考验他，那你也肯定考验不出来，因为他在心理上和行为上都进行了设防。这不但是瞎子点灯白费蜡，而且还会伤了和气，合作关系上出现裂痕。所以既然是合作，就不要动辄考验对方，考验是基于不信任为前提的。

(10) 一直向前看。创业合作过程中，遇到问题矛盾应向前看，向前看利益是一致的，因为成功会给大家带来更丰厚的收获；盯住眼前的事情不放，只能是越盯矛盾越多，越盯矛盾越复杂，最后裹步不前；回头看，回忆起合作中的不愉快，会使你伤心，丧失前进的斗志和动力。只有向前看，成功的希望才会激励着合作的各方勇往直前，抵达成功的彼岸。

资料来源：管勤积. 防止创业团队散伙的十大绝招[J]. 人才资源开发，2008(10)：90.

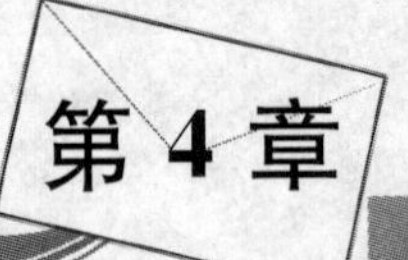

第4章 创业人脉资源

引导案例

人脉资源整合

广州华工百川自控科技有限公司于2000年12月18日正式挂牌成立，它是由华南理工大学科技园有限公司与广州市“金鼎奖”获得者张海、马铁军共同发起，由华南理工大学控股的一家从事计算机过程智能控制装备及高分子特种材料生产的高新技术企业。华工百川在竞争中处于十分有利的位置：技术上有保障，支持上有靠山，经营上有团队，广州的政策支持又十分到位。

华工工业装备与控制工程学院轻工机械与控制工程研究所副所长张海教授作为技术带头人，有效地整合了各方面的人脉资源：校方、科技园以及华工百川的经营管理团队都在整合与分享的企业文化下达成了共同理念，给华工百川带来了企业的高速健康发展机遇。

69岁只剩稀疏白发的张海教授认为：“任何东西都要懂得分享，这样才能有更多的朋友、更多的人脉资源可以利用，进而创业才能够得心应手。”

资料来源：佚名.创业资源整合——人脉资源[J].科技创业，2005(2)：26,27.

在创业过程中人脉资源是第一资源，若有各种良好的人脉关系，就可方便地找到投资、技术与产品、渠道等各种创业机会。整合人脉资源是创业成功的基本条件。

人脉即人际关系、人际网络，体现为人的人缘和社会关系。根据辞典里的说法，人脉的解释为“经由人际关系而形成的人际脉络”，经常用于政治或商业领域，但其实不论做什么行业，人人都会使用人脉。很多成功的商界人士都深深意识到人脉资源对自己事业成功的重要性。斯坦福大学研究中心的一份调查显示：一个人赚的钱，12.5%来自知识，87.5%来自于人脉关系——基于正常社会经历建立的关系。在投资界里面95%的企业都是人家介绍来的，不是自己瞎撞上的。[①] 由此可见，积累和经营人脉对于创业成功的重要性。

1967年，美国社会学家斯坦利·米尔格兰姆(Stanley Milgram)提出六度空间理论，指出在人际脉络中，要结识任何一位陌生的朋友，这中间最多只要通过6个朋友就能达到目的。这个理论在2003年被哥伦比亚大学实验证实。基于此，创业者要筹集创业资源，需要努力扩大自己的人脉，建立自己的人际网络。创业者如果不能在短时间之内建立自己最广泛的人际网络，那他的创业一定会非常艰难，即使其初期能够依靠领先技术或者自身素质，比如吃苦耐劳或精打细算，获得某种程度上的成功，他的事业也很难做大。因此，创业者一定要善于进行人脉资源规划、拓展和经营，同时尽可能规避人脉资源的风险。

---

① 优米网图书项目组.创业名人说[M].北京：中国民主法制出版社，2011：212.

4.1 人脉资源概述

人脉资源是一种潜在的无形资产，是永不破产的银行。常言道"一个好汉三个帮，一个篱笆三个桩"，要想做成大事，必定要有做成大事的人脉网络和人脉支持系统。人脉关系不是需要的时候马上就能建立的。**长时间地用关心和耐心对待他人，是建立人脉关系的秘诀**。

4.1.1 人脉资源的特性

人脉资源和其他创业资源相比，是有长期投资性、可维护性和可拓展性、有限性和随机性以及辐射性等独特的性质，需要创业者予以关注。

1. 长期投资性

人脉资源的形成需要很多时间和精力，是一种长期投资。因此，创业者平时要注意人脉资源的积累，不要事到临头才去找人帮忙。即便是在公司做业务也一样，现在的潜在客户，明天很可能就成为企业真正的客户，因而必须从现在开始与其建立联系，积累属于自己的客户资源，以便在开始创业时能够拥有客户方面的人脉。

2. 可维护性和可拓展性

人脉资源是一种需要认真经营的资源，需要经常性地维护。人脉资源可以通过合作、交流、关心、帮助、友情、亲情等进行维护，并要不断巩固，如果不去维护就会变得疏远，且在维护中可以不断地发展新的人脉关系。

3. 有限性和随机性

一般来说，每个人的人脉资源都是有限的，且具有一定的随机性。

鉴于人的精力的有限性，每个人一生中能认识的人数，包括老师、同学、亲戚、同事、朋友、客户等，一般不超过 500 人，而能够真正帮助自己的不会超过 50 人，所以每个人的人脉资源都是有限的。加之每个人能力的有限性，人际交往中还具有一定的随机因素，不可能认识所有的潜在的帮助者。一般情况是，认识的人可能没有能力提供帮助，而有能力提供帮助的人又可能不认识，从而使人的发展受到人脉资源的限制。所以，创业者在客观上需要不断认识更多的人，不断丰富和扩充自己的人脉资源。

4. 辐射性

根据六度空间理论，好朋友比较多的人更容易获得资源，即当朋友帮不上忙的时候，朋友的朋友也许可以鼎力相助。

创业实例　　协会中的人脉①

一个民营企业老板参加的全国性、区域性、行业性的协会有近十个，对于每一个协会他每年至少参加一次活动。在每一个协会中，他至少有三四个关系比较密切的朋友。他

---

① 李家华，郑旭红，张志宏. 创业有道[M]. 北京：高等教育出版社，2011.

说:“我的企业里70%以上企业外部的事情,都是依靠这些朋友的帮助和支持来顺利完成的,没有他们的鼎力相助,我至少要有50%的事情没办法实现。参加协会虽然会花些钱,费些时间和精力,可是带来的效率和效果也非常巨大!”

4.1.2 人脉资源的种类

人脉资源根据其形成的过程可以分为血缘人脉、地缘人脉、学缘人脉和业缘人脉等。

1. 血缘人脉

血缘人脉是由家族、宗族、种族形成的人脉关系。血缘人脉是与生俱来的人脉关系,是创业者自己无法决定的,但也是最朴实、最可靠的人脉关系。由血缘人脉带来的资源是创业者的先天资源,也是第一资源和最重要的资源。一般来说,创业所需的第一份资金来源于亲友,最强大的精神支持也来源于亲友。对于创业者来说,血缘人脉是值得珍惜的最重要的外部资源之一。

2. 地缘人脉

地缘人脉是因居住地域形成的人脉关系,最典型的就是老乡关系。地缘人脉可以通过变更居住地发生改变,最典型的就是孟母三迁的故事。大城市的创业机会更多,大城市有更多的创业资源可供利用,就是指由地缘人脉提供的机会和资源。现在的高校毕业生“宁要北京一张床,不要外地一套房”的选择,很多也是因为看上了北京、上海、广州等大城市的平台更高、地缘人脉更广泛等社会资源。

3. 学缘人脉

学缘人脉是因共同学习而产生的人脉关系。学缘人脉不仅局限于相处时间较长的小学、中学、大学的同学关系,随着人们现代交际意识的提高,各种各样的短期培训班甚至会议中也蕴含着十分丰富的人脉关系资源。

同学之间因为接触比较密切,彼此比较了解,同时因为校园生活不存在利害关系,所以友谊一般都较可靠,纯洁度更高。

4. 业缘人脉

业缘人脉是因共同工作或处理事务而产生的人脉关系。业缘人脉不仅仅局限于工作中的同事、上司、下属,一段短暂的共事经历也能形成良好的人脉关系。比如一个单位或多家单位为完成一项任务或项目而临时抽调人员组成团队,任务完成后各自归队,但共同工作与生活的友谊则会留在每一个人的心中。

对创业者来说,效用最明显首推业缘人脉。即创业者在创业之前,为他人工作时所建立的各种人脉资源,主要包括项目资源和人际资源。充分利用业缘人脉,从职业资源入手创业,符合创业活动不熟不做的信条。尤其是在国内目前还没有像美国或欧洲国家一样,普遍认同和执行竞业避止法则的情况下,选择从职业资源入手进行创业,已经成了许多人创业成功的捷径和法宝。

据《创业家》杂志的创始人牛文文观察,北京大学和人民大学两个学校都有创业传统。北京大学的老师留校以后的创业方向一般有两个,一个是做培训,另一个是做咨询;人民大学的老师喜欢卖教学参考资料,人民大学的学生有靠卖书起家的创业者,比如京东商城的刘强东。所以,他认为每个大学都有自己的创业路径,建议想创业的大学生可以按这个思路开创自己的事业，或许成功率会很高。[①] 因为在这个路径之下，创业者会拥有更多的人脉资源，如老师、同学、朋友等。

4.1.3 人脉资源的重要性

人脉资源广泛的创业者具有较好的社会关系依托，可以有选择地了解不同对象的效用需求，有针对性地对不同对象传递商业创意的不同方面，有目的地获取不同资源所有者的不同理解和信任，最终成功地从不同网络成员那里获取所需的不同资源，为自己进行资源配置方式创新提供基础。国内外学者通过研究发现，人脉资源对创业成功有非常重要的作用，主要表现在以下几方面。

1. 有利于获取创业资源

Birley (1985)[②]针对印度创业企业的早期研究发现，创业者的社会网络是帮助企业整合资源最重要的因素；Batjargal (2003)[③]针对俄罗斯的研究指出，拥有大量熟人的创业者更加能够借助其丰富的社会网络获得金融资源；Packalen(2007)[④]也指出，创业团队的社会资本是企业获得组织合法性进而获得资源的三大关键因素之一；Batjargal 和 Liu (2008)[⑤]利用 158 家中国风险投资机构的面谈调研数据，实证检验了创业者社会资本对风险投资项目决策的重要影响，结果发现，对创业者社会资本的关注将削弱风险投资对企业成长潜力和商业计划质量等常见因素的考虑。在国内，由于数据难以获取，研究的学者较少，杨建东、李强、曾勇(2010)以某国有风险投资公司投资和受托管理的 110 家高科技创业企业为样本，通过实证考察创业者个人特质及其社会资本对吸引风险投资参与可能性的影响，研究发现创业者的社会资本对于吸引风险投资具有显著的正向影响，创业者社会关系网络强和具有政治关系的企业更加可能吸引风险投资的参与。Steier 和 Greenwood(1995)[⑥]的研究表明，如果创业企业是由他人推荐给投资者的，则企业无论是从正式的创业投资机构还是从私人投资者那里获得资金的概率都会大大提高。事实上，许多创业投资交易都是通过网络关系中的其他人推荐而获得成功的。

以上研究均表明，丰富的人脉资源是创业者获取其他资源的基础，有助于创业者获取创业过程中需要的政策资源、人力资源、财务资源、技术资源和其他资源等，所以，**人脉资源是一种高杠杆资源，也是创业者的战略资源。**

---

① 创业名人说，优米网图书项目组.[M].北京：中国民主法制出版社，2011：26，《创业家》杂志创始人牛文文.

② Birley S. The role of networks in the entrepreneurial process [J]. Journal of Business Venturing，1985，1(1)：107-111.

③ Batjargal B. Social capital and entrepreneurial performance in Russia：a longitudinal study [J]. Organization Studies，2003，24(4)：535-556.

④ Packalen K A. Complementing capital：the role of status，demographic features，social capital in founding teams abilities to obtain resources [J]. Entrepreneurship Theory and Practice，2007，31(6)：873-891.

⑤ Batjargal B，Liu M. Entrepreneurs access to private equity in China：the role of social capital [J]. Organization Science，2004，15(2)：159-172.

⑥ Steier L，Greenwood R. Venture capitalist relationships in the deal structuring and post-investment stages of new firm creation[J]. Journal of Management Studies，1995(32)：337-357.

2. 有利于提高企业绩效

Powell(1990)[①]指出,企业管理者的关系网络在不确定性的环境中更为重要；Peng和Luo(2000)[②]更是明确指出,在法律和监管等市场机制相对不健全的转型经济国家,企业管理者与其他企业高管和政府官员的关系有利于提升企业绩效,并利用127家中国企业的调研数据进行了实证检验；Li和Zhang(2007)[③]利用中国高科技产业创业企业家的调查数据,同样发现了企业家政治网络对创业企业绩效的促进作用。孙俊华和陈传明(2009)、邓建平和曾勇(2009)、胡旭阳(2006)、巫景飞等(2008)、余明桂和潘红波(2009)利用中国上市公司的数据证明了政治关系和企业绩效之间的正向关系。除了政治关系以外,其他人脉资源因为可以低成本地为企业带来大量的其他资源,从而降低创业者筹集资源的难度和成本,在一定程度上提高创业企业的绩效。

4.2 人脉资源规划

人脉资源既然有如此重要的作用,就要求创业者一定要合理规划自己的人脉资源,在自己的人脉存折上多存一些资源,以便创业过程中能够合理使用。

一般来说,**创业者的人脉资源规划最好和其职业或事业生涯的规划相吻合,根据职业和事业的人脉资源需求来制定人脉资源经营行动计划**。

在制定人脉规划时,应注意以下几个问题：第一,人脉资源的结构要科学合理。比如,性别结构、年龄结构、行业结构、学历与知识素养结构、高低层次结构、内外结构、现在和未来的结构等。人脉资源要兼顾职业事业和生活的需要,不能只顾职业的发展、事业的成功而忽视生活的丰富多彩和应急需求。第二,人脉资源要平衡物质和精神方面的需要,并重视心智方面的需要。创业者的社会关系网络中既应该有真性情的朋友和善于倾听的伙伴,还应该有一些专家、学者、教授等,通过定期与他们交流,也许创业者百思不得其解的难题,通过他们的只言片语就能指点迷津。第三,注意人脉的深度、广度和关联度。人脉资源既要有广度和深度,又需要有关联度。人脉的深度即人脉关系纵向延伸的情况,即达到了什么级别；人脉的广度即人脉关系横向延伸的情况,即范围(区域与行业)有多广；人脉的关联度指人脉关系与个人所从事行业的相关性和人脉资源之间直接的相关性。创业者应充分利用朋友的朋友或他人的介绍等方式拓展人脉资源,从长远考虑,关注成长性和延伸空间。

---

① Powell W W. Neither market nor hierarchy: network-forms of organization [J]. Research in Organizational Behavior, 1990, 12: 295-336.

② Peng M W, Luo Y D. Managerial ties and firm performance in a transition economy: The nature of a micro-macro Link [J]. Academy of Management Journal, 2000, 43(3): 486-501.

③ Li H Y, Zhang Y. The role of managers political networking and functional experience in new venture performance: evidence from Chinas' transition economy [J]. Strategic Management Journal, 2007, 28(8): 791-804.

4.3 人脉资源拓展

创业者在做好人脉资源规划之后，就应该着手进行人脉资源的拓展，不断扩充、丰富和积累自己的人脉。

4.3.1 人脉资源拓展原则

开拓人脉资源需要创业者善于和陌生人交往，经常把微笑挂在脸上，能够与人分享快乐以及乐于助人等。

1. 要善于结交陌生人

我们每个人的生活大都有两个小圈子，一个是工作上的圈子，有围绕所在岗位的各种关系；另一个是家庭中的圈子，有围绕各自角色应担负的职责。但是这两个圈子的交往范围一般相对固定，非常有限。因此，创业者应不断拓展新的交往圈，积累新的人脉资源，在不同的场合，要乐于和陌生人说话。乐于同陌生人说话，既体现了创业者一种积极的态度，使创业者领受一种与自己生活和工作轨道不一样的新鲜氛围，还可以帮助创业者结识有助创业的"贵人"。

2. 面带微笑

经常把微笑挂到脸上，是与人交往的良好润滑剂。与人交往时，把微笑挂到脸上，实际上就是给人一个乐于交往的信号。在工作岗位和公众场合，保持微笑是人的一种基本素质，也是保持和拓展人脉资源的需要。

3. 学会与人分享快乐

每个人都有自己的追求，人在追求得到满足的一刹那，是非常心满意足的。学会与人分享快乐，可以在分享快乐的同时拉近和对方的关系，使双方成为相互的人脉资源。

4. 乐于助人

成人之美，乐于助人，只要有机会就帮助别人。人都会有遇到困难的时候，对于他人的求助，只要不是涉及原则问题，大多数情况下都应该热情帮助。但一定注意要"言必信，行必果"，不要给空头承诺。

总之，人脉资源是每个人自己的一座宝藏，这座宝藏的开发潜力是无限的，在关键时候，这座宝藏能够发挥的能量也是不可预料的。因此，创业者一定要善于开拓和利用自己的人脉资源。

4.3.2 人脉资源拓展途径

一般来说，**人脉资源的拓展主要有熟人介绍、参与社团、利用网络等途径。**

1. 熟人介绍

熟人介绍是一种事半功倍的人脉资源拓展方法，它具有倍增的力量。可以加深人与人信任的程度，提高合作成功的概率，降低交往成本，是人脉资源积累的一条捷径。

2. 参与社团

在参与社团时，人与人的交往和互动是在"自然"的情况下进行的，有助于建立情感和信任，而且通过社团里面的公益活动、休闲活动，可以产生人际互动和联系。如果能在社团中谋到一个组织者的角色，就可以得到服务他人的机会，在为他人服务的过程中，自然地增加与他人联系、交流和了解的时间，使人脉之路自然延伸。

3. 利用网络

现在网络已经成为社会交往最便捷、廉价，也是应用范围最广的手段之一。网络使得人们之间的交往更加便利，在网络上人们会变得更加真实。因此，利用网络可以扩大自己的交际圈，利用网络也可以了解到他人的真实需求和想法。

4.4 人脉资源经营

建立和维持人脉资源需要坚持互惠原则、诚实守信原则、善于分享原则、2/8 原则和保持原则，掌握受人欢迎的人际交往技巧，巧妙利用拒绝的艺术。

4.4.1 人脉经营原则

1. 互惠原则

互惠原则就是在人际交往中要努力做到利人利己，这是一种双赢的人际关系模式。只有坚持互惠原则，才能够使创业者在创业活动中实现双赢、多赢的目的，达到创业成功的效果。利人利己的观念以人的品格为基础，要求交往者诚信、成熟、豁达。

2. 诚实守信原则

调查发现，在人际交往中，一般人都喜欢与诚实、爽直、表里如一的人打交道，最痛恨的是欺骗和虚伪行径。因此，创业者在人际交往中应切记诚实守信的原则，将信用作为处理人际关系的必守信条。

3. 分享原则

分享是一种最好的建立人脉资源的方式，分享越多，得到的就会越多。世界上有两种东西是分享越多，得到越多的：一是智慧、知识，二是人脉、关系。

4. 2/8 原则

对人一生的前途命运起重大影响和决定作用的，往往就是几个重要人物，甚至只是一个人。所以，在开发人脉资源时不能平均使用时间、精力和资源，而应区别对待，必须对影响或可能影响我们前途和命运的 20%的“贵人”另眼相看，在他们身上花费 80%的时间、精力和资源。

5. 保持原则

对于新结交的人脉资源一定要学会维持和经营，经常通过各种方式与之联系，如发短信或邮件等，这样当你真正需要帮助的时候，他如果对你有非常好的印象就会出手相助。

4.4.2 人际交往技巧

在了解人脉拓展的途径和人脉经营的原则之后，创业者还要掌握人际交往技巧，不断提高自己的人际交往能力。

1. 遵循“3A”原则

接纳、赞同、赞美三词的英文首字母均为“A”，所以这条人际交往原则被称为“3A”原则。

（1）接纳（accept）。人人都渴望得到认可和欣赏，不喜欢别人挑剔的眼光。懂得欣赏别人的长处，认可别人的优点，真诚待人，会在交往中给人以安全感。因为“任何人都没有力量改变另一个人，但如果你乐意按照别人的本来面目去接受他，就相当于给了他一种改变自己的力量”。

（2）赞同（agree）。对别人引起你共鸣的观点坦率而真诚地表示赞同，一句“是的，我也这样想”，或者“我和你的看法一样”等足以让对方将你当成知音，使他认为自己的意见受到了尊重，从而更主动和你交往。

（3）赞美（admire）。看到他人优点时奉上真心的赞美，对他人的行为多给予一些肯定和鼓励，会使人感受到来自于你的欣赏和尊重，使他人的行为向自己所期待的方向改变。

2 记住别人的名字

美国当代著名演讲家和人际关系学家戴尔·卡耐基发现，人对自己的名字看得惊人的重要，所以他曾说：“记住人们的名字，而且很轻易就能叫出来，等于给人一个很巧妙而又有效的赞美。”记住他人的名字，会使人有种亲切的感觉，也会使自己在人际交往中处于有利的地位。

3. 学会换位思考

在交往中，要善于从对方的角度认知对方的思想观念和处事方式，设身处地体会对方的情感，发现对方处理问题的独特个性方式等，从而真正理解对方，找到最恰当的沟通和解决问题的方法。

在交谈时尽量谈论对方感兴趣的话题，并积极参与到话题讨论中，可以直接针对该话题中不懂的地方向对方请教，让对方聊到尽兴，感觉到与你很投机，以增进双方的感情，密切与谈话者的关系，让谈话过程令人愉快。

4. 善于倾听

在交谈中，要专注对方，善于从他人的发言中找出自己感兴趣的话题，适时将对方谈话的内容和自己的感受进行简要表述。西方有一句俗语：“上帝给人两只耳朵一张嘴，就是要我们多听少说。”耐心而专注地听对方说话，会让对方感觉到自己受到重视，获得自尊的极大满足，并对倾听者产生特别的好感。

5. 其他技巧

提高人际交往能力还要求创业者具有平等的理念和宽容的态度。首先，在人际交往中要具有平等的理念。平等就是在交往中尊重别人的合法权益。彼此尊重是友谊的基础，是两心相通的桥梁。其次，要有宽容的态度。在与人相处时，应当严于律己，宽以待人，接受对方的差异，对别人有宽容心。

4.4.3 巧用拒绝的艺术

人总会面对一些力不从心的求助，这时明确巧妙地拒绝，既可以表明态度，又不致让对方感到自尊受到伤害。所以，创业者要学会巧妙运用拒绝的艺术，理智而主动地做出自己的选择。例如创业者在筹集资金时，如果创业者或团队非常优秀，又有不错的创业项目，往往会同时受到很多风险投资者的青睐，这时就要求创业者能够根据项目自身发展和对资金的需求，以及股权结构的考虑对其中部分风险投资者做出巧妙的拒绝，既融集到满足目前发展需要的资金，又为企业日后的资金筹集做好铺垫。

1. 补偿式拒绝

补偿式拒绝是指在拒绝一个要求的同时提出另外一个建议，以示诚意的一种拒绝方式。这种拒绝首先向请求者表示完全愿意效劳的意思，接着提议换一种方式来满足对方要求，则无论这个提议是否被接受，对方都不会对你的拒绝怀有恨意。

2. 先肯定后拒绝

先肯定后拒绝是指先对对方提出的要求表示理解或同情，声明如果可能的话一定会鼎力相助，接着陈述自己的难处，以示情非得已的一种拒绝方式。这种拒绝方式比较容易得到对方的谅解，使双方之间的沟通更加顺畅。

3. 爱护性拒绝

爱护性拒绝是指站在对方的立场上谈拒绝的理由，让对方感觉你是真心为他好的一种拒绝方式。谈话过程中如果能找到为对方着想的理由，拒绝不但会显得理直气壮，而且还可以让对方在遭到拒绝后心存感激。如果能再加以一定程度的补偿，帮对方出些主意，帮助其更加妥善地解决问题，事情会变得更加圆满。

前两种拒绝是站在自己的立场考虑问题，陈述不能答应对方要求的理由，并尽力去争取对方理解，而爱护性拒绝则是站在对方的立场考虑问题，更容易和对方产生共鸣，赢得对方的理解。

第5章

创业财务资源

钱是有的,关键是到哪里去找。

——《小企业的有效管理》提到的融资秘诀

财务资源一般指资金资源,是公司正常经营所必需的资源。企业的创建需要获得设立一个企业必需的初始资本,开展经营活动需要运营资本,因而资本是企业创建和生存发展的一个必要条件,从最初建立到生存发展的整个过程都需要财务资源的支持。

引导案例

Bizooki公司多途径融资

2008年,一名贝尔蒙特大学的学生安迪·塔巴尔(Andy Tabar)为创办Bizooki公司而烦恼。该公司是一家互联网公司,试图通过动用全球智慧来提高商业活动的效率。其创意是这样的:越来越多的企业需要更有效地实施专业项目,但在公司内部却又缺乏专业人才。通过将工作外包给全球专业服务商,有助于以更低的成本及时地完成项目。Bizooki公司的角色就是一个中间商,将有技术需要的企业与全球供应商对接。尽管Bizooki公司的启动资金并不算宽裕,但塔巴尔的融资方式却能给大多数创业者带来启示。塔巴尔并没有拘泥于从投资者或银行家那里获取资金,而是采用了步步为营、向朋友和家人借款以及创造性的融资途径等方式。

塔巴尔在很小的时候就有过融资经历。在读高中的时候,他就创办了一个网站,但没有投入太多资金。高中毕业后,他对于如何获取信用卡、在什么时候需要外部融资等问题有了一定的认识。他采取的第一步行动就是办一张信用卡,为自己建立信用记录。

在俄亥俄州长大的塔巴尔选择贝尔蒙特大学的原因是看重学校提供的创业培训计划。在创办Bizooki之前,他尝试过不少商业创意,并且坚持使用不同的方式获取资金或资源。在大学一年级时,他参与了学校的学生创业实践活动。在这期间,塔巴尔与70名同班同学共享课桌、计算机、电话、传真机、复印机以及头脑风暴萌发的创意。他多次参加商业计划竞赛,并在2006年和2008年分别获得学校的最高奖项,每次都赢得了5 000美元的奖金。

借助这些途径积累的资金,塔巴尔把他的创意变成现实,成立了Bizooki公司。他通过一些意想不到的途径借钱,但每笔钱的数目都不大,如他在一家专业借贷网站注册后借钱,而不是从银行筹集资金。Prosper是一家专门为需要借钱和愿意借钱的人牵线搭桥的网站。借助该网站,他从多个借款人那里获得了资金,每笔都是5 000美元左右,这些人都是塔巴尔的朋友或家人。Prosper提供了一个便利、正式而合法的借贷网络平台,即便是熟人之间的借贷也是如此。

面向未来,塔巴尔还需要更多的资金来支撑Bizooki公司的成长。他已经会见了不少天使投资人，这些投资人都是在贝尔蒙特大学的创业培训项目上认识的。但是他目前并不想动用这些资源，而是将它作为长期的资源储备。他坚信自己要谨慎行动，并认为只有在恰当的时候才可以从外部投资者那里获取资金。同时，他仍在继续经营自己的信用，保持良好的信用记录，以便在将来银行融资时使用。

资料来源：www.bizooki.com 网站，转引自[美]布鲁斯·R.巴林格，R.杜安·爱尔兰.创业管理：成功创建新企业[M]，杨俊，薛志红，等，译.北京：机械工业出版社，2010：166，167。

5.1 创业融资概述

由于创业企业的特殊性，蒂蒙斯(2002)认为创业融资(financing new ventures)主要研究的是新企业融资的各种关键问题；晏文胜、陈述(2004)认为创业融资(start-up financing)主要研究创业企业发展过程中的"种子期"、"创立期"和"扩张期"的融资行为；苗淑娟、李雪灵(2006)认为创业融资是指创业企业如何适时、适量地获得设立、运营一个企业所需的资金。[①] 本章所讨论的**创业融资主要指创业企业在创建和生存过程中的融资行为**。

资金是企业的"血液"，是企业赖以产生及存在的基础。在市场经济中，成立一个企业需要有注册资本，需要交纳注册费用，需要购买设备、材料，支付员工报酬，这一切都要有资金来支撑；运营一个企业更是需要有源源不断的资金支持。尽管创办企业一定要有创业者的资金投入，但是对于大部分创业者来说，其个人投入的资金可能不足以满足企业生存发展的需要，还需要从资本市场进行资金筹集，即进行融资。但是，相对于一般企业，创业企业存在融资困境，很多创业企业在特定环境下不能及时获取所需要的资金，特别是初创企业可能面临的资金约束(Lel & Gregory，2002)导致创业者无法创立企业，或者不能按照最优的融资结构来开创和运营企业(Evans & Jovanovic，1989)。因此，了解融资对企业的重要性、融资困难的原因、创业融资过程、融资中常见的问题，熟悉融资的渠道及其优缺点，掌握创业资金的分类及其所需数额的计算，有助于创业者进行科学的融资决策。

5.1.1 创业融资的重要性

据共青团上海市委所做的一项问卷调查显示，青年创业实践需要具备的条件包括"资金充足"(71.2%)、"有一个很好的创业团队"(64.5%)、"拥有一个很好的创业计划或盈利模型"(58.4%)、"具备创业所需的各种能力"(57.5%)、"有一定的社会关系"(49.8%)、"有专门创业指导机构"(17.9%)。[②] 可见，资金在青年创业中的重要性。其实，正如上面所说，任何企业的生产经营活动都需要资金的支撑。尤其是对于新创企业来说，在企业的销售活动能够产生现金流之前，企业需要技术研发，需要为购买和生产存货支付资金，需要进行广告宣传，需要支付员工薪酬，还可能需要对员工进行培训。另外，要实现规模经济效应，企业需要持续地进行资本投资，加上产品或服务的开发周期一般比较漫长，就使

---

① 苗淑娟，李雪灵.创业企业融资行为分析[J].工业技术经济，2007：130.

② 凤凰网，http://news.ifeng.com/gundong/detail_2011_03/03/4945715_0.shtml.

得创业企业在生命早期需要大量筹集资金。

对创业者来说，融资的重要性主要表现在以下几个方面。

1. 资金是企业的血液

资金不仅是企业生产经营过程的起点，更是企业生存发展的基础。但是，大量的调查表明创业的最大困难之一就是资金的缺乏。

资金是企业的“血液”，资金链的断裂是企业致命的威胁。据国外文献记载，破产倒闭的企业中有85%是盈利情况非常好的企业，这些企业倒闭的主要原因是由于资金链的断裂。如大家所熟知的巨人集团案例、韩国的大宇汽车破产案等，都是由于企业缺乏足够资金清偿到期债务导致的企业破产清算。正如一句企业界所说，“企业可能不会由于经营亏损而破产清算，却常常会因为资金断流而倒闭。”资金对企业尤其是初创期的企业来说有着至关重要的作用。

2. 合理融资有利于降低创业风险

世上没有免费的午餐。创业企业使用的资金，无论是从各种渠道借来的资金，还是创业者个人的自有资金，或者其他方式筹集的股权资金，都具有一定的资金成本。筹集较多的资金可以避免出现现金断流的情况，但是却会增加企业的融资成本，在创业初期如果企业的经营利润不能够弥补融资成本，会造成企业亏损；筹集较少的资金虽可以降低融资成本，但是如果资金使用不合理，或者资金短缺时无法及时筹集所需资金，会使企业陷入无法及时偿债的境地，从而被迫进行破产清算。因此，合理选择融资渠道和融资方式，有利于降低资金成本，将创业企业的财务风险控制在一定范围之内。

3. 科学的融资决策有利于企业可持续发展

企业在不同的发展阶段面临着不同的风险，有着不同的现金流特点，对于资金筹集也有着不同的要求。根据企业所处生命周期阶段以及企业自身的行业特点，结合宏观的融资环境和创业者对控制权的偏好，考虑融资成本及融资风险以及资金的可得性等客观情况，做出科学的融资决策，不仅有利于合理安排资本结构，将财务风险控制在可控制的范围之内，而且可以使企业的所有权得到有效配置，使企业的利益分配机制更加合理，为创业企业植入“健康的基因”，保证创业企业可持续发展。

5.1.2 创业融资难的原因

许多调查显示，缺少创业所需资金及创业资金筹集困难是创业者面临的最大挑战。**创业融资难的主要原因是创业企业的不确定性大、信息不对称以及资本市场欠发达等。**

1. 创业企业的不确定性大

相对于成熟的企业，新创企业在资产、销售和雇员等方面处于弱势(Susan,2004)，存在高度的不确定性。不确定性客观上反映了企业技术、产品或商业模式成功的可能性，进而影响风险投资提供资本的意愿和方式(无论是一次性全部提供还是分阶段注入)；而且，不确定性还将使创业企业与外部投资者签订依赖特定条件或状态的合同变得困难，进而增加了外部融资的成本。所以，创业活动本身的不确定性，使得外部投资者难以判断商业机会的真实价值和创业者把握机会的实际能力。

(1) 商业机会本身具有不确定性。创业者的创业机会不可避免会受到外界环境的影响，当外界环境发生变化时，机会也会相应丧失。对于创业活动本身而言，由于创业项目尚未实施，或刚开始实施，创业项目受外界环境的影响相对于既有企业来说更大，其市场前景不够明朗。

(2) 创业企业的利润具有不确定性。创业所依赖技术的成熟度，创业企业产品的市场接受度不够明确，创业企业治理机制不健全以及难以对创业者的行为进行有效监控等，往往会导致其应对内外部环境变化的能力不足，企业盈利的稳定性较差。

(3) 创业企业的寿命具有不确定性。亚洲开发银行驻中国代表处副代表兼首席经济学家汤敏指出："中小企业的存活率很低，即便在发达的美国，5 年后依然存活的比例仅为 32%，8 年后为 19%，10 年后为 13%。"[①]在中国，中小企业的寿命往往更短。据统计，我国新创企业的失败率在 70%左右。国外有学者估计，新创企业在 2 年、4 年、6 年内的消失率分别为 34%、50%和 60%。[②] 企业寿命的不确定性会增强投资者对于投资回收的担忧，从而在投放资金时更加谨慎。

2. 企业和资金提供者之间的信息不对称

信息不对称是经济生活中普遍存在的现象。非对称信息的存在则不仅可能导致创业者的道德风险行为(Jensen & Meckling，1976)，[③]如采取比投资协议约定风险更大的策略或工作不努力等，而且还会导致严重的逆向选择问题(Myers & Majluf，1984；Stiglitz & Weiss，1981)。[④]

融资过程中企业和资金提供者之间的信息不对称主要表现在以下三方面。

(1) 创业者处于信息优势。创业融资中的信息不对称表现为创业者比投资者对创业活动的创意、技术、商业模式、自身能力、团队素质、产品或服务、企业的创新能力和市场前景等的了解多于投资者，从而处于信息优势，投资者则处于信息劣势。

(2) 创业者倾向于对创业信息进行保密。创业者在融资时，出于担心商业机密泄露的考虑，往往倾向于保护自己的商业机密及其开发方法，特别是进入门槛低的行业的创业者更是如此。这样，创业者对创业信息的隐藏会增加投资者对信息甄别的时间和成本，使其在有限信息的条件下难以判断项目优劣，进而影响其投资决策。

(3) 创业企业的经营和财务信息具有非公开性。创业企业或者处于筹建期，或者开办时间较短，缺乏或只有较少的经营记录，企业规模一般也较小，经营活动透明度较差，财务信息具有非公开性，这些特征使得潜在投资者很难了解和把握创业者和创业企业的有关信息。

3. 资本市场欠发达

中国真正意义的资本市场是从 20 世纪 90 年代沪、深证券交易所的建立为标志的，经

---

① 李良智，查伟晨，钟运动. 创业管理学[M]. 北京：中国社会科学出版社，2007：137.

② 张玉利. 创业管理[M]. 北京：机械工业出版社，2011：101.

③ Jensen M C，Meckling W H. Theory of the firm：managerial behavior，agency costs and cwnership structure [J]. Journal of Financial Economic，1976，3(4)：305-360.

④ Myers S C，Majluf N S. Corporate financing and investment decisions when firms have information that investors do not have[J]. Journal of Financial of Economics，1984，13(2)：187-221；Stiglitz J E，Weiss A. Credit rationing in markets with imperfect information[J]. The American Economic Review，1981，71(3)：393-410.

过20多年的发展,已经成为国家经济调控和企业融资的重要场所。但是,与发达国家相比,中国的资本市场仍然不够完善,缺少擅长从事中小企业融资的金融机构和针对创业企业特点的融资产品,对企业上市的要求较高,产权交易市场不够发达,高素质的投资群体尚未形成,致使创业企业的融资受到一定限制。

(1) 中国缺少擅长从事中小企业融资业务的金融机构和针对创业企业特点的融资产品。和发达国家相比,中国的金融机构数目偏少,尤其是擅长从事中小企业融资业务的金融机构,加上现有金融机构创新能力不足,提供的针对中小企业特点的金融产品较少,可供创业企业选择的融资方式有限。

(2) 企业上市的要求较高,投入资本的退出渠道不畅。无论主板市场还是创业板市场,对企业上市的要求条件都较高,使得相当一部分企业无法满足上市条件,从而投入资本的退出渠道不畅,影响了风险投资等投资人对创业企业的投入。

(3) 产权交易市场不够发达,影响投入资本的回收。场外的产权交易是投入资本回收的重要方式,统一的产权市场有利于进行跨地区、跨行业的产权交易,相对低廉的交易成本会降低投资者回收投资的代价,使其通过产权交易的方式回收投资。但中国还没有形成全国统一的产权交易市场,产权交易成本比较高昂,加大了投资者回收投资的成本,使得其在进行投资时更加谨慎。

(4) 高素质的投资者群体尚未形成。由于中国市场经济发展的时间较短,普通大众的投资理念比较保守,尚未形成一个相对成熟的投资者群体,潜在投资者对行业的认识、直觉和经验等也相对缺乏,使得其在选择投资项目时更为谨慎。

4. 创业融资难的其他原因

与既有企业相比,创业企业在融资方面还具有明显劣势。

(1) 缺少相应的抵押和担保。企业创办初期一般来说规模较小,固定资产等有形资产价值偏低,有效的可供抵押的资产较少,抵押资产不足以及同外部的弱联系等,使创业企业缺少第三方担保,从而面临信贷约束(包括贷款申请被拒绝、不能获得足额贷款和由于担心遭拒而不去申请贷款)和信贷缺口(期望得到的贷款与实际获得的贷款之间的差额)。

(2) 单位融资成本较高。创业企业的融资规模偏小,使得投资方的融资成本较高,这不但表现在事前的资料调查和可行性分析过程中,而且表现在事后对投入资金的管理过程中。由于无论多大规模的投资,对于投资方来说必经的例行调查和事后的管理工作都不会减少,因此,当融资规模较小时,就会导致单位资金的成本升高。

(3) 资金的安全性难以评估。创业企业缺少以往可供参考的经营信息,使得投资者对于投入到企业的资金的安全性判断较为困难,从而限制了企业的资金筹集。

(4) 缺乏有经验的创业者。由于我国创业教育滞后(创业教育在中国开始普及的时间较晚,而且主要在高等学校开设),目前还比较缺乏有经验的创业者,加上国内支持创业的基础设施还不够健全,也使得创业融资的难度加大。

(5) 创业者的人力资本定价困难。企业家人力资本市场无法为白手起家的创业者所拥有的人力资本质量提供权威参考,进一步加大了投资者面临的交易成本(包括考察成本、监督成本、沉没成本等),从而使创业融资难上加难。

 扩展阅读　**基于创业者主导的创业融资**

创业者以及创业者所代表的创业团队是创业活动的组织者和执行者，创业者的意志力或者意图是推进创业活动的催化剂（Bird，1988；Bygrave & Hofer，1991）。创业企业的生存主要依靠创业者主导并以创业者为主，创业者在融资决策上的重要影响主要发生在早期（蒂蒙斯，2002），其作为中心签约人主导了初期的融资安排（杨其静，2005）。特别是创业者作为所有者和经营者身份的混合，使其个人因素强烈影响了其融资行为（田晓霞，2004），突出的表现主要有：创业企业的风险与创业者个人的风险很少分离（Ang，James，Floyd，1995）；在财务上，创业企业和创业者的家庭经常是纠缠在一起的（Haynes & Rosemary，1996）；如果未采用有限责任的公司制形式注册，创业企业的债务就是创业者个人的负债，所以借款给创业企业相当于借款给创业者个人（Berkowitz & Michelle，1999）。因而创业企业的融资行为更多地与创业者个人相融合，创业者个人对融资的影响基于创业企业自身，"人们总是被归入根据可观察的特征确定的各种类型中"（薛求知等，2003）。创业者以其明显的包括性别、种族、民族和学历等人口特征表现了更强的融资差异，男性、非少数民族和有良好教育背景的人相对容易获得（外部）资金。具体是指：女性创业者同男性创业者相比很少使用外来资金、从家庭和朋友借款的可能性较大，获得的贷款需要支付较高的利率，而且其所创办的企业若属于服务类可能更需要担保（Coleman，2000），在银行业集中的市场中能够获得优惠（Cavalluzzo & Linda，1998）；美国存在较大的种族歧视，白人相对容易获得资金（Blandflower，Philip，David，1999）。

创业者主导的创业融资行为与创业者个人或团队拥有或控制资源的程度相关。因此，创业者的融资能力、创业导向及其创业者的社会网络会影响到融资成功的可能性。

资料来源：苗淑娟，李雪灵. 创业企业融资行为分析[J]. 工业技术经济，2007(3)：130，131，149.

5.1.3 创业融资过程

创业融资不只是一个技术问题，而且还是一个社会问题。创业者需要熟悉创业融资过程，以顺利筹集资金。一般来说，创业融资过程包括以下五个方面的内容。

1. 做好融资前的准备

尽管创业企业融资较为困难，但创业融资却是创业企业顺利成长的关键。因此，创业者一定要在融资之前做好充分的准备工作：对融资过程有一定了解，建立和经营个人信用，积累自己的人脉资源，学习估算创业所需资金的方法，知晓了解融资渠道的途径，熟悉商业计划书的结构和编写策略，提高自己的谈判技巧等，以提高融资成功的概率。

积累人脉资源、创业所需资金的计算、融资渠道和商业计划书等内容，在其他章节会详细介绍，这里只强调个人信用的重要性。

个人信用指的是基于信任、通过一定的协议或契约提供给自然人及其家庭的信用，使得接受信用的个人不用付现就可以获得商品或服务。它不仅包括用作个人或家庭消费用途的信用交易，也包括用作个人投资、创业以及生产经营的信用。个人信用记录包括以下四个方面的内容：一是个人基本身份信息，包括姓名、婚姻及家庭成员状况、收入状况、职业；学历等；二是信用记录，包括信用卡及消费信贷的还款记录，商业银行的个人贷款及偿还记录；三是社会公共信息记录，包括个人纳税、参加社会保险、通信缴费、公用事业缴费以及个人财产状况及变动等记录；四是特别记录，包括有可能影响个人信用状况的涉及民事、刑事、行政诉讼和行政处罚的特别记录。本章开篇引导案例中的主人公塔巴尔在高中毕业后就办了信用卡，开始建立自己的信用。在中国，通过信用卡的方式建立信用也是有效积累个人信用的主要方式。

市场经济是一种信用经济，信用对国家、社会、个人都是一种非常重要的资源，信用在创业融资过程中起着很重要的作用。无论是从何种渠道筹集资金，投资者都会比较关注创业者个人的信用状况。因此，为保证融资的顺利进行，创业者应尽早建立起良好的个人信用记录，例如做一个信用卡的诚信持卡人，同时注意在日常生活中按时缴纳各项税费，遵纪守法，保持良好的个人信用记录。

2. 计算创业所需资金

创业者必须明白，企业所使用的资金都是具有一定成本的。这并不是说，筹集的资金越少越好，因为任何一家顺利经营的企业都需要基本的周转资金，如果筹集的资金不足以支持企业的日常运转，则企业会面临资金断流，进而导致破产清算；但这也不意味着筹集的资金越多越好，很多创业企业都是在开始的时候被一下子获得的大笔资金"撑死的"，何况，资金都是具有成本的，如果在资金使用过程中不能够创造出高于其成本的收益，创业企业就会发生亏损。因此，创业者在筹集资金之前，要能够运用科学的方法，准确地估算资金需求数量。

3. 编写创业计划书

创业企业对资金的需求，需要通盘考虑企业创办和发展的方方面面，要对企业有全面筹划。编写创业计划书是一种很好的对未来企业进行规划的方式，在创业计划书中，创业者需要估计未来可能的销售状况，为实现销售需要配备的资源，并进而计算出所需要的资金数额。

一般来说，创业计划书应包括分析和确定创业机会和内容，说明创业者计划利用这一机会发展新的产品或服务所要采取的方法，分析和确定企业能否成功的关键因素，以及确定实现创业所需要的资源以及取得这些资源的方法等四大方面的内容。

4. 确定融资来源

确定了创业企业需要的资金数额之后，创业者需要进一步了解可以利用的筹集渠道、不同筹资渠道的优缺点、创业企业自身的特征、创业企业所处的生命周期阶段等，根据筹资机会的大小，以及创业者对企业未来的所有权规划，充分权衡利弊，确定所要采用的融资来源。

5. 展开融资谈判

选定所拟采取的融资渠道之后，创业者就需要和潜在的投资者进行融资谈判。要提高谈判获胜的概率，要求投资者首先对自己的创业项目非常熟悉，充满信心，并对潜在投资者可能提出的问题做出猜想，事先准备相应的答案。另外，在谈判时，要抓住时机陈述重点，做到条理清晰；如果可能的话，向有经验的人士进行咨询，会提高谈判成功的概率。

5.1.4 创业融资中常见的问题

了解创业者在创业融资时经常发生的错误,有利于创业者减少融资过程中的失误,合理规避融资陷阱。

1. 高估价值、低估风险

创业者尤其是高技术创业者往往会高估其技术或者创意的价值,对技术转化过程中的风险考虑不足,从而对创业所需资金估计不足。如视美乐公司创办之前,王科和邱虹云所做的资金预算只有20多万元,徐中加入后,考虑到项目产业化运作的需要,于是将所需资金调为250万元。[①] 同时,创业者对风险的忽视和与作为"理性经济人"的投资者[②]的风险预期相违,难以使"逐利"的投资者慷慨解囊。

2. 急于大笔融资

创业者在制定创业计划时,出于对自己专业知识或技术的自信,往往有些好大喜功、好高骛远,缺少一种脚踏实地的精神。"超乎寻常"的发展规划一般都需要大笔资金的支持,加上创业者一劳永逸的态度,经常希望一次获得所需的大笔资金,而不是采用"步步为营"的方式,通过企业经营逐步积累。

3. 只接洽有限的投资者

有些创业者在进行外部股权融资时,缺乏必要的信息和渠道,始终只找有限的几个投资者,这样的结果往往是:一方面,创业者不知道企业真正的市场价格;另一方面,一旦这些投资者不投资,创业者就会不知所措,难以筹集所需资金。

4. 缺乏系统考虑

与第三种情况相反,很多缺乏经验的创业者会没有选择地去寻找很多外部投资者,既不了解这些投资者的投资理念、投资领域,也不知道投资者的资金是否充足,更不知道投资者除了资金投入外,是否能够给企业带来其他价值,这样做不但耗费创业者大量精力,也可能会由于未能及时融集资金影响企业自身业务的发展。

5. 过于精打细算

很多创业者在进行股权融资时会"精打细算",过于拘泥于局部小利益,从而错失融资机会和企业发展良机。因为对大部分创业企业来说,资金缺乏往往是制约企业快速成长的关键因素,商机更是"机不可失,时不再来"的。第1章提到的刘博文案例就是由于过于精打细算丧失创业良机的典型案例。

6. 失去企业控制权

大量学生的创业案例显示,在创业早期由于创业团队的股权被过分稀释,因而使团队失去对企业的控制权,并由此给企业发展后劲带来严重问题。这是因为创业企业在创业早期发展阶段,对于创业团队的依赖非常严重,尤其是核心创业者的能力。

---

① 百度百科,http://baike.baidu.com/view/2172784.htm.

② 这里的投资者是广义的概念,既包括股权资本投资者,也包括债权资本投资者。本章以下关于投资者的界定均采用广义的概念。

创业实例　**假设王志东与丁磊一样保守，故事会重新书写**

丁磊在股权控制上比较保守，创业之初的网易为其个人全资拥有，创业伙伴并未拥有股权。直到谋划上市，重新搭建公司架构之时，丁磊才开始向外转让股份。除了向风险投资机构转让外，他先后几次向包括高管在内的公司员工转让了数量不等的股权，尽管如此，他仍持有50%以上的网易股份，处于绝对控股地位。在2001年由于涉嫌财务造假风波，丁磊不再担任具体管理职务，只保留了首席架构设计师的头衔，但在公司发展战略规划上，依然保持着一定的影响力。

王志东则在创立新浪之初便引入了风险投资，此后又经历多次融资，在新浪上市之后，其个人所持股份仅为6%左右。2001年6月，在网络泡沫破裂之后，王志东由于与华尔街资本大鳄的意见分歧，从新浪黯然离职，与其在资本层面没有实质性控制力有重要关系。假设他在股权控制上与丁磊一样保守，故事就会重新书写。

资料来源 techweb. http://www.techweb.com.cn/news/2005-09-23/22466_1.shtml.

5.2　创业所需资金的计算

日本创业家中田修说：有钱谁都会创业，关键在于没有钱如何创业。

没钱创业，恐怕是大多数创业者的困扰。要在没钱的情况下创业成功，需要创业者了解创业所需资金的分类，并能够较为准确地估算出创业所需资金，做好创业融资的准备工作。

据美国1981—1985年间的统计资料，平均每个新兴高科技企业在其创始的最初5年之内，大约需要200万～1 000万美元的启动资金，10年之后，这个数字又增长了一倍。因此，筹集创业所需资金是这些企业的创业者的必修课之一。

5.2.1　创业资金的分类

创业资金按照不同的标准可以进行不同分类，对于创业资金不同种类的认识有利于创业者在估算创业资金时充分考虑可能的资金需求。

1. 按照资金占用形态和流动性分类

按照资金的占用形态和流动性，可以分为流动资金和非流动资金。占用在原材料、在制品、库存商品等流动资产，以及用于支付工资和各种日常支出的资金，被称为流动资金；用于购买机器设备、建造房屋建筑物、购置无形资产等的资金，被称为非流动资金。

流动资金的流动性较好，极易使用和变现，一般可在一个营业周期内收回或耗用，属于短期资金的范畴。创业者在估算创业资金需求时需考虑其持续投入的特性，选择短期筹资的方式筹集相应资金。非流动资金占用的期限较长，不能在短期内回收，具有长期资金的性质，能够在一年以上的经营过程中给企业带来经济利益的流入。创业者在进行创业资金估算时，往往将其作为一次性的资金需求对待，采用长期筹资的方式筹集相应资金。

2. 按照资金投入企业时间分类

按照资金投入企业的时间，可分为投资资金和营运资金。投资资金发生在企业开业之前，是企业在筹办期间发生各种支出所需要的资金。投资资金包括企业在筹建期间为取得原材料、库存商品等流动资产投入的流动资金；购建房屋建筑物、机器设备等固定资产，购买或研发专利权、商标权、版权等无形资产投入的非流动资金；在筹建期间发生的人员工资、办公费、培训费、差旅费、印刷费、注册登记费、营业执照费、市场调查费、咨询费和技术资料费等开办费用所需资金。**营运资金是从企业开始经营之日起到企业能够做到资金收支平衡为止的期间内，企业发生各种支出所需要的资金，是投资者在开业后需要继续向企业追加投入的资金。企业从开始经营到能够做到资金收支平衡为止的期间叫作营运前期。营运前期的资金投入一般主要是流动资金，既包括投资在流动资产上的资金，也包括用于日常开支的费用性支出所需资金。**

创业企业开办之初，企业的产品或服务很难在短期内得到消费者的认同，企业的市场份额较小且不稳定，难以在企业开业之时就形成一定规模的销售额；而且，在商业信用极其发达的今天，很多企业会采用商业信用的方式开展销售和采购业务。赊销业务的存在，使企业实现的销售收入的一部分无法在当期收到现金，从而使现金流入并不像预测的销售收入一样多。规模较小且不稳定的销售额，以及赊销导致的应收款项的存在，往往使销售过程中形成的现金流入在企业开业后相当长的一段时间内，无法满足日常的生产经营需要，从而要求创业者追加对企业的投资，形成大量的营运资金。

营运前期的时间跨度往往依企业的性质而不同：一般来说，贸易类企业可能会短于一个月；制造企业则包括从开始生产之日到销售收入到账这段时间，可能要持续几个月甚至几年；不同的服务类企业其营运前期的时间会有所不同，可能会短于一年，也可能会比一年更长。

在很多行业，营运资金的资金需求远远大于投资资金的资金需求。对营运资金重要性的认识，有利于创业者充分估计创业所需资金的数量，从而及时、足额筹集资金。

5.2.2 投资资金的测算

如上所述，投资资金包括创业企业开业之前的流动资金投入、非流动资金投入，以及开办费用所需要的资金投入。一般来说，在估算投资资金时，大部分创业者均能想到购置厂房、设备及材料等的支出，以及员工的工资支出、广告费，但常常会忽略诸如机器设备安装费用、厂房装饰装修费用、创业者的工资支出、业务开拓费、营业税费等开业前可能发生的其他大额支出。因此，**采用表格的形式，将投资资金的项目予以固定化，是合理估算创业资金的有效方法。**表 5-1 是投资资金估算常用的表格。

表 5-1 投资资金估算表

单位：元

行次	项　目	数量	金额
1	房屋、建筑物及装饰装修		
2	设备及其安装		
3	办公家具		
4	办公用品		
5	员工工资		
6	创业者工资		
7	业务开拓费		
8	房屋租金		
9	存货的购置支出		
10	广告费		
11	水电费		
12	电话费		
13	保险费		
14	设备维护费		
15	软件费		
16	开办费		
17	……		
n			
$\sum$	合　计		

表 5-1 中有关项目的内容说明如下。

表格中第 1～3 行投资资金的支出属于**非流动资金支出，一般在计算创业资金时作为一次性资金需求予以考虑**。其中，房屋、建筑物的支出包括厂房的装饰装修费用。若企业拟在租赁的房屋中办公，则将相应的支出填写在第 8 行房屋租金中，而且应关注房租的支付形式。房屋租金可能采用押一付三的方式支付，也可能采用押一付一的方式，但基本上都是采用先付租金的形式，这样房屋租金的支出起码应相当于 4 个月或 2 个月的租金数额；若房租支付采用按半年付费或按年付费的方式，则房屋租金的支出会更多。机器设备的支出包括机器设备的购置费用和安装调试费用，而且应考虑安装调试的时间对企业生产经营的影响。

表格中第 4～15 行投资资金的支出属于**流动资金支出，在计算创业资金时需要考虑其持续性投入问题**，这将在下文估算营运资金时讲到。创业者在估算投资资金时，一定不要忽略其自身的工资支出、业务开拓费、营业税费、设备维护费等项目。第 15 行的软件费为按期支付的软件使用费；若是购买软件所有权的费用且单独计价、金额较高，则属于无形资产投资，可作为一次性资金需求考虑。

表格中的第 16 行是创业企业的开办费用。**开办费用是企业自筹建之日起，到开始生产、经营（包括试生产、试营业）之日止的期间（即筹建期间）内发生的费用支出**。包括筹建期间人员的工资、办公费、培训费、差旅费、印刷费、注册登记费以及不计入固定资产和无形资产等购建成本的汇兑损益和利息支出。**开办费用的发生不形成特定资产，企业可以在开始经营之日的当年一次性从利润中扣除，也可以在一定的期间内分期摊销计入不同期间的利润之中**。不同行业所需要的开办费用不同，如高科技行业筹建期间员工的工资和人员的培训费可能较高,有较高进入门槛的行业筹建期可能较长等。

最后,不同行业所需要的资本支出不同。创业者应通过市场调查,将本行业所需的资本支出项目予以补充,填写在第 17 行及以下相应的表格中,并在最后一行计算所需要的投资资金的合计数。如果创业项目需要特定技术,则要支付购买技术的费用,若采用加盟的方式创业,则需要支付加盟费用。

需要说明的是,创业者在估算投资资金时,一方面要尽可能考虑所需要的各种支出,避免漏掉一些必需的项目,以充分估算资金需求;另一方面,由于创业资金筹集的困难性及创业初期资金需求的迫切性,创业者应想方设法节省开支,减少投资资金的花费,如采用租赁厂房、采购二手设备等方法节约资金。

扩展阅读 **初创企业如何节省开支**

舍尔·霍洛维茨是一位节约型企业经营方面的专家,曾著有《草根营销:在喧闹世界里赢得瞩目》。他给初创企业的建议是坚持不懈地为企业经营节约资金。而要实现节约资金,有以下 5 种简单方法。

(1) 购买二手设备。很少有企业真正需要崭新昂贵的家具、档案柜或者其他设备,创业者可以通过二手家具店、企业资产拍卖商,甚至是网站上的帖子,来购买二手办公家具设备,节省大量资金。

(2) 节省办公室租金。虽然不是每个企业都能从车库或者餐桌上起步,但是除非必要,特别是你的客户并不经常拜访的情况下,不必租用昂贵的场地。

(3) 根据经营需要寻求帮助。如果你找到了真正懂行的人,用咨询的方式聘请他们服务几小时,应该是不错的主意。这样你既可以获得自己需要的建议,又不用支付全职薪水。

(4) 以物易物。鲍勃经营了一家 Pizza 店,他在重新装修时通过某易货机构采购了广告服务。他估计,每年交易价值约 20 000 美元的食品和服务,平均每年节约 4 000 美元。

(5) 坚持节约型经营。明智的企业在采购时通常会"货比三家",因为节省下来的每一分钱,都可以重新放到公司当中成为投资。这样可以推动增长,带来更多机会,使现金流有更大的灵活性。

资料来源:中国经营报,2012 年 9 月 24 日第 69 版。http://dianzibao.cb.com.cn/html/2012-09/24/content_21189.htm? div=-1.

5.2.3 营运资金的测算

营运资金主要是流动资金,是新创企业开始经营后到企业取得收支平衡前,创业者需要继续投入企业的资金。**营运资金的估算需要根据企业未来的销售收入、成本和利润情况来确定,通过财务预测的方式实现。**

1. 测算新创企业的营业收入

营业收入是指企业在从事销售商品、提供劳务和让渡资产使用权等日常经营业务过程中所形成的经济利益的总流入。对新创企业营业收入的测算是制定财务计划与编制预计财务报表的基础，也是估算营运资金的第一步。在进行营业收入测算时，创业者应立足于对市场的研究和对行业营业状况的分析，根据其试销经验和市场调查资料，综合利用推销人员意见、专家咨询、时间序列分析等方法，以预测的业务量和市场售价为基础估计每个会计期间[①]的营业收入。创业者可通过表 5-2 来进行营业收入的预测。

表 5-2　营业收入预测　　单位：元

项	目	1	2	3	4	5	6	7	……	合计
产品一	销售数量									
	平均单价									
	销售收入									
产品二	销售数量									
	平均单价									
	销售收入									
…	……									
合计	销售收入									

2. 编制预计利润表

利润表是用来反映企业在某一会计期间经营成果的财务报表。该表是根据“收入－费用＝利润”的会计等式，按营业利润、利润总额、净利润的顺序编制而成的，是一个时期动态的报表。创业者在编制预计利润表时，应根据测算营业收入时预计的业务量对营业成本进行测算；根据拟采用的营销组合对销售费用进行测算；根据市场调查阶段确定的业务规模和企业战略，对新创企业经营过程中可能发生的管理费用进行测算；根据预计采用的融资渠道和相应的融资成本对财务费用进行测算；根据行业的税费标准对可能发生的营业税费进行测算，以此计算新创企业每个会计期间的预计利润。预计成本和预计利润表的格式分别如表 5-3 和表 5-4 所示。

表 5-3　营业成本预测　　单位：元

项	目	1	2	3	4	5	6	7	……	合计
产品一	销售数量									
	单位成本									
	销售成本									
产品二	销售数量									
	单位成本									
	销售成本									
…	……									
合计	销售成本									

① 会计期间是为了会计核算的需要，人为将企业持续不断的生产经营过程，划分成相等的时间单位。会计期间分为月份、季度、半年度、年度等。

表 5-4　预计利润表　　单位：元

项　　目	1	2	3	4	5	6	7	……	n
一、营业收入									
减：营业成本									
营业税金及附加									
销售费用									
管理费用									
财务费用									
二、营业利润（损失以“—”号填列）									
加：营业外收入									
减：营业外支出									
三、利润总额（损失以“—”号填列）									
减：所得税费用									
四、净利润（损失以“—”号填列）									

单位成本根据创业企业存货的计价办法确定，可以采用先进先出法、移动加权平均法、月末一次加权平均法等方法对销售产品的成本进行计量。[①]

由于新创企业在起步阶段业务量不稳定，在市场上名不见经传，营业收入和推动营业收入增长所付出的成本之间一般不成比例变化，所以，对于新创企业初期营业收入、营业成本和各项费用的估算应按月进行，并按期预估企业的利润状况。一般来说，**在企业实现收支平衡之前，企业的利润表均应按月编制；达到收支平衡之后，可以按季、按半年或者按年度来编制。**

3. 编制预计资产负债表

资产负债表是总括反映企业在某一特定日期全部资产、负债和所有者权益状况的报表。资产负债表是根据“资产＝负债＋所有者权益”这一会计基本等式，依照流动资产和非流动资产、流动负债和非流动负债大类列示，并按照一定要求编制的一张时点的、静态的会计报表。创业者在编制预计资产负债表时，应根据测算的营业收入金额和企业的信用政策确定在营业收入中回收的货币资金及形成的应收款项；根据材料或产品的进、销、存情况确定存货状况；根据投资资本估算时确定的非流动资金数额和选择采用的折旧政策计算固定资产的期末价值；根据行业状况和企业拟采用的信用政策计算确定应付款项；根据估算的收入和行业税费比例测算应交税费；根据预计利润表中的利润金额确定每期的所有者权益，并可据此确定需要的外部筹资数额。预计资产负债表的格式如表 5-5 所示。

---

① 先进先出法指按照“先入库的产品先发出”的原则对销售产品的成本进行计算；一次加权平均法指在月末计算一次产品的加权平均成本[（期初库存产品总成本＋本月入库产品总成本）/（期初库存产品数量＋本月入库产品数量）]，用该成本乘以本月销售产品数量来计算本月销售成本的方法；移动加权平均法是在每一次发出产品之前都要计算一次加权平均单价，以计算的加权平均单价乘以本次销售数量计算发出产品成本的方法。

表 5-5 预计资产负债表 编制单位：元

项　　目	1	2	3	4	5	6	7	……	N
一、流动资产									
货币资金									
应收款项									
存货									
其他流动资产									
流动资产合计									
二、非流动资产									
固定资产									
无形资产									
非流动资产合计									
资产合计									
三、流动负债									
短期借款									
应付款项									
应交税费									
其他应付款									
流动负债合计									
四、非流动负债									
长期借款									
其他非流动负债									
非流动负债合计									
负债合计									
五、所有者权益									
实收资本									
资本公积									
留存收益									
负债和所有者权益合计									
六、外部筹资额									

与预计利润表相同的道理，一般来说，**预计资产负债表在企业实现收支平衡之前也应该按月编制，在实现收支平衡之后可以按季、按半年或按年编制。**

企业在经营过程中增加的留存收益是资金的一种来源方式，属于内部融资的范畴。留存收益取决于企业当期实现的利润和利润留存的比率。一般来说，初创期的企业为筹集企业发展需要的资金，利润分配率会很低，甚至为零。于是，企业实现利润的大部分都能够留存下来，构成企业资金来源的一个部分。① 当留存收益增加的资金无法满足企业经营发展所需时，需要从外部融集资金。外部融资额＝资产合计－负债和所有者权益合计。

① 如微软公司自1975年成立，1986年上市以来，虽然持续高速发展，但在长达26年的时间里从未向股东支付过现金股利。另外，戴尔、英特尔、康柏、太阳微系统等公司在高速成长期内的现金股利支付率也为零。朱武祥.企业融资决策与资本结构管理[J].证券市场导报，1999(12)。

扩展阅读　帮助创业者估算创业启动资金的途径

(1) 同行。管理咨询集团(Management Analysis Group,西雅图一家低成本运作的咨询公司)的老板斯蒂芬·贝茨(Stephen Bates)介绍道,“经营和你类似业务的企业家,是计算创业初期运营成本的最佳信息来源”。你未来的竞争对手可能不想帮助你,但是只要不在同一区域,他们都是非常乐意帮忙的。

(2) 供应商。供应商也是一个研究创业成本不错的信息来源。洛杉矶南加州大学格雷夫创业中心(Greif Entrepreneurship Center)的凯瑟琳·艾伦(Kathleen Allen)教授说:“创业者可以给直接供应商打电话,告诉他因为你打算创业,所以想了解某个行业的费用。他们通常都非常乐意帮助,因为他们也想从你身上寻找生意机会。”

然而艾伦也警告大家不要过分相信初次接触的供应商,她建议“做些比较,你会发现创业成本会有很大的差异”。要向供应商询问设备租赁、大量购买的折扣额、信用条件、启动的库存量以及可能降低前期成本的其他选择。

(3) 行业商会。艾伦说,“与同行和贸易商一样,商会是一个非常好的信息来源,因为你可以直接与特定的市场打交道”。根据不同的行业,商会可以提供启动费用明细和财务报表的样本、行业内相关的企业家和供应商名单、市场调研的数据和其他有用的信息。供应商的行业商会也是较可靠的信息来源。

(4) 退休企业高管。在美国,由小企业协会赞助的SCORE(美国退休经理人服务公司)也是对创业非常有价值的资源。除了出版创业的相关刊物,SCORE还可以为创业者推荐非常有经验的退休企业家,指导创业者完成公司启动的整个过程,并建议使用创业者可能忽视的资源,当然创业者需要自己进行实际操作。

除了提供顾问指导服务外,SCORE还提供便捷的网络服务,为全美用户提供超过12 400位创业辅导员。弗莱德·托马斯(Fred Thomas)是SCORE前任总裁,也是佛蒙特州SCORE塞特福德中心的一名辅导员。据他介绍,“无论你想要一位拥有销售、餐饮、特许经营,还是其他任何经验的辅导员,只要输入详细说明,就能得到拥有相应资格的辅导员名单。”

(5) 创业指南。创业者可以从一些独立的出版社和商会获得创业启动指南。这些指南,尤其是信誉卓著的行业指南是研究创业启动资金的有利资源。要确保指南没有过时,也要记得不同地区的费用会相差很大。在阅读的过程中,注意那些能帮你降低启动成本的小提示。

(6) 连锁加盟机构。如果你想购买特许经营权,特许经营权拥有者会给你启动费用的相关数据。然而,不要把这些数据当作绝对值,因为费用会因为地区不同有所变化。贝茨建议,“要通过自己的努力来检验特许经营权拥有者的结论是否正确”。创业者可以给现有的特许经营商打电话,询问他们实际的启动费用是否符合特许经营权拥有者的预测值。

(7) 创业相关文章。报纸和杂志的文章很少会为一个特定地区的特定业务逐项列出创业所需的费用。然而,创业相关的文章可以让你大致估算所需的启动成本,并帮助你列出需要调查的费用清单、经常使用可靠的信息来源,而且可查阅相关的行业杂志,了解供应商信息、行业所需成本和最新行业动态。

(8) 创业顾问。一个合格的创业顾问可以提供关于启动资金的相关建议，甚至为创业者做很多调查，也可以帮创业者将自己的调查变成有用的财务预测和具体方案。

但是聘用专家需要费用。如果创业者决定要与顾问合作，尽量要找熟悉自己所处行业的有创业经验和实际运营经验的人。

单一的途径并不能帮助创业者了解具体创业成本的所有信息。尽量通过不断努力研究估算启动资金，创业者最终会预算出创业成本。艾伦建议使用"三角测量"的步骤，也就是对于每项费用，从三个不同途径获取三个数字，然后权衡3个数字，最后得出一个你认为正确的数字。

科学细致的调研可以帮助创业者验证其创业想法是否实际可行，并且为创业者提供建议，从而提升创业成功的概率。只有创业者完成了创业启动成本估算，并且根据这个数据制作出相应的商业计划，才能说创业者已经为创业准备好了一切。

在中国，中国青年创业国际计划 YBC(Youth Business China)是瀛公益基金会旗下的一个动员社会各界，特别是工商界力量为青年创业提供咨询以及资金、技术、网络支持，帮助青年成功创业的项目。该项目是由中国共产主义青年团中央、全国青年联合会发起的国际合作项目，参考总部在英国的青年创业国际计划(Youth Business International)扶助青年创业的模式，为青年创业提供支持和帮助。

资料来源：应届毕业生求职网，http://chuangye.yjbys.com/zhidao/ruhechuangye/442567.html；YBC官方网站，http://www.ybc.org.cn/home/ybcintro.jsp.

5.3 创业融资渠道

融资渠道是指企业筹集资本来源的方向与通道，体现资本的源泉和流量。融资渠道主要由社会资本的提供者及数量分布决定。目前，中国社会资本的提供者众多，数量分布广泛，为创业企业融资提供了广泛的资本来源。了解融资渠道的种类、特点和适用性，有利于创业者充分利用和开拓融资渠道，实现各种融资渠道的合理组合，有效筹集所需资金。

5.3.1 私人资本融资

私人资本包括创业者个人积蓄、亲友资金、天使投资等。

据世界银行所属的国际金融公司(IFC)对北京、成都、顺德和温州四个地区的私营企业的调查，我国私营中小企业在初始创业阶段几乎完全依靠自筹资金。其中，90%以上的初始资金是由主要的业主、创业团队成员及家庭提供的，银行和其他金融机构贷款所占的比例很小，私人资本在创业融资中具有不可替代的作用。《大学生就业蓝皮书》主要撰写方麦克思公司 2009 年 8 月 11 日发布的调查报告显示：2008 届本科大学毕业生的创业资金 82%来自于个人和家庭的资金。

美国《公司》杂志调查的美国前 500 成长最快企业的创业资金来源也得到了类似的数据，如图 5-1 所示。

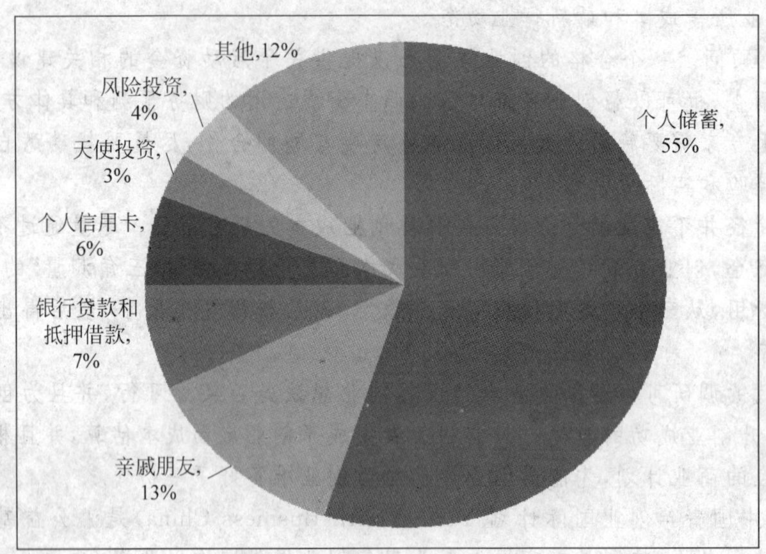

图 5-1 500 成长最快企业的创业资金来源

资料来源：阿玛尔·毕海德：新企业的起源与演进[M]. 魏如山，等，译. 北京：中国人民大学出版社，2004.

1. 个人积蓄

尽管有些创业者没有动用个人资金就办起了新企业，但这种情况非常少见。这不仅因为从资金成本或企业控制权的角度来说，个人资金成本最为低廉，而且还因为创业者在试图引入外部资金时，外部投资者一般都要求企业必须有创业者的个人资金投入其中。所以，个人积蓄是创业融资最根本的渠道，**几乎所有的创业者都向他们新创办的企业投入了个人积蓄**。

个人积蓄的投入对于创业企业来说具有非常重要的意义：首先，创业者个人积蓄的投入，表明了创业者对于项目前景的看法，只有当创业者对未来的项目充满信心时，他才会毫无保留地向企业中投入自己的积蓄；其次，将个人积蓄投入企业，是创业者日后继续向企业投入时间和精力的保证，投入企业的积蓄越多，创业者越会在日后的生产经营过程中对企业更加关注；再次，个人积蓄的投入是对债权人债权的保障，由于在企业破产清算时，债权人的权益先于投资者的权益得到清偿，所以，企业能够融到的债务资金一般以投资者的投入为限，创业者投入企业的初始资金是对债权人债权的基本保障；最后，个人积蓄的投入有利于创业者分享投资成功的喜悦。因此，准备创业的人，应从自我做起，较早地将自己收入的一部分储蓄起来，作为创业储备资金。

创业者可以通过转让部分股权的方式从合伙人那里取得创业资金，创办合伙企业。或通过公开或私募股权的方式，从更多的投资者那里获得创业资金，成立公司制企业。**将个人合伙人或个人股东纳入自己的创业团队，利用团队成员的个人积蓄是创业者最常用的筹资方式之一**。

就中国现状而言，家庭作为市场经济的三大主体之一，在创业中起到重要的支持作用。以家庭为中心，形成的亲缘、地缘、商缘等为经纬的社会网络关系，对包括创业融资在内的许多创业活动产生重要影响，因此，**创业者及其团队成员的家庭储蓄一般归入个人积**

蓄的范畴。

对许多创业者来说，个人积蓄的投入虽然是新企业融资的一种途径，但并不是根本性的解决方案。一般来说，创业者的个人积蓄对于新创企业而言，总是十分有限的，特别是对于新创办的大规模企业或资本密集型的企业来说，几乎是杯水车薪。

2. 亲友资金

对于新创企业来说，除了个人积蓄之外，身边亲朋好友的资金是最常见的资金来源。亲朋好友由于与创业者个人的关系而愿意向创业企业投入资金，因此，亲友资金是创业者经常采用的融资方式之一。

在向亲友融资时，创业者必须要用现代市场经济的游戏规则、契约原则和法律形式来规范融资行为，保障各方利益，减少不必要的纠纷。第一，创业者一定要明确所融集资金的性质，据此确定彼此的权利和义务。若融集的资金属于亲友对企业的投资，则属于股权融资的范畴；若融集的资金属于亲友借给创业者或创业企业的，则属于债权融资。由于股权资本自身的特性，创业者对于亲友投入的资金只需承诺其享有的所有者权益比例，都不用承诺日后的分红比例和具体的分红时间，但对于从亲友处借入的款项，一定要明确约定借款的利率和具体的还款时间。第二，无论是借款还是投资款项，创业者最好能够通过书面的方式将事情确定下来，以避免将来发生纠纷。

除此之外，创业者还要在向亲友融资之前，仔细考虑这一行为对亲友关系的影响，尤其是创业失败后的艰难困苦。要将日后可能产生的有利和不利方面告诉亲友，尤其是创业风险，以便将来出现问题时将对亲友的不利影响降到最低。

创业实例　　**北京东方爱婴中心的融资**

北京东方爱婴中心是一个通过向亲朋好友融资而创办企业的典型案例。东方爱婴的创始人贾军，原来在一家著名的风险投资机构任职，一个偶然的机会让她产生了创业的念头：创办一家高档幼儿教育超市。就是像超市一样，把婴幼儿教育服务项目打包组合，放在爱婴中心的平台上供需要的家庭自主选择。在当时，中国 0～3 岁婴幼儿教育的高档消费市场是一片空白，因此，贾军经分析后认为这是一个前途无限的市场，于是她毅然辞职创办了这家企业。创业之初，家里的存折、朋友的钱包成了她主要的融资对象，她先后通过这种方式筹集了 70 万元的资金投入到企业，创办了今天的东方爱婴。

资料来源：付鹏. 创业综合培训教材，177.

扩展阅读　　**民 间 借 贷**

向亲戚朋友借钱作为初始资金投入，是许多创业者的起点。

过去民间借贷的范围比较小，主要用于生活临时资金急需，如结婚、建房等，是老百姓自助互助的一种形式。而现在成为投资融资的重要形式，不仅工业、商业，就连办学校、办医院，也会采取向民间募资的办法，综合性的温州大学大部分的股份都来自民间，其最大股东的投资额是 5 000 万元。有关人士表示，如果没有民间借贷，温州的桥头纽扣市场、柳市的低压电器市场等十大专业市场，根本就不可能发展壮大。一项统计表明，温州中小企业共有16.7万家，60%的资金来源靠民间借款，台州地区的民间融资甚至占企业资金总数的50%左右。

很多人做生意、创业，首先会想到的就是向朋友借钱。民间借贷，尤其是其中的向亲朋借贷，其实是成本最高的一种融资方式，却很少有人会想到。成本表现在三个方面，一是开口向亲戚朋友借钱，无论借到或借不到，都可能会引起亲朋的反感，可能以后老远见到你就会绕着走。为什么？因为害怕你再开口向他借钱，借与不借都不合适。不借，得罪你；借，害怕收不回来，所以干脆躲开你，这是一种成本。二是向亲戚朋友借到钱去做生意搞事业，事业一旦成功，你给对方多少回报合适？你给的高，自己所得就少，而且你给的越高，对方只会认为你赚得越多，所以，他总是嫌少，不满意；你给的少，或者干脆就给个本钱，对方意见就会更大，因为他会想，他的钱存银行至少会有一些利息，还不担风险，因此他更不满意。一般情况下，我们总是按我们所能承受的限额给，这样，就意味着资金使用成本的提高。三是万一事业失败，你可能只向你的亲戚朋友中的一个人借了钱，消息却会迅速传遍所有的亲友，因为在中国，每个人的亲友圈子基本都是一个封闭的圈子。封闭圈子最大的特点就是信息传播快。你其实只是借了其中一个人的钱没还，或者一时还不上，但是很可能会引起所有人的警惕，以后都不想再借钱给你。亲友圈子是人一生中最宝贵的软资源，这个资源一旦遭到破坏，就难以重新构建，你的"生存环境"将被严重毒化，这种成本的付出才是最为可怕的。而据统计，中国创业者首次创业的成功率不到30%，五年存活率只有5%～10%，后果相当严重。所以，除非万不得已，或者是对生意确有把握，否则，不要轻易向亲友借钱开创事业。

民间借贷的基础是信用。关于如何建立信任，曾国藩对家人有一个很好的交代，我们可以借鉴。曾国藩总是叮嘱他的家人在不需要借钱的时候向人借钱，每年都要借几次，然后按时还上。家人都很吃惊，说我们家里又不缺钱，而且以大人在朝中受器重的程度来看，也不可能家道中落，为什么要去向人借钱呢？曾国藩说正是因为如此，我才让你们不时地去向人家借点钱，因为你们这样想，人家也是这样想，万一家里出事，接济不上，需要借钱，人家都不会相信我们，自然也就借不到钱。如果我们在不需要借钱的时候就不时地向人家借钱，就会给别人留下一个印象，原来曾家也是经常要借钱的，这样的话，我们的面子虽然损失了一点，但是真正到了我们需要借钱的时候，人家就不会因为怀疑我们家不需要借钱，而不将钱借给我们，这是第一点。第二点，如果我们不时地向人家借点钱，然后又总是按约定及时将钱还给人家，这样就会在别人心目中形成一种我们曾家人有信用的印象，这样，人家才肯放心地把钱借给我们。作为一代枭雄，曾国藩为子孙后代深谋远虑，值得我们学习。记住那句老话："天晴不晒，下雨哪里会有收？"

资料来源：中国经济网，http://book.ce.cn/read/economy/bbwy/04/200607/06/t20060706_7630830.shtml.

3. 天使投资

天使投资(angel investor)指个人出资协助具有专门技术或独特概念而缺少自有资金的创业家进行创业，并承担创业中的高风险和享受创业成功后的高收益；或者说是自由投资者或非正式风险投资机构对原创项目构思或小型初创企业进行的前期投资，是一种非组织化的创业投资形式。

“天使投资”一词源于纽约百老汇，特指富人出资资助一些具有社会意义演出的公益行为。对于那些充满理想的演员来说，这些赞助者就像天使一样从天而降，使他们的美好理想变为现实。后来，天使投资被引申为一种对高风险、高收益的新兴企业的早期投资。**天使资本主要有三个来源：曾经的创业者、传统意义上的富翁、大型高科技公司或跨国公司的高级管理者**。在部分经济发展良好的国家中，政府也扮演了天使投资人的角色。

据威廉·韦策尔(William Wetzel)介绍，美国有超过25万个的天使投资者，其中有10万人在积极投资。他们每年为2万～3万家公司投资50亿～100亿美元。每次投资为2万～5万美元，其中有36%不到1万美元，有24%超过5万美元。这些投资者主要是美国自主创业造就的富翁，有扎实的商务和财务经验，大体在40～50岁，受过良好的教育，95%的人有学士学位，51%的人有硕士学位。获得硕士学位的人，44%现从事技术工作，35%在商业或经济领域。①

在中国，随着经济的发展，一部分富人在希望自己越来越富有的同时也在寻求挑战，开始充当天使投资者。由《创业家》杂志发起并主办的“最受尊敬的创业天使”评选活动，自2007年开创以来，到2010年已经连续举办4届。该评选旨在进一步推广“创业天使”的概念，发现并鼓励那些为中国创业者和创业企业的发展起推动作用、为中国创业环境营造良好氛围的机构和个人。2010年度共设立“年度最佳早期投资机构奖”、“年度最佳投资服务机构奖”、“年度最佳金融支持奖”、“最佳创业公益扶持奖”等十个奖项。“年度最佳天使投资人”由联想控股有限公司总裁柳传志和优视动景科技公司董事长雷军获得。②虽然中国的天使投资者近年有了较快增长，但和西方资本市场发达的国家相比，中国的天使投资依然没有太大起色。

你就是自己最大的天使，你身边的人就是你最大的天使，天使投资是熟人道德经济。③

5.3.2 机构融资

和私人资金相比，机构拥有的资金数量较大，挑选被投资对象的程序比较正规，**获得机构融资一般会提升企业的社会地位，给人以企业很正规的印象。**

机构融资的途径有银行贷款、非银行金融机构贷款、交易信贷和租赁、从其他企业融资等。

1. 银行贷款

2006年，孟加拉国格莱珉银行的创立者穆罕默德·尤努斯因以银行贷款的方式帮助穷人创业而获得诺贝尔和平奖。中国也有很多银行推出了支持个人创业的贷款产品。如2003年8月，中国银行、光大银行、广东发展银行、中信银行等金融机构相继推出“个人创业贷款”项目，而中国农业银行早在2002年9月就推出了《个人生产经营贷款管理办法》并一直在运行中。**比较适合创业者的银行贷款形式主要有抵押贷款和担保贷款两种**。缺乏经营历史从而也缺乏信用积累的创业者，难以获得银行的信用贷款。

---

① 王苏生，邓运盛. 创业金融学[M]. 北京，清华大学出版社，2006，229.

② 新浪财经，http://finance.sina.com.cn/forum/4thangel/.

③ 优米网图书项目组. 创业，名人说[M]. 北京：中国民主法制出版社，2011：32.

(1) 抵押贷款

抵押贷款指借款人以其所拥有的财产作抵押,作为获得银行贷款的担保。在抵押期间,借款人可以继续使用其用于抵押的财产。抵押贷款有以下几种:①不动产抵押贷款。不动产抵押贷款是指创业者可以土地、房屋等不动产作抵押,从银行获取贷款。②动产抵押贷款。动产抵押贷款是指创业者可以用机器设备、股票、债券、定期存单等银行承认的有价证券,以及金银珠宝首饰等动产作抵押,从银行获取贷款。③无形资产抵押贷款。无形资产抵押贷款是一种创新的抵押贷款形式,适用于拥有专利技术、专利产品的创业者,创业者可以用专利权、著作权等无形资产向银行作抵押或质押获取贷款。

(2) 担保贷款

担保贷款指借款方向银行提供符合法定条件的第三方保证人作为还款保证的借款方式。当借款方不能履约还款时,银行有权按照约定要求保证人履行或承担清偿贷款连带责任。其中较适合创业者的担保贷款形式有:①自然人担保贷款。自然人担保贷款是指经由自然人担保提供的贷款。可采取抵押、权利质押、抵押加保证三种方式。②专业担保公司担保贷款。目前各地有许多由政府或民间组织的专业担保公司,可以为包括初创企业在内的中小企业提供融资担保,如北京中关村担保公司、首创担保公司等。其他省市也有很多此类性质的担保机构为中小企业提供融资担保服务。这些担保机构大多属于公共服务性非营利性组织,创业者可以通过申请,由这些机构担保向银行借款。

(3) 信用卡透支贷款

创业者可以采用两种方式取得信用卡透支贷款。一种方式是信用卡取现,另一种方式是透支消费。

信用卡取现是银行为持卡人提供的小额现金贷款,在创业者急需资金时可以帮助其解决临时的融资困难。创业者可以持信用卡通过银行柜台或 ATM 提取现金灵活使用。透支取现的额度根据信用卡情况设定,不同银行的取现标准不同,最低的为不超过信用额度的 30%,最高的可以将信用额度的 100%都取出来。另外,除取现手续费外(各银行取现手续费不一),境内外透支取现还须支付利息,不享受免息待遇。

创业者还可以利用信用卡进行透支消费,购置企业急需的财产物资。

(4) 政府无偿贷款担保

根据国家及地方政府的有关规定,很多地方政府都为当地的创业人员提供无偿贷款担保。如上海、青岛、南昌、合肥等地的应届大学毕业生创业可享受无偿贷款担保的优惠政策,自主创业的大学生,向银行申请开业贷款的担保额度最高可为 100 万元,并享受贷款贴息;江苏省镇江市润州区创业农民可通过区农民创业担保基金中心,获取最高 5 万元贷款,并由政府为其无偿担保;湖南省各级财政安排一定的再就业资金,用于下岗失业人员小额贷款担保基金及贴息等四个方面;浙江省对持《再就业优惠证》的人员和城镇复员转业退役军人从事个体经营自筹资金不足的,由政府提供小额担保贷款。

(5) 中小企业间互助机构贷款

中小企业间的互助机构是指中小企业在向银行融通资金的过程中,根据合同约定,由依法设立的担保机构以保证的方式为债务人提供担保,在债务人不能依约履行债务时,由担保机构承担合同约定的偿还责任,从而保障银行债权实现的一种金融支持制度。信用担保可以为中小企业的创业和融资提供便利，分散金融机构的信贷风险，推进银企合作。

从20世纪20年代起，许多国家为支持中小企业发展，先后成立了为中小企业提供融资担保的信用机构。目前，全世界已有48%的国家和地区建立了中小企业信用担保体系。我国从1999年开始，已经形成了以中小企业信用担保为主体的担保业和多层次中小企业信用担保体系，各类担保机构资本金稳步增长。

(6) 其他贷款

创业者可以灵活地将个人消费贷款用于创业，如因创业需要购置沿街商业房，可以用拟购置房子作抵押，向银行申请商用房贷款；若创业需要购置轿车、卡车、客车、微型车等，还可以办理汽车消费贷款。除此之外，可供创业者选择的银行贷款方式还有托管担保贷款、项目开发贷款、出口创汇贷款、票据贴现贷款等。

尽管银行贷款需要创业者提供相关的抵押、担保或保证，对于白手起家的创业者来说条件有些苛刻，但如果创业者能够提供银行规定的资料以及合适的抵押，得到贷款并不困难。

扩展阅读

中国农业银行流动资金贷款

1. 产品定义

流动资金贷款是农业银行向企(事)业法人或国家规定可以作为借款人的其他组织发放的用于借款人日常生产经营周转的本外币贷款。

流动资金贷款按期限分为短期流动资金贷款和中期流动资金贷款；按照贷款使用方式分为一般流动资金贷款和可循环流动资金贷款。

2. 办理流程

(1) 提出书面申请。

(2) 提供如下资料。

① 注册登记或批准成立的有关文件及其最新有效的年检证明。

② 经年检的组织机构代码证，有效的税务登记证及近期的纳税证明，法定代表人身份有效证明或法定代表人授权的委托书。

③ 企(事)业章程或合资、合作的合同或协议，验资证明。

④ 人民银行核发经年检有效的贷款卡。

⑤ 公司章程对办理信贷业务有限制的，需提供章程要求的股东会或董事会决议或其他文件。

⑥ 近三年年度财务报告及最近一期财务报表，成立不足三年的，提交成立以来的年度财务报告及最近一期财务报表。农业银行认为有必要的，应提供经审计的财务报告。

⑦ 印鉴卡、法定代表人及授权代理人签字式样。

⑧ 采取担保方式的，还应提供担保相关资料。

⑨ 生产经营计划或购销合同等反映客户资金需求的凭证、资料，进出口批文及批准使用外汇的有效文件。

⑩ 其他资料。

资料来源：中国农业银行官方网站，http://www.abchina.com/cn/Businesses/financing/200909/t20090911_963.htm.

2. 非银行金融机构贷款

非银行金融机构指以发行股票和债券、接受信用委托、提供保险等形式筹集资金,并将所筹资金运用于长期性投资的金融机构。根据法律规定,非银行金融机构包括经银监会批准设立的信托公司、企业集团财务公司、金融租赁公司、汽车金融公司、货币经纪公司、境外非银行金融机构驻华代表处、农村和城市信用合作社、典当行、保险公司、小额贷款公司等机构。创业者还可以从这些非银行金融机构取得借款,筹集生产经营所需资金。

1) 保单质押贷款

保险公司为了提高竞争力,也为投保人提供保单质押贷款。保单质押贷款最高限额不超过保单保费积累的70%,贷款利率按同档次银行贷款利率计息。如中国人寿保险公司的"国寿千禧理财两全保险"就具有保单质押贷款的功能,只要投保人缴付保险费满2年,且保险期已满2年,就可以凭保单以书面形式向保险公司申请质押贷款。

2) 实物质押典当贷款

当前,有许多典当行推出了个人典当贷款业务。借款人只要将有较高价值的物品质押在典当行就能取得一定数额的贷款。典当费率尽管要高于银行同期贷款利率,但对急于筹集资金的创业者来说,不失为一个比较方便的筹资渠道。典当行的质押放款额一般是质押品价值的50%~80%。

3) 小额贷款公司

小额贷款公司是由自然人、企业法人与其他社会组织投资设立,不吸收公众存款,经营小额贷款业务的有限责任公司或股份有限公司,发放贷款坚持"小额、分散"的原则。小额贷款公司发放贷款时手续简单,办理便捷,当天申请基本当天就可放款,可以快速地解决新创企业的资金需求。截至2012年末,全国共有小额贷款公司7 839家,贷款余额达8 191亿元,小额贷款公司已经成为缓解小微企业融资难的新渠道。

3. 交易信贷和租赁

交易信贷指企业在正常的经营活动和商品交易中由于延期付款或预收货款所形成的企业间常见的信贷关系。企业在筹办期以及生产经营过程中,均可以通过商业信用的方式筹集部分资金。如企业在购置设备或原材料、商品过程中,可以通过延期付款的方式,在一定期间内免费使用供应商提供的部分资金;在销售商品或服务时采用预收账款的方式,免费使用客户的资金等。

创业者也可以通过融资租赁的方式筹集购置设备等长期性资产所急需的资金。融资租赁是指实质上转移与资产所有权有关的全部或绝大部分风险和报酬的租赁。资产的所有权最终可以转移,也可以不转移。融资租赁是集融资与融物、贸易与技术更新于一体的新型金融业务。由于其融资与融物相结合的特点,出现问题时租赁公司可以回收、处理租赁物,因而在办理融资时对企业资信和担保的要求不高,所以非常适合中小企业融资。此外,融资租赁属于表外融资,不体现在企业财务报表的负债项目中,不影响企业的资信状况,对需要多渠道融资的中小企业非常有利。据统计,西方发达国家25%的固定资产几乎都来自租赁。① 企业在筹建期,通过融资租赁的方式取得急需设备的使用权,解决部分

---

① 金玮. 我国中小企业融资路径探讨[J]. 当代经济,2012(上):125.

资金需求，获得相当于租赁资产全部价值的债务信用，一方面可以使企业按期开业，顺利开始生产经营活动；另一方面又可以解决创业初期资金紧张的局面，节约创业初期的资金支出，将用于购买设备的资金用于主营业务的经营，提高企业现金流量的创造能力。同时融资租赁分期付款的性质可以使企业保持较高的偿付能力，维持财务信誉。

4. 从其他企业融资

尽管在大多数情况下，企业是资金的需求者而不是提供者，但是对于不同行业的企业，或者在企业发展的不同时期，部分企业还是会有暂时的闲置资金可以对外提供，尤其是一些从事公用事业业务的企业，或者已经发展到成熟期的企业，其现金流一般会比较充足，甚至会有大量资金需要通过对外投资的方式实现较高收益。**对于有闲置资金的企业，创业者既可以吸收其资金作为股权资本，还可以向这些企业借款，形成债权资本。**

5.3.3 风险投资

风险投资(venture capital)也常被翻译为创业投资。其起源最早可追溯到15世纪的英国、葡萄牙和西班牙等西欧国家创建远洋贸易企业的时期。到19世纪的美国西部创业潮，“风险投资”一词开始在美国流行。

1. 风险投资的定义

世界上第一个成型的风险投资概念是由1973年美国创业投资协会成立时给出的定义。根据美国风险投资协会的定义，风险投资是指职业的金融家投入到新兴的、迅速发展的、有巨大竞争潜力的企业中的股权资本。经济合作发展组织的界定是“凡是以高技术与知识为基础，生产经营技术密集的高技术或服务的投资，均可视为风险投资”。在我国，对于风险投资尚未形成统一的看法，比较普遍的看法是：**风险投资是由专业机构提供的投资于极具增长潜力的创业企业并参与其管理的权益资本**。从定义上可以看出，中美关于风险投资的界定有所不同，其投资对象呈现一定的差别。这是因为中国是一个发展中国家，很多行业方兴未艾，所以传统行业如零售业、农业等，虽然技术含量不是很高，但拥有一个广阔的、快速发展的市场，使得这些传统行业的市场增长速度和回报率并不低于高科技行业，所以，中国的风险投资不仅投资高科技项目，也对传统领域，如教育、医疗保健这样的项目感兴趣。

2. 风险投资的特点

尽管到目前为止，关于风险资本的概念理论界尚无统一观点。但通过考察风险投资的起源及其在国际上的演变过程，可以发现风险投资支持创业或再创业的本质内涵却一直保持不变。风险投资的内涵主要表现在以下几个方面。

(1) 以股权方式投资。风险资本的投资对象是处于创业期的未上市新兴中小型企业，尤其是新兴高科技企业，常常采取渐进投资的方式，选择灵活的投资工具进行投资，在投资企业建立适应创业内所需要的“共担风险、共享收益”的机制。

(2) 积极参与所投资企业的创业过程。许多风险投资家本身也是经营老手，一般对其所投资的领域有丰富的经验，经常会积极参与投资企业的生产经营过程，弥补所投资企业在创业管理经验上的不足，同时控制创业投资的高风险。

(3) 以整个创业企业作为经营对象。风险投资不经营具体的产品,而是通过支持创建企业并在适当时机转让所持股权,获得未来资本增值的收益。与企业投资家相比,风险投资虽然对企业有部分介入,但其最终目的是监控而非独占,它们看重的是转让后的股权升值而非整体持有的百分比。

(4) 看重"人"的因素。风险投资家在进行项目选择时,更加看重"人"的因素。Opsware公司创始人安德森·霍洛维茨基金的联合创始人、硅谷知名的风险投资家霍洛维茨说:"风险投资家不仅看重创意,也重视人的因素,所以必须选择那些资质和名声达到一定水平的创业者。"

(5) 高风险、高收益。据统计,美国由风险投资所支持的企业,只有5%～10%的创业可获得成功,风险投资的高风险可见一斑,与此相对应的就是风险投资对被投资方高收益的预期。一位风险投资家一般会希望在5年内将其资金翻6倍,相当于每年的投资回报率大约为43.1%。[①]

(6) 是一种组合投资。风险投资的对象是处于创业时期的高新技术领域的中小企业,几乎没有盈利的历史可做参考,失败率也很高,因此,风险投资要取得高回报,必须实行组合投资的策略,投资一系列的项目群,坚持长期运作,通过将成功的项目出售或上市回收的价值来弥补其他失败项目的损失,并获得较高收益。

3. 风险投资选项的原则

风险投资对目标企业的考察较为严格,一般来说,其所接触的企业中,大约只有2%～4%能够最终获得融资。[②] 因此,创业者要提高获得风险投资的概率,需要了解风险投资项目选择的标准。

有人将风险投资选项的原则总结为创业投资的三大定律。[③] 第一定律:绝不选取含有超过两个以上风险因素的项目。对于创业投资项目的研究开发风险、产品风险、市场风险、管理风险、创业成长风险等,如果申请的项目具有两个或以上的风险因素,则风险投资一般不会予以考虑。第二定律:$V=P\cdot S\cdot E$。其中,V代表总的考核值,P代表产品或服务的市场大小,S代表产品或服务的独特性,E代表管理团队的素质。第三定律:投资V值最大的项目。在收益和风险相同的情况下,风险投资将首先选择那些总考核值最大的项目。

根据风险投资的潜规则,一般真正职业的风险资金是不希望控股的,只占30%左右的股权,他们更希望创业管理层能对企业拥有绝对的自主经营权。因此创业者在创业初期选择风险投资时要拿适量的钱,以便未来在企业需要进一步融资时,不至于稀释更多的股份而丧失对企业的控制权。[④]

前面提到的天使投资也是广义的风险投资的一种,但狭义的风险投资主要指机构投资者。

---

① [澳]史小龙,邵原[M]. 最后一堂执行课. 上海:上海远东出版社,139.

② 王苏生,邓运盛. 创业金融学[M]. 北京:清华大学出版社,2006:225.

③ 熊永生,刘健. 创业资本运营实务[M]. 成都:西南财经大学出版社,2006:13,14.

④ 赵旭. 新视点:VC更看重创业团队[J]. 科技创业,2009(4):80.

4. 风险投资在中国的发展

风险投资在中国虽然起步较晚，但发展却很迅速。2005 年是风险投资抢滩中国的第一年，各地的风险投资纷纷在中国开展业务；2006 年海外风险资本继续坚定中国战略，2006 年全年新筹集的风险资本中，超过一半的风险资本来源于海外，所占比例高达 65.1%，由外资主导的投资额超过 109.29 亿元，占总投资额的 76.1%；2007 年完成募集的风险资本以及风险投资规模均比 2006 年增长超过了 200%；从 2008 年起，由于受到全球金融危机的影响，我国风险投资机构趋于谨慎，进入调整期；2009 年到 2011 年这段时期，投资重新变动，非常活跃；到 2013 年中国创业投资市场投资事件较上年同比增长 54.78%，投资金额也有较大幅度增长。

对于创业者来说，如果所创企业符合风险投资家的项目选择标准，则风险资本是一种比较好的融资方式。通过风险资本不但可以筹集资金，还可以得到风险投资家们专业的帮助和指导。

5. 创业者寻求风险投资的步骤

一般来说，创业者寻求风险投资需要经过以下 10 个步骤，如图 5-2 所示。

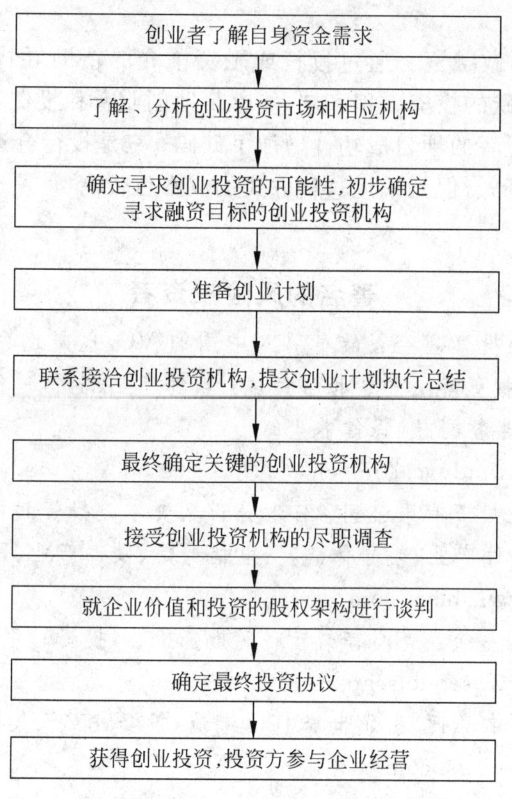

图 5-2　创业者寻求创业投资的步骤

6. 创业者获得风险投资的渠道

创业者获得风险投资的渠道主要有以下几种：给投资人发邮件，参加行业会议或者创业训练营，请朋友帮忙介绍以及聘用投行帮助做融资。

(1) 给投资人发邮件。想获得风险投资最简单的方法就是给投资人发邮件。一般的风险投资都有自己的网站,上面公布有自己的邮箱,创业者可以将自己的创业想法或者商业计划书发到公开的邮箱中,期待能够得到投资者的关注,并最终获得投资。采用这种方式的成本最低,但效率也最低;虽然风险投资者会关注到投到邮箱的邮件,但是那些递交给投资机构的商业计划书,成功融资的只有1%。

(2) 参加相关行业的会议或者创业训练营。这些场合会有很多投资人,创业者可以利用茶歇或者休息的时间尽可能接触较多的风险投资者,或者接触自己感兴趣的投资者。这种方式的优点是在短时间内能够见到很多投资者,但由于时间短,不一定有机会认识或结识他们。另外,这种场合对创业者的说服能力要求较高。

(3) 请朋友帮忙介绍。如果有朋友做过融资,或者已经得到风险投资,可以请他们帮忙介绍。这种方式较前两者成功的概率稍大,毕竟接受过风险投资并且取得经营成功的人的介绍本身就是一种名片,投资者可以借由介绍人的介绍对创业者或创业项目有一定了解,通过对介绍人的了解对创业者给予初步的肯定。但是,这种方式接触的面可能较窄,朋友认识的投资者可能并不是我们需要的类型,而真正适合的人未必是朋友认识的人。

(4) 聘用投行帮助做融资。通过投行或融资中介的帮助寻找风险投资的成功率较高,一是它们对中国活跃的投资人很了解,能够帮助创业者和投资者进行沟通;二是信誉高的投行本身就为创业者的项目成功性增加了砝码;三是投行会运用自己的经验帮助创业者挑选更合适的投资人,但是采用这种方式的成本也较高。

扩展阅读

著名的风险投资者

(1) IDG技术创业投资基金:最早引入中国的VC,也是迄今国内投资案例最多的VC,成功投资过腾讯、搜狐等公司。投资领域:软件产业、电信通信、信息电子、半导体芯片、IT服务、网络设施生物科技、保健养生。

网址:http://www.idgvc.com.cn

(2) 软银中国创业投资有限公司:日本孙正义资本。投资过阿里巴巴、盛大等公司。投资领域:IT服务、软件产业、半导体芯片、电信通信、硬件产业、网络产业。

网址:http://www.sbcvc.com

(3) 红杉资本中国基金:美国著名互联网投资机构,投资过甲骨文、思科等公司。

网址:http://www.sequoiacap.com

(4) 高盛亚洲:著名券商,引领世界IPO潮流,投资过双汇集团等。

网址:http://www.gs.com

(5) 摩根士丹利:世界著名财团,投资过蒙牛等公司。

网址:http://www.morganstanley.com

(6) 美国华平投资集团:投资过哈药集团、国美电器等公司。

网址:http://www.warburgpincus.com

(7) 鼎晖资本:投资过南孚电池、蒙牛等企业。

网址：http://www.cdhfund.com

(8) 联想投资有限公司：国内著名资本。投资领域：软件产业、IT服务、半导体芯片、网络设施、网络产业、电信通信。

网址：http://www.legendcapital.com.cn

(9) 浙江浙商创业投资股份有限公司：投资领域为电子信息、环保、医药化工、新能源、文化教育、生物科技、新媒体等行业及传统行业中产生重大变革的优秀中小型企业。

网址：http://www.zsvc.com.cn

更多关于中国风险投资的信息，请参考风险投资网，网址：http://www.vcinchina.com/

创业实例　广东久邦数码科技有限公司融资记

广州久邦公司的两位创办人邓裕强和张向东曾是北京大学信息管理系的同班同学。大学毕业后的邓裕强回到广东，因为在编程方面的突出才能，很顺利地成为东莞电信部门的一员，并且创办了一家为互联网提供内容服务的SP公司。这家公司为邓裕强带来了不错的收入，有时月收入达10万元以上。而张向东毕业后，则进入广东的一家杂志社当了一名编辑。

2003年，邓裕强感觉做SP已经没有太大的前途，由于竞争太激烈，他将目光瞄向了无线上网和无线增值服务。当年9月，他又开立了一家新公司。这时，大学时代的好朋友张向东亦厌倦了传媒人的生活，投奔而来。

邓裕强做事很细致，在他和张向东成立久邦科技以后，一直过了半年多时间，直到2004年3月16日，邓裕强觉得万事俱备，他们的"3G门户网站"才正式宣布开张。两个人的目标都很宏伟，想做国内最大的一个无线互联网门户网站。另外，想做国内最出色的无线互联网服务运营商。

然而，他们的钱实在太少，根本不足以支撑他们雄心勃勃的创业计划。两个人只能在广州石牌西的一个简陋的商住两用楼里租两间屋子办公。在公司成立后很长的一段时间里，只能靠邓裕强原来创立的那家SP公司产生的现金流维持公司运转。

于是，在媒体领域工作过的张向东将目标瞄准了风险投资，并动用了在媒体工作时结识的一些朋友，为他介绍关系，但是所有的风险投资商几乎都不愿听完他们的介绍，一听到只是那么小的一家公司，无一例外都将脸转了过去，没有人对他们感兴趣。那时几乎没有人看好他们的生意，大家共同的结论就是"烧包"，等着看他们失败的下场。邓裕强和张向东只好勉强将他们的"3G门户网站"维持下去。

两人在赔本赚吆喝的同时也获得了许多意外的快乐。他们的"3G门户网站"免费向用户提供新闻阅读、图片下载、铃声下载、手机游戏下载、手机电子图书下载，这和其他网站现在到处都要钱的做法迥然不同。在邓裕强和张向东的"3G门户网站"上，一切都是免费的。他们还在网站上为用户建了庞大的虚拟社区，用户可以在这个移动的模拟世界里聊天交友，请客吃饭，甚至结婚生子。

不循常规的营销带来了意想不到的结果。有一天，两个人突然发现他们的"3G门户网站"同时在线的人数超过了10 000人。而一年后，他们的"3G门户网"已经成为继中国移动和中国联通国内两大电信运营商站点外最大的一家无线互联门户网站，其注册用户已经接近200万人，而且还在以每天超过万人的速度增长。而据估计，整个国内，活跃的移动互联网用户不超过800万人。2004年在有关机构主办的"中国移动互联网第一次大型调查"中，邓裕强和张向东的"3G门户网"成了国内"最受欢迎的WAP网站"。

就在两个人沉迷于自娱自乐，不再想着怎么赚钱，怎么融资，能撑一天是一天，撑不下去再说的时候，风险投资商却不请自来。先是一两个，然后越来越多，最后IDG出面了。

IDG来自美国，是国内目前最活跃，同时也是经验最丰富，对项目最为挑剔的风险投资商之一。坐下来谈了20多分钟，邓裕强和张向东把自己的想法以及网站目前的情况介绍了一下，并特别声明网站目前尚未盈利，暂时亦无盈利计划。他们也没有提交商业计划书，没有提交任何书面文件，更没有做出任何承诺，会谈就结束了。然而，两个人刚回到公司，就接到IDG的电话，说下午公司有两位负责人想到他们的公司看一看。当天下午，IDG的两位负责人来到久邦公司，随身带着一台可以上网的手机，问他们的网站能提供什么样的服务。他们一边说，IDG的两位负责人就一边试，试完了，又与两个人简单谈了几句。2004年12月30日，IDG与久邦签订了投资协议。随后钱就投了过来，这是IDG对广州久邦的第一笔投资，金额为人民币1 000多万元。而且IDG表示邓裕强和张向东如随时需要钱，IDG愿意随时增加投资，金额可以由他们定。

想起这些事，邓裕强和张向东至今都觉得好像在做梦。在他们日思夜想寻找投资，千方百计追求风险投资商的时候，那些风险投资商连正眼也不愿看他们一眼。当他们放弃追逐，对风险投资不再抱希望的时候，风险投资商却争先恐后地挤上门来。他们不太明白，现在的风险投资商们是怎么了?

其实，要解答邓裕强和张向东心里的疑问很容易，那就是风险投资在中国已经转向了。

近些年，随着中国经济的进步，经济形势的好转，风险投资在中国重新活跃起来。不过，它们的选项标准和多年前有所不同，那就是不打无准备之仗，不投无根基之项目，很少在创业者项目启动阶段即行介入，而往往是在创业者项目已经做了一段时间，项目经过市场检验，被证明非常有前途之后，风险投资才会积极介入。有时为了争抢一个好项目，即使纡尊降贵也在所不惜。邓裕强和张向东的久邦公司碰到的就是这样一种情况。换句话说，现在的风险投资，基本只做成长期投资，已甚少做种子期投资。风险投资看中的是"3G门户网站"巨大的且仍在不断增长中的用户流量，这种用户流量预示着某种盈利潜质。否则，它们是不会轻易打开钱包的。所以，现在如果还想挟着一个皮包，里面搁上一纸商业计划书，或者仅仅只是脑子里带着一个绝妙的"创意"，就想获得风险投资商的大笔风险投资，基本上是不太可能的事。有些朋友不了解风险投资的这种变化，仍旧在幻想着空手套白狼，或者听信某些不良中介，以为在项目毫无基础的情况下，凭着自己的好项目和中介的三寸不烂之舌就可以为自己获得风险投资，只能是白白浪费时间。一些朋友甚至为此付出不菲的中介费，使自己本就不多的创业资金更加捉襟见肘，雪上加霜。

对于某些正在寻找风险投资的创业者来说，如果你真的认为自己的项目是一个好项目，真的对自己的项目有信心，那不妨先将项目做起来。如果情况真的如你所预料的那样，到时候即使你不去找风险投资，风险投资也会来找你。与其徒劳无功地在那里张望，眼巴巴盼着天上掉馅饼，不如先静下心来，踏踏实实做些事情，引风险投资主动上门。行动胜于言语，这样成功的把握会更大一些。下围棋的人都讲势，投资、融资亦讲"势"。顺势而为，可以事半功倍，逆势而作，很可能徒劳无功。现在，风险投资的"势"就是这样：投成长性而不投可能性，我们为什么不顺势而为？

资料来源：中国经济网，http://book.ce.cn/read/economy/bbwy/04/200607/06/t20060706_7630849.shtml.

5.3.4 政府扶持基金

创业者可以利用政府扶持政策，从政府方面获得融资支持。

政府的资金支持是中小企业资金来源的一个重要组成部分。综合世界各国的情况，政府的资金支持一般占中小企业外来资金的10%左右，资金支持方式主要包括税收优惠、财政补贴、贷款援助、风险投资和开辟直接融资渠道等。①

随着我国经济实力的增强，政府对创业的支持力度无论从产业的覆盖面还是从政府对创业者的支持额度都有了很大进展，由政府提供的扶持基金也在逐步增加。如专门针对科技型企业的科技型中小企业技术创新基金，专门为中小企业"走出去"准备的中小企业国际市场开拓资金等，还有众多的地方性优惠政策等。创业者应善于利用相关政策的扶持，以达到事半功倍的效果。

1. 再就业小额担保贷款

根据中发[2002]12号文件精神，为帮助下岗失业人员自谋职业、自主创业和组织起来就业，对于诚实守信、有劳动能力和就业愿望的下岗失业人员，针对他们在创业过程中缺乏启动资金和信用担保，难以获得银行贷款的实际困难，由政府设立再担保基金。通过再就业担保机构承诺担保，可向银行申请专项再就业小额贷款。该政策从2003年初起陆续在全国推行，并不断扩大小额担保贷款的范围，目前再就业小额担保贷款的适用范围包括：年龄在指定范围内（一般为60岁以内，地方政策可能有所不同），有创业愿望和劳动能力，诚实守信，有《下岗证》或者《再就业优惠证》的国企、城镇企业下岗职工；退役军人；农民工；外出务工返乡创业人员；吸纳下岗失业人员达到地方规定的小企业、合伙经营实体或劳动密集型企业；大中（技）专毕业生；残疾人员；失地农民等符合条件的人员。

2. 科技型中小企业技术创新基金

科技型中小企业技术创新基金是于1999年经国务院批准设立的，为扶持、促进科技型中小企业技术创新，用于支持科技型中小企业技术创新项目的政府专项基金，由科技部科技型中小企业技术创新基金管理中心实施。创新基金重点支持产业化初期（种子期和初创期）、技术含量高、市场前景好、风险较大、商业性资金进入尚不具备条件、最需要由政府支持的科技型中小企业项目，并将为其进入产业化扩张和商业性资本的介入起到铺垫和引导作用。创新基金以创新和产业化为宗旨，以市场为导向，上联"863"、"攻关"等国家指令性研究发展计划和科技人员的创新成果，下接"火炬"等高技术产业化指导性计划和商业性创业投资者。根据中小企业和项目的不同特点，创新基金通过无偿拨款、贷款贴息

① 陈乐优整理．中小企业融资它山之石[J]．财会通讯（综合），2008(10)：20.

和资本金投入等方式扶持和引导科技型中小企业的技术创新活动，促进科技成果的转化。①

3. 中小企业国际市场开拓资金

中小企业国际市场开拓资金是由中央财政和地方财政共同安排的专门用于支持中小企业开拓国际市场的专项资金。市场开拓资金用于支持中小企业和为中小企业服务的企业、社会团体和事业单位（以下简称"项目组织单位"）组织中小企业开拓国际市场的活动。该资金的主要支持内容包括：举办或参加境外展览会；质量管理体系、环境管理体系、软件出口企业和各类产品的认证；国际市场宣传推介；开拓新兴市场；组织培训与研讨会；境外投（议）标等方面。市场开拓资金支持比例原则上不超过支持项目所需金额的50％，对西部地区的中小企业以及符合条件的市场开拓活动，支持比例可提高到70％。②

4. 天使基金

政府有关部门和社会各界有识之士还纷纷出资，设立了鼓励和帮助大学生自主创业、灵活就业的一些天使基金。如北京青年科技创业投资基金由北京科技风险投资股份有限公司出资设立，与中国共产主义青年团北京市委、北京市青年联合会和北京市工商局共同管理的一项基金。其特点之一是以个人为投资主体，孵化科技项目的快速成长，凡在电子信息产业、新材料、生物医药工程及生命科学领域拥有新技术成果，45岁以下的自然人均可申请创投基金，资金投资区域为北京地区。

5. 其他基金

科技部的"863计划"（http://www.863.gov.cn/）、"火炬计划"（http://program.most.gov.cn/）等，连同科技型中小企业技术创新基金一起，每年都有数十亿资金用于科技型中小企业的研发、技术创新和成果转化；财政部设有利用高新技术更新改造项目贴息基金，国家重点新产品补助基金；国家发展和改革委员会设有产业技术进步资金资助计划、节能产品贴息项目计划；工业和信息化部设有电子信息产业发展基金（http://www.itfund.gov.cn/）等。③

各省市等为支持当地创业型经济的发展，也纷纷出台政策，支持创业。主要有人力资源和社会保障部设立的开业贷款担保政策、小企业担保基金专项贷款、中小企业贷款信用担保、开业贷款担保、大学生科技创业基金等。

创业者应结合自身情况，利用好相关政策，获得更多的政府基金支持，降低融资成本。

扩展阅读

政府财政支持

1. 为什么大学生创业较少利用国家支持政策？

浙江万里学院的周洁、谢冰沁等7名同学从2008年12月开始，在两个多月的时间里，通过发放问卷、实地调研等方式对浙江大学、浙江工商大学、宁波大学、浙江万里学院、

① 创新基金网站，http://www.innofund.gov.cn/innofile/se_02.asp.

② 中小企业国际市场开拓资金网站，http://smeimdf.mofcom.gov.cn/.

③ 杜耀华.中小企业如何获取政府财政支持[J].现代乡镇，2003(9)：43.

绍兴文理学院、浙江金融职业技术学校等近20所高校的大学生自主创业情况展开了调查，发放问卷1 000余份，回收有效问卷680份，其中约10%的受访者是往届毕业生。

对于一个刚刚跨出大学校门的学生来说，既没有社会经验又没有经济来源，他们如何解决创业资金问题呢？在接受调查的680名学生中，有5%的人选择向政府部门申请资金，57%的人选择银行借贷，14.6%的人选择向父母及亲朋好友借，14%的人选择吸引风险投资，9.4%的人选择自己积累。政府出台如此多的优惠政策，为什么考虑申请的人却那么少呢？调查发现，有33%的人表示不了解政府支持大学生自主创业的相关政策和优惠条件，43%的人表示仅限于听说，20%的人表示一般了解，只有4%的人表示十分了解。同学们得出一个结论：对于政府出台的各种政策如何做到更好地让学生了解是其存在的问题之一。

资料来源：中青在线教育新闻中心 http://edu.cyol.com/content/2009-02/11/content_2535746.htm.

2. 如何更好地利用政府政策

主要经过以下步骤。

(1) 学会与政府打交道。作为一个创业者，不仅要能够抓技术开发，抓产品市场，还要会抓融资，学会与政府打交道。

(2) 认真学习。创业者要认真学习政府的有关产业政策和扶持政策，了解哪些产业是政府的扶持对象、有什么具体的规定、申请需要提交的材料和程序等。可以通过以下途径去学习和了解：通过政府各部门的网站；通过直接到政府主管部门与有关人员交谈；通过行业协会以及协会举办的一些活动和讲座；通过专家、专业人士及中介机构等。

(3) 做好申请准备工作。包括填写相应表格，对自己的创业项目进行针对性评估等，尤其是企业的核心技术、发展潜力、无形资产等方面的价值，以便符合支持政策的要求。

(4) 按规定程序申请。在这个过程中，申请材料必须准备充分，把企业的内在价值尽可能反映出来；同时，要主动与有关政府主管部门的人员接触、沟通，使他们对创业者及其企业的基本情况，特别是管理团队有较深了解，建立起必要的公共关系和信用关系。

资料来源：杜耀华[J]. 中小企业如何获取政府财政支持[J]. 现代乡镇，2003(9)：43.

5.3.5 知识产权融资

知识产权融资也是创业者值得关注的融资方式，在国内外已有诸多成功案例。**知识产权融资可以采用知识产权作价入股、知识产权抵押贷款、知识产权信托、知识产权证券化等方式。**

1. 知识产权作价入股

2006年1月1日实施的《公司法》第27条规定："股东可以用货币出资，也可以用实物、知识产权、土地使用权等可以用货币估价并可以依法转让的非货币财产作价出资。"允许知识产权入股，明确了"专利技术作为生产要素"的原则。很多地市也出台了相应政策，如上海市工商行政管理局在2006年印发了《知识产权投资入股登记办法》，浙江省在2008年初出台了《知识产权投资入股登记办法》等。用知识产权入股，首先需要对知识产权的价值进行评估，然后知识产权人依据设立公司的合同和章程到知识产权局办理专利权转移于被投资公司的登记和公告手续，工商登记机关凭知识产权转移的手续确定以知识产权入股的股东完成股东投资义务的履行。

2. 知识产权质押贷款

知识产权质押贷款是指以合法拥有的专利权、商标权、著作权中的财产权，经评估后向银行申请融资，是商业银行积极探索的中小企业融资途径。2006 年全国首例知识产权质押融资贷款在北京诞生。2008 年国家知识产权局确定了知识产权质押融资的试点城市；很多地市出台了质押贷款管理办法，如浙江在 2009 年 1 月 20 日出台《浙江省专利权质押贷款管理办法》，为金融机构、企业操作知识产权质押提供了规范指引；2009 年 9 月和 11 月，广州市知识产权局、武汉市知识产权局分别和有关银行签署了促进知识产权质押融资的合作协议；2010 年财政部、工业和信息化部、中国银行业监督管理委员会、国家知识产权局、国家工商行政管理总局、国家版权局共同发布了《关于加强知识产权质押融资与评估管理，支持中小企业发展的意见》通知，进一步推进了知识产权质押融资工作的开展。

知识产权质押融资可以采用以下三种形式：质押——知识产权质押作为贷款的唯一担保形式；质押加保证——以知识产权质押作为主要担保形式，以第三方连带责任保证（担保公司）作为补充组合担保；质押加其他抵押担保——以知识产权作为主要担保形式，以房产、设备等固定资产抵押，或个人连带责任保证等其他担保方式作为补充担保的组合担保形式。

知识产权质押贷款仅限于借款人在生产经营过程中的正常资金需求，贷款期限一般为 1 年，最长不超过 3 年；贷款额度一般控制在 1 000 万元以内，最高达 5 000 万元；贷款利率采用风险定价机制，原则上在中国人民银行基准利率基础上按不低于 10%的比例上浮；发明专利的质押率最高为 40%，实用新型专利最高为 30%，驰名商标最高为 40%，普通商标最高为 30%；质物要求投放市场至少 1 年以上；还款方式根据企业的现金流情况采取灵活多样的还款方式。

3. 知识产权信托

知识产权信托是以知识产权为标的的信托，知识产权权利人为了使自己所拥有的知识产权产业化、商品化，将知识产权转移给信托投资公司，由其代为经营管理，知识产权权利人获取收益的一种法律关系。依据知识产权的类型，结合我国目前已有的信托案例，当前的知识产权信托包括专利信托、商标信托、版权信托等方式。在美国、欧洲、日本等国家或地区知识产权信托已广泛用于电影拍摄、动画片制作等短期需要大量资金的行业的资金筹措。流动资金少的文化产业公司，在投入制作时，可与银行、信托公司签订信托构思阶段新作品著作权的合同，银行或信托公司向投资方介绍新作品的构思、方案，并向投资方出售作品未来部分销售收益的“信托收益权”，制作公司等则以筹集到的资金再投入新作品的创作。

2000 年 9 月，武汉市专利管理局、武汉国际信托投资公司联合策划、构架的“专利信托”在武汉市首先推出，推动了金融资本与无形资本有机结合，引起国内外投资界、企业界的广泛关注。但目前为止，知识产权信托在我国的发展状况并不理想，还需要在立法完善和政策支持上多加关注。

4. 知识产权证券化

知识产权资产证券化是发起人将能够产生可预见的稳定现金流的知识产权，通过一定的金融工具安排，对其中风险与收益要素进行分离与重组，进而转换成为在金融市场上可以出售的流通证券的过程。知识产权资产证券化的参与主体包括发起人(原始权益人)、特设载体(SPV)、投资者、受托管理人、服务机构、信用评级机构、信用增强机构、流动性提供机构。近几年，美国、英国、日本等国家的知识产权资产证券化发展迅速。在美国，知识产权资产证券化的对象资产已经非常广泛，从电子游戏、音乐、电影、娱乐、演艺、主题公园等与文化产业关联的知识产权，到时装设计的品牌、最新医药产品的专利、半导体芯片，甚至专利诉讼的胜诉金，几乎所有的知识产权都已经成为证券化的对象。在日本，产业省早在2002年就声明要对信息技术和生物等领域企业拥有的专利权实行证券化，成功地对光学专利实行了资产证券化。

2004年，国务院颁布《关于推进资本市场改革开放和稳定发展的若干意见》，强调指出应"建立以市场为主导的品种创新机制，研究开发与股票和债券相关的新品种及其衍生产品，加大风险较低的固定收益类证券产品的开发力度，为投资者提供储蓄替代型证券投资品种，积极探索并开发资产证券化品种"。该政策文件为知识产权资产证券化在我国的探索发展提供了政策支持。

扩展阅读

国外的知识产权融资

美国的金融体制以市场化的民间金融机构为主要融资来源，政府并没有发展知识产权融资项目的计划，只是由美国中小企业管理局(SBA)为中小企业提供保证，但民间成立的中小企业投资公司(Small Business Investment Corporations，SBIC)则对创业投资或高科技业者直接投资。政府的金融机构只在知识产权抵押贷款、知识产权信托和知识产权证券化的过程中，根据自己的判断，提供适当的信用支持。20世纪80年代，美国的证券化金融创新十分活跃，带动了知识产权证券化事业的发展。现在，大型影片的拍摄往往会利用证券化的方式来筹措资金。

2001年，日本政府成立了知识产权评价研究会、知识产权市场流通分析委员会等5个委员会，系统研究了"知识产权立国"的各项主要方面。2002年，日本政府发布了"知识产权国家战略大纲"，积极推进知识产权的创造、保护和产业化。其中，建立完善有效的知识产权融资体系是重要的部分。以往，日本政府也利用政府系的金融机构，对高科技产业投资，或对高科技产业投融资提供担保或信用支持。现在，日本民间金融界已经开始发展知识产权抵押贷款、知识产权信托和知识产权证券化，为拥有知识产权的中小企业筹集资金。日本政策投资银行(国有专业银行)更是率先开办了知识产权抵押贷款，协同部分民间银行，共同开展知识产权融资。

韩国政府为发展新兴产业，以非市场的政府资源设立各种融资机构，直接投资或间接融资于高科技产业。韩国的KOTEC也对以知识产权做抵押而发行的抵押债权证券(Collateralized Bond Obligation，CBO)提供信用保证。韩国的融资保证机制在以上三种机制中最完整、提供服务最多。往往一个政府机构，如KOTEC，即可提供发展产业所需的各项机制要素，包括融资、融资保证、技术评价、知识产权交易服务和知识产权管理服务等。

美、日、韩三国在发展融资和融资机制过程中，均已形成了知识产权评价行业。特别是美国，围绕知识产权产业化的周边服务较为发达，建立了相对完善的知识产权管理和技术托管等服务体系。

资料来源：姜瑶英．以知识产权融资促进知识成果产业化[J]．中国青年科技杂志，2007(1)：62-65.

创业实例 融资方式选择

2000年郑海涛带着自筹的100万元资金，在中关村创办以生产数字电子设备为主的北京数码视讯科技有限公司。成立之初，郑海涛即将全部资金投入到研发。不料，2001年互联网泡沫破灭，融资形势急转直下，100万元资金很快用光。此时，郑海涛只得捧着商业计划书四处寻找投资商，一连找了20家，都吃了闭门羹。

2001年4月，公司研制的新产品终于问世，第一笔风险投资也因此有了着落。清华创业园、上海运时投资和一些个人投资人共投入260万元人民币，解决了公司的燃眉之急。2001年7月，公司获得国家广电总局颁发的入网证，随后投资人蜂拥而至。同年7月，清华科技园、中国信托投资公司、宁夏金蚨创业投资公司又对数码视讯投入了450万元人民币。拿到第二笔投资之后，公司走上了快速发展之路。此后，公司产品进入了29个省、市，2002年盈利达730万元。随着公司知名度不断提高，公司获得的资金支持越来越多，上市的步伐也越来越快。①

从上例可以看出，数码视讯公司主要采用了股权融资的方式。

请分析：为什么一开始的创业资金均由创业者个人筹集？公司为什么能够得到风险投资？在此后筹集资金的过程中，除了风险投资还可以采用什么方式融资？

5.4 创业融资决策

在了解了创业融资过程中的常见问题，计算出创业所需资金，熟悉了不同的融资渠道之后，创业者需要综合自身拥有的资源情况，遵循创业融资的原则，充分分析股权融资和债权融资的利弊，做出科学的融资决策。

5.4.1 创业融资的原则

筹集创业资金时，创业者应在自己能够接受的风险的基础上，遵循既定的原则，尽可能以较低的成本及时获得足额创业资金。一般来说，创业融资应遵循以下原则。

1. 合法性原则

创业融资作为一种经济活动，影响着社会资本及资源的流向和流量，涉及相关经济主体的经济权益。创业者必须遵守国家的有关法律法规，依法依约履行责任，维护相关融资

① 李良智，查伟晨，钟运动．创业管理学[M]．北京：中国社会科学出版社，2007：135.

主体的权益，避免非法融资行为的发生。

2. 合理性原则

在创业的不同时期，企业资金的需求量不同，能够采用的融资方式可能也不同。创业者应根据创业计划，结合创业企业不同发展阶段的经营策略，运用相应的财务手段，合理预测资金需要量，详细分析资金的筹集渠道，确定合理的资本结构，包括股权资金和债权资金的结构以及债权资金内部的长短期资金的结构等，为企业持续发展植入一个"健康的基因"。

3. 及时性原则

市场经济条件下机会稍纵即逝的特性，要求创业者必须能够及时筹集所需资金，将可行的项目付诸实施，并根据新创企业投放时间的安排，使融资和投资在时间上协调一致，避免因资金不足影响生产经营的正常进行，同时也防止资金过多造成的闲置和浪费，将资金成本控制在合理的范围之内。

4. 效益性原则

创办和经营企业的根本目的是为了获得一定的经济利益，所以，创业者应在进行成本效益分析的基础上决定资金筹集的方式和来源。鉴于投资是决定融资的主要因素，投资收益和融资成本的对比便是创业者在融资之前要做的首要工作，只有投资的报酬率高于融资成本，才能够使创业者实现创业目标；而且投资所需的资金数量决定了融资的数量，对于创业项目投资资金的估计也会影响融资的方式和融资成本。因此，创业者应在充分考虑投资效益的基础上，确定最优的融资组合。

5. 杠杆性原则

创业者在筹集创业资金时，应选择有资源背景的资金，以便充分利用资金的杠杆效应，在关键的时候为企业发展助力。大多数优秀的风险投资往往在企业特殊时期会与企业家一起，将有效的资源进行整合，如选择投行、券商，进行 IPO 路演等，甚至还参与到企业决策中来。这种资源是无价的。因此，创业者不能盲日地"拜金"，找到一个有资源背景的基金更有利于企业的持续快速发展。

5.4.2 股权融资决策

股权融资形成企业的股权资本，也称权益资本、自有资本，是企业依法取得并长期持有，可自主调配运用的资金。广义上的股权融资包括外部股权融资和内部股权融资。外部股权融资的方式包括个人积蓄、亲友投入、合伙人资金和天使投资等。内部股权融资主要是企业的内部积累。

创业企业在创建的启动阶段及较早发展阶段，内部积累显得格外重要。采用内部积累方式融资符合融资优序理论的要求，也是很多创业者的必然选择。内部积累的资金来源主要是企业在经营过程中赚取的利润。鉴于创业企业在资金实力、经营规模、信誉保证、还款能力等方面的限制，创业企业往往会通过不分红或少分红的方式，将企业的经营利润尽可能通过未分配利润的形式留存下来，投入到再生产过程，为持续经营或扩大经营提供必要的资金支持。

股权融资是创业企业最基础，也是创业者最先采用的融资方式。股权融资的数量会

影响债权融资的数量，股权融资的分布会影响创业企业未来利润的分配与长远发展。创业者在进行股权融资决策前应了解增加获得股权融资概率的方法，融资决策时应考虑投资者的特点和专长。

1. 股权融资需考虑的问题

创业者是否要通过合伙或组建公司的形式筹集资金，对于企业日后的产权归属和企业发展有着极为重要的作用。由于合伙企业既是资合又是人合，所以对于合伙人的选择更为重要。如果创业者拟吸收合伙人的资金，则一定要认真考虑合伙人的专长和经验，以更好地发挥团队优势，各尽其才。在吸引风险投资商投资时，创业者要分析其声誉的大小、专注投资的领域以及其对投资企业的态度，选择最适合企业发展的投资商。

无论通过何种方式吸引股权投资，对合作者的专长和特质都要进行充分了解，以期寻求更长久的合作，谋求企业更好发展。另外，对企业控制权的把握也是创业者必须考虑的因素，转让多少控制权能够既吸引投资又有利于对企业日后经营的控制，是创业者必须慎重选择且关乎企业健康发展的最重要的问题之一。所以，在进行融资谈判时创业者一方面要有自己的底线(持有的控制权比例)；另一方面要尽量做到心态平衡，切忌自我陶醉和急于求成，最好能够形成"双赢"的局面。最后，对于非货币性的股权投资的定价要合理，如果对于非货币性资产的定价双方达不成一致意见，可以聘请评估机构进行评估。

2. 增加获得股权融资的机会

无论是吸收合伙人的出资、采用组建公司的方式，还是吸收其他企业或风险资本的投资，要增加获得股权资本的概率，需要创业者具有以下基本条件。

(1) 有一个好的项目。一个好的项目是吸引股权资金的最基本条件，创业者首先应能够找到一个吸引人的、有着广阔发展前景和足够利润空间的项目，且能够证明自己有足够的实施该项目的能力。

(2) 有自己在该项目的投入。创业者对项目的投入，可以是资金方面的(包括房屋、设备等固定资产的投入)，也可以是其他方面的，如技术和劳务的投入。创业者对项目的投入说明了其对项目的信心。

(3) 有较高的逆商。游说他人在自己看好的项目上投资，需要创业者具备足够的应对拒绝和应付挫折的勇气。创业者应该多进行尝试，包括多次申请或向多个潜在投资者申请，尤其是在吸引风险投资上。创业者一方面应多联系一些投资公司，并且有针对性地向其提供自己的商业计划；另一方面应对自己联系的投资公司进行跟进，以增加获取资金的机会。

5.4.3 债权融资决策

债权融资形成企业的债务资本，也称借入资本，是企业依法取得并依约运用、按期偿还的资本。向亲友借款、向银行借款、向非银行类金融机构借款、交易信贷和租赁、向其他企业借款等是常用的债权融资方式。

创业者可以根据企业需要，结合筹集资金的目的，选择筹集长期或短期的资金，一方面使资金的来源和运用从期间上相匹配，提高偿还债务的能力；另一方面，尽可能降低资金的筹集成本，提高创业企业的经济效益。

1. 债权融资需考虑的问题

创业者如果想通过借款的方式筹集资金，需要从以下几个方面进行分析。

(1) 考虑经营过程中的获利是否能够超过借款的利息支出及其他费用支出。如果企业在日后的经营过程中赚取的利润能够支付借款的利息和其他费用支出，且还有剩余，则借款经营对企业较为有利，可以给创业者带来财务杠杆收益。

(2) 慎重考虑借款期限。借入资金的归还期限应与其投资的资产回收期限相匹配，保证企业在日后归还投资时，不会影响正常的生产经营。

(3) 确定合理的借款金额。借款经营虽然成本较低且具有财务杠杆效应，但每期会有固定的资金支出。创业者在决定借款前一定要对其风险和收益进行充分权衡，并根据企业实际的资金需要量确定一个合适的借款金额。

(4) 充分考虑借款可能的支出。对于创业者来说要想获得借款，一般都需要提供抵押或担保，如果创业者缺乏债权人认可的抵押资产，则可以向担保公司申请为其借款进行担保。但担保公司作为营利性的企业会收取部分担保费用，如果创业者拟通过担保公司担保的方式取得借款，则还需要将担保公司的担保费用计入未来的经营成本，以有效地避免经营风险。

(5) 选择合适的银行。创业者应事先通过各种渠道对银行的风险承受力、银行对借款企业的态度等信息进行了解，以选择最适合新创企业借款的银行。

2. 增加获得债权融资的机会

增加获得债权融资的机会，需要创业者首先了解债权人在发放贷款时主要考虑的因素，以便有针对性地进行应对，还要从团队、项目、商业计划等方面做好充分准备。

(1) 了解债权人在评估贷款申请时考虑的问题

一般来说，贷款人在收到借款人的借款申请后，会从许多方面对借款人的资质进行评估，以决定是否放款。这些因素包括：

① 借款人的信用。银行在评审企业贷款申请时，要考虑借款人的信用 6C[①]：借款人品质(character)，即考察申请人对待信用的态度，包括过去的信用记录；偿还能力(capacity)，即审查申请人的收入情况以确定其是否有能力偿还借款；资本结构(capital)，即审查申请人的个人财产，包括存款、不动产及其他个人财产；经营条件(conditions)，即地区、国家的经济状况，其对贷款的难易程度有很大影响；担保物(collateral)，是否有担保和抵押财产以及这些财产的质量，也是银行要考虑的重要方面；事业的连续性(continuity)，即借款企业持续经营的前景。银行要考虑借款人能否在日益竞争的环境中生存与发展。**在信用 6C 中，借款人的品质最为重要**。

② 贷款类型和还款期限。贷款机构会考虑借款人的贷款类型，是短期借款(期限在一年内的借款)还是长期借款(还款期超过一年以上的借款)，同时还要对借款人提出的还款方案进行分析，以确认借款人的还款能力。

③ 贷款目的和用途。贷款人为保证自己的资金安全，一般会对贷出资金的用途进行

---

① 最早提出的是信用分析“三原则”，即借款人的品德(character)、资本(capital)、能力(capacity)，三者中以品德最为重要。以后又增加了抵押品(collateral)、经营环境(condition)和事业的连续性(continuity)。

规定，并要求借款人不能将资金用于法律法规限制或禁止的项目上，力求资金的使用符合规定用途。

④ 资金的安全性。除了对借款人的以上情况进行考察外，贷款机构还会对创办企业未来的销售情况和现金流状况进行预测，以分析企业未来是否有足够的现金流用于偿还贷款本息。

(2) 从团队、项目等方面进行充分准备

不论从何处筹集债权融资，创业者要增加获取款项的可能性，都需要具备一些基本的条件，并从以下几个方面入手。

① 优秀的创业团队。创业者是创办企业的核心和关键因素，优秀的创业团队是项目成功实施的保障，创业团队需要证明其具备经营企业的能力，需要向贷款机构(人)展示其具备拟开展业务领域里的经验或知识，以吸引债权人的目光和资金。这是因为债权人的资金一般会投给具有一流团队和二流项目的企业，而不会投给具有一流项目和二流团队的企业。所以，**优秀的创业团队是吸引债权人资金的首要条件**。

② 可行的企业想法。吸收债权人资金的第二个要件是创业团队要拥有一个可行的企业想法。一个好的企业想法是实现创业者愿望和创造商业机会的第一步，但只有经过评估可行的企业想法才能够成为商业机会，给创业者带来经济和社会效益。

③ 完善的商业计划。创业者应该首先能够证明他们有明晰的企业战略，并且有通往成功之路的切实可行的行动计划。创业者或创业团队除了具备可行的企业想法外，还必须能够将具体的企业想法细化到每一个步骤、每一个预算，将其落实到具体的商业计划之中。完善的商业计划是创业者吸引资金的重要文件。创业者应该请专业人士帮其准备一份让金融机构感到值得研究的商业计划，增加获得贷款的可能性。

④ 高质量的抵押资产。按照《贷款通则》第十条的规定，“除委托贷款以外，贷款人发放贷款，借款人应当提供担保。”[①]处于筹备期或初创期的企业，一般不符合贷款人要求的资信条件，难以取得信用贷款，因而需要以一定的资产作抵押。如果创业者或其团队成员拥有高质量的抵押资产，则其取得贷款的概率就会大大提高。

5.4.4 融资方式的比较

无论是股权融资还是债权融资均具有一定的优点，也存在着不足。创业者要熟悉不同融资方式的利弊，考虑不同情况下的融资成本，以便做出科学的融资决策。

1. 不同融资方式的利弊

通过股权融资方式获得的资金既可以充实企业的营运资金，也可以用于企业的投资活动。通过债权融资所获得的资金，企业首先要承担资金的利息，另外在借款到期后要向债权人偿还资金的本金。

股权融资和债权融资各有优缺点，如表 5-6 所示。

---

① 委托贷款，系指由政府部门、企事业单位及个人等委托人提供资金，由贷款人(即受托人)根据委托人确定的贷款对象、用途、金额、期限、利率等代为发放、监督使用并协助收回的贷款。贷款人(受托人)只收取手续费，不承担贷款风险。

表 5-6 股权融资和债权融资的比较

比较项目	股权融资	债权融资
本金	永久性资本,保证企业最低的资金需要	到期归还本金
资金成本	根据企业经营情况变动,相对较高	事先约定固定金额的利息,且利息较低
财务风险承担	低风险	高风险
企业控制权	按比例或约定享有,分散企业控制权	无,企业控制权得到维护
资金使用限制	限制条款少	限制多

债权融资的资金成本较低,若对其合理使用还能带来杠杆收益,而使用不当会带来企业清算或终止经营的风险;股权融资的资金成本虽然要在所得税之后支付,成本较高,但由于在企业正常生产经营过程中,不用归还投资者,是一项企业可永久使用的资金,没有财务风险。创业者在筹集资金时应对债权资金、股权资金的优缺点进行比较,并考虑企业的资金需要量,资金的可得性,宏观理财环境,筹资的成本、风险和收益,以及控制权分散等问题来进行综合分析。

2. 融资成本及其计算

创业者筹集的资金无论是股权资金还是债权资金都是具有一定成本的,了解资金成本的含义和计算方法,有利于创业者在风险相同的情况下以较低的成本筹集到所需资金。

(1) 资金成本的含义和分类

资金成本从企业管理者筹集资金的角度来看,是企业筹集和使用资金而付出的代价;从投资者的角度看,是资金提供者要求得到的必要的投资报酬率。在市场经济环境下,资金作为一种特殊商品具有特定的交易价格,资金成本即是其交易价格的体现。无论从何种渠道取得的资金,创业者都需要为其使用权支付代价,债权人要求得到的利息是债务资金使用权代价的表现方式,投资者要求得到的利润和分红是股权资金使用权代价的表现形式。

资金成本从绝对量上看,包括用资费用和筹资费用两部分。用资费用是指企业在生产经营和对外投资活动中因使用资金而承付的费用,如向债权人支付利息、向股东分配股利等;筹资费用是指企业在筹集资金活动中为获得资金而付出的费用,如向银行支付的手续费,因发行股票或债券而支付的发行费用等。用资费用是经常性的,是资金成本的主要内容,而且可以在税前扣除,起到一定的抵税作用;筹资费用通常在筹资时一次支付,在获得资金后不再发生,可视为对筹资额的一项扣除。

资金成本率是从相对量的角度对资金成本的一种衡量,是资金成本的相对数,通常用百分比表示,是企业筹资实务中经常采用的指标。资金成本率主要有个别资金成本率和综合资金成本率。个别资金成本率指各种资金的成本率,如借款的资金成本率、债券的资金成本率、股权资本的资金成本率等;综合资金成本率是企业全部资金的加权平均资金成本率,往往以各种资金占全部资金的比例作为权重,对个别资金成本进行加权平均测算得出。

(2) 资金成本的计算

资金成本一般用资金成本率表示。资金成本率是用资费用和有效筹资额的比率,其计算公式为:

资金成本率=用资费用/(筹资金额－筹资费用)

按照税法的规定,债权融资的利息(用资成本)可以抵税,股权融资的股息不能抵税,所以,一般情况下债权融资的成本会低于股权融资的成本。

综合资金成本率指企业全部资金的成本率,通常以各种资金的比例为权重,对个别资金成本进行加权平均测算,也称加权平均资金成本率。

其计算公式如下:

$$K_W = \sum K_i W_i$$

式中: K_i——第 i 种融资的资金成本;

W_i——第 i 种融资占全部资金的比例。

企业在进行资金筹集过程中,除了考虑个别融资方式的资金成本外,还需要同时考虑综合资金成本,使企业的资金成本最低。

创业实例 **张珊创业筹资决策**

张珊从某高校服装设计专业毕业之后,想利用自己的一技之长创办一家服装厂。通过进行广泛的市场调查之后,张珊对目前市场上现存的服装企业有了一个大概了解,她相信凭自己的实力可以经营好一家小规模的服装公司。于是,在市场调查和对专业咨询公司进行咨询的基础上,张珊计算出创业大约需要 18.6 万元资金投入。张珊从父母和亲友处筹得了 15 万元资金,剩下的 3.6 万元资金通过以下两种方式可以得到:从当地的农村信用合作社借入 36 000 元贷款,贷款年利率 6%;出售 20%的股份,吸收其同学李元入股,获得 3 6000 元股权资本。

问题:试从筹资成本与收益的角度入手,帮张珊进行筹资决策分析。

3. 创业融资决策

在进行创业融资决策时,除了需要考虑不同融资方式的优缺点、融资成本的高低,还要考虑创业企业所处的生命周期阶段、创业企业自身的特征。

(1) 创业所处阶段

创业融资需求具有阶段性的特征,不同生命周期阶段具有不同的风险特征和资金需求,同时,不同融资渠道能够提供的资金数量和风险程度也不同。因此,创业者在融资时需要将不同阶段的融资需求和融资渠道进行匹配,提高融资工作的效率,以获得创业所需资金,化解企业融资难题。

在种子期,企业处于高度的不确定性当中,很难从外部筹集债务资金,创业者的个人积蓄、亲友款项,天使投资、创业投资以及合作伙伴的投资可能是采用较多的融资渠道;进入启动期之后,创业者还可以使用抵押贷款的方式筹集负债资金。

企业进入成长期以后,已经有了前期的经验基础,发展潜力逐渐显现,资金需求量较以前有所增加,融资渠道上也有了更多选择。在早期成长阶段,创业者更多采用股权融资的方式筹集资金,战略伙伴投资、创业投资等是常用的融资方式,此时也可以采用抵押贷款、租赁以及商业信用的方式筹集部分生产经营所需资金;成长期后期,企业的成长性得到充分展现,资产规模不断扩大,产生现金流的能力进一步提高,有能力偿还负债的本息,此时,创业者更多采用各种负债的方式筹集资金,获得经营杠杆收益。

国内外大量学者的研究支持了上述观点。比较有代表性的有：Berger(1998)等提出的融资生命周期理论，该理论认为在婴儿期和青壮年期企业的融资大都依靠内部融资(主要为企业家、企业创立小组的成员以及其他内部人)，而从中年期到老年期，企业得到的外部投资(主要是私募股权、债务融资，而不是公开发行证券的形式)会迅速增加；Sahlman(1990)提出的融资规律也认为，处于创始期的企业融资非常严重地依赖于初始的内部融资和贸易融资。梁琦等(2005)通过对大量数据的统计分析，发现我国民营企业在生命周期的创业和生存期，内部融资方式中主要依赖业主投资，外部融资方式中主要依赖民间信贷和商业信用；而在扩张和成熟期则以企业内部的留存收益为主要来源，而且随着不确定性的减小和规模的增大，对银行贷款的依赖程度也随之增大。

综上，企业生命周期阶段和融资渠道的对应关系如表 5-7 所示。

表 5-7　企业生命周期与融资渠道

融资渠道	种子开发期	启动期	早期成长期	成长后期
个人积蓄				
亲友款项				
天使投资				
合作伙伴				
创业投资				
抵押贷款				
融资租赁				
商业信用				

注：表中深色的区域为对应于该阶段采用的较多的融资渠道，浅灰色的区域为该阶段也可能会采用的融资渠道。

(2) 创业企业特征

创业活动千差万别，所涉及的行业、初始资源禀赋、面临的风险、预期收益等有较大不同，其所要面对的竞争环境、行业集中度、经营战略等也会不同，因此，不同创业企业选择的资本结构会有所不同。对于高科技产业或有独特商业价值的企业，经营风险较大，预期收益也较高，创业者有良好的相关背景，较多采用股权融资的方式；传统类的产业，其经营风险较小，预期收益较容易预测，比较容易获得债权资金。实践中，创业企业在初始阶段较难满足银行等金融机构的贷款条件，债权资金更多采用民间融资的方式。创业企业特征和融资方式的关系如表 5-8 所示。

表 5-8　创业企业特征和融资方式的关系

创业企业类型	创业企业特征	融资方式
高风险、预期收益不确定	弱小的现金流，高负债率，低、中等成长，未经证明的管理层	个人积蓄、亲友款项
低风险、预期收益易预测	一般是传统行业，强大的现金流，低负债率，优秀的管理层，良好的资产负债表	债权融资
高风险、预期收益较高	独特的商业创意，高成长，利基市场，得到证明的管理层	股权融资

资料来源：[美]布鲁斯・R. 巴林格，R. 杜安・爱尔兰. 创业管理：成功创建新企业[M]. 杨俊，薛志红，等，译. 北京：机械工业出版社，2010：171.

扩展阅读 如何吸引潜在投资者或银行家及股权配置的重要性

1. 如何吸引潜在投资者或银行家

有三项措施可以吸引潜在投资者或银行家：

(1) 新创企业的带头创业者应该准备电梯陈述(elevator speech 或 pitch)。这是一种概述商业机会特点的简短且精心组织的陈述。如果一位创业者在大楼的25层走入电梯，并幸运地发现某位潜在投资者也在同一电梯里，这位创业者就得用电梯从25层到底层的这段时间，设法使投资者对他的商业机会感兴趣。多数电梯陈述的时间长度为45秒～2分钟。

精心组织的电梯陈述在许多场合可以派上用场。例如，许多大学主办的创业中心会议或培训会将投资者与创业者聚在一起，除正常会议时间外，往往安排有社交和茶歇的时间，以便创业者和潜在的投资者私下交流，这时一份60秒钟的电梯陈述就会起到很大的作用。电梯陈述的内容包括商业机会或准备解决的问题的描述，如何满足商业机会以及如何解决问题，创业者的资源以及项目的市场等。

(2) 识别、接触最有前景的出资人。创业者应认真评估其可能获取的融资或资助类型，然后将银行家或潜在投资者的名单编出来，浏览风险投资网站。通过风险投资网站了解其主要的投资方向，未来的投资目标，已经投资过的企业等信息，分析自己是否应与其进行实质性的接触。

接近银行家或投资者的捷径是通过个人引荐，并获得融资建议。通过寻找"精神导师"的方式，可以帮助创业者提供融资咨询、指导和建议。创业者可以通过两个渠道找到"精神导师"：在自己的关系网络中，如教授、其他创业者、会计师或律师等，寻找自己信任、有融资经验且愿意成为自己"精神导师"的人；利用互联网，去搜寻那些愿意成为精神导师的人。一旦找到了合适的人选，就可以通过电子邮件、短消息和网络会议、电话等方式进行交流，获取自己需要的建议。

(3) 准备提供全面的商业计划书。如果有可能，创业者需要向潜在的投资者提供完善的商业计划书，并准备口头陈述，以提高获取资金的概率。

资料来源：[美]布鲁斯·R.巴林格，R.杜安·爱尔兰.创业管理：成功创建新企业[M].杨俊，薛志红，等，译.北京：机械工业出版社，2010：172，173.

2. 股权配置的重要性

合理地配置股权是企业健康成长的基因。一般来说，创业者的投资在企业全部投资额中应当占有半数以上的份额，或者拥有相对控股权，能够在企业重大经营决策中起决定性的作用；尤其是在引进风险投资时，一定要注意在接受的资金数量和企业所有权比例之间做出科学权衡，使企业既获得所需资金，又能够保证自己对企业的控制权。另外，创业者还要充分关注创业团队成员的股权比例，既要合理调动团队成员的积极性，又要使大家能够分享到企业日后成长带来的巨大收益。

资料来源：《创业家》杂志社.创业的九重修炼[M].北京：机械工业出版社 2011：81-86.

5.5 创业融资风险

5.5.1 资金不足或过多

由于创业者在创业初期热情过高、对自己过于自信等原因，很多创业者会低估创业所需资金的数量，造成企业资金紧张的局面。如果低估了企业对资金的需求，而且产品或服务的销售情况不是越来越好，那么出现资金不足问题的可能性就比较大。资金链断裂是很多创业失败的创业者面临的主要问题之一。

还有些创业者在创业初期总想筹集较多资金，预防日后可能出现的资金短缺，殊不知，很多创业企业的失败恰恰是由资金过多引起的。当创业者一次得到大笔资金时，很多人会出于自信而盲目进行多元化投资，甚至是无关多元化的投资，使得资金投向过于分散，难以实现规模经济效应。

5.5.2 融资结构不合理

融资结构指企业股权资金和债权资金的比例，以及长短期债权资金的比例等。**合理的融资结构可以在保证创业者获得所需资金的同时保留对企业的控制权，还可以提高企业偿还债务的能力，有利于企业的可持续发展。**但是，很多创业者在创业初期为了能够及时筹集资金可能会以放弃对企业的控制权为代价吸引股权资金，这种情况在大学生的创业计划书中经常可以看到；也有不少创业者为了控制权的问题选择了错误的投资者，导致创业失败，如以第1章中提到的刘博文案例；还有很多创业者为降低成本使用了过多债权资金，无形中加大了企业的财务风险，在产品或服务的销售收入不能平稳增长的情况下，加大了企业的偿债压力，甚至导致创业失败。

第6章 创业技术资源

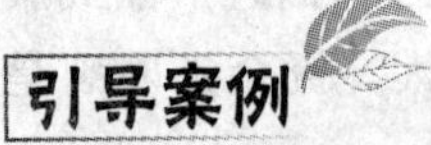

引导案例 “90后”大学生创业故事：剪纸一年掘金30万[①]

一个年仅20岁的女大学生依靠磁性剪纸，不仅屡获金奖，还在其刚刚创业不到一年的时间里，掘得了高达30万元的人生第一桶金。

1. 多姿多彩的磁性剪纸[②]

在杭州师范大学创业园里，1990年出生的晋城女孩王子月，热情地向记者介绍起她的磁性剪纸。“磁性剪纸是个创意产业，任何东西都可以用剪纸表现出来，它提倡的是自己动手、自己创新，并在动手中获得巨大的乐趣。其操作简单，任何人都可以轻松学会。而且成本低廉，便于使用和收藏，可以用作家居装饰、礼品赠送、广告促销……无论是作为节庆用品、旅游纪念品，还是艺术藏品等，都有很大的市场前景。”

一段如同做广告一样的介绍之后，思路清晰、伶牙俐齿的王子月告诉记者，磁性剪纸是她在晋城一中上学时就发明的专利产品，它使用的是环保材料，可以循环利用再生产。只要有铁的地方都能直接吸上去，灵巧便携。因为不容易剪断、撕破，它比普通剪纸上手快，能让人们在十分钟内就体验到剪纸的乐趣。

让王子月自豪的是，2009年6月，还在杭州师范大学读一年级的她，在不远的义乌创办了一家磁性剪纸文化创意公司。在不到一年的时间里，她的公司已经发展了十余家“飞点儿磁性剪纸”加盟商，仅此一项经济收入就达三十余万元。

2. “90后”女孩的耀眼荣光

2007年10月，王子月和父亲的磁性剪纸专利从海内外报名的近3 000项专利中脱颖而出，进入中央电视台《我爱发明》大赛的决赛现场。经过中国资产评估协会、中国发明协会等有关部门专家学者的严格评审，磁性剪纸项目因为其市场大、社会效益好及其良好的不可替代性等方面的优势，最终夺得了央视《我爱发明》大赛的首个最高奖——新金点子奖。这次得奖，再次鼓舞了王子月和父母将这项发明推向市场的信心。

2008年，参加完高考，刚刚拿到杭州师范大学录取通知书的王子月，又惊喜地接到山西省文化厅通知：因磁性剪纸将中国的传统剪纸文化与现代的科技元素巧妙融合在一起，符合北京奥运会“科技奥运”的理念，故选其代表山西在北京奥林匹克公园中国故事山西祥云小屋展示。奥运会期间，王子月和母亲一起来到北京给世界各地的运动员和游客展示磁性剪纸艺术。她们设计的获奥运金牌的各国优秀运动员的磁性剪纸肖像，特别是

---

① 全国大学生创业服务网，http://cy.ncss.org.cn/cydx/cydx/262265.shtml.

② 磁性剪纸采用“剪纸用磁性纸”专利新材料替代了传统的纸张来制作剪纸，解决了剪纸容易变色、掉色的问题，并利用主动磁和被动磁相吸的原理，解决了普通剪纸展示不方便的问题。

菲尔普斯、梅西、杨威、廖辉、郭晶晶、张娟娟等偶像级的人物肖像剪纸成了抢手货。

王子月和母亲的出色表现获得了奥组委和国家文化部的表彰。而最重要的是，王子月从中外游客欣赏赞叹的目光中再一次看到了磁性剪纸所蕴含的巨大商机。她暗暗下决心，一定要把这一专利转换成创意文化产业，做大做强。

2008 年 9 月，王子月到校报到，成了杭州师范大学医药卫生管理学院医药营销专业的一名新生。之所以选择这所大学，是因为她听说这是一个提倡和支持大学生自主创业的学校，她所崇拜的“阿里巴巴”创始人马云就是从这里毕业的。另外一个原因是，杭州离义乌很近，能更方便地实现她的创业梦想。

在学校里，依托磁性剪纸等几项专利，王子月组建了自己的“飞点儿”磁性剪纸创业团队，尽情地展现着自己的才华。2009 年 6 月，她在义乌注册了属于自己的公司——义乌市廿分红磁性剪纸有限公司。随后，又与同样抱有创业梦想的同学创立了磁性剪纸创意文化公司。2009 年 11 月 1 日，王子月带领她的磁性剪纸团队参加了以“励志、成才、就业、创业”为主题的浙江省大学生职业生涯规划大赛，与全省 85 所高校推选出的 300 余件作品同台竞技，激烈角逐，并最终荣获此次大赛的最高奖——“双十佳职业规划之星”。

2009 年 12 月 24 日，王子月的磁性剪纸文化创意公司摘得杭州经济技术开发区“大学生创业训练营暨创业大赛”头魁，领取了 1 万元创业资金援助。主办方还在杭州滨江区为王子月提供了免两年租金的写字间。

2009 年，在杭州师范大学举办的“师大荣光”大学生创业颁奖典礼上，王子月再获殊荣。

2010 年 1 月 20 日，《杭州日报》大学生创业就业俱乐部、高新区(滨江)大学生创业园主办的“相约在高新，创业在年少”杭州市大学生创业创意选拔大奖赛中，“磁性剪纸文化创意”团队再次荣获金奖，并从主办方手中接过了一份贺岁大礼——5 000 元奖金和一份价值 1 万元的创业资助协议书。

2010 年 9 月 28 日，磁性剪纸获得了由共青团中央、中国科协、教育部、全国学联共同主办的第七届“挑战杯”决赛金奖。

杭州师范大学也被王子月团队的创业热情所感动，为了支持他们，学校专门提供了一个 40 平方米左右的免费店面。王子月将店面设计成“磁性剪纸板子店”，就像格子铺一样。他们在店里的墙面上提供 100 块板子，每块板子都是可以翻动的。学生出一部分租金就可以在板子上贴上自己 DIY 的剪纸作品出售，而且每块板子都会对应一个网站，帮“租客”线上线下进行销售。一时间，磁性剪纸板子店生意超好，王子月还特意雇用了大一和大二的同学来店里做兼职。在坚持创业的同时，王子月还以优异的成绩获得学校的二等奖学金。

王子月依靠她和父亲发明的磁性剪纸获得了创业成功，同样依靠研发的先进技术获得丰厚回报的还有凯文和尼克。下面是大家都比较熟悉的关于他俩的故事。

由凯文(Kevin)创办的 Instagram 公司，在收购前的历史只有不到两年时间，员工不到 20 人，而且他们首先发布的是 iOS 版本，直到 2012 年 4 月才登陆 Android 平台。但是，在两年的时间内 Instagram 却从无到有到迅速增长到 3 000 万用户，并且在 2012 年 4 月以 10 亿美元的价格被全球第一的社交网络 Facebook 收购。另一个相似的例子是英国一个17岁少年尼克的故事，尼克编成了一个“超级摘要”(Summly)的应用程序APP，是一款在iOS上运行的新闻阅读类应用软件。Summly利用自然语义方面的算法，可将新闻内容提炼为不足400词的摘要文章，上线后深受欢迎，跻身2012年最佳iPhone应用之列。在2013年3月25日，以3 000万美元的价格卖给雅虎之前，它的下载量已达近100万次。技术资源在创业中的作用由此可见一斑。

技术资源是新创企业存在和发展的基石，是生产活动和生产秩序稳定的根本，包括关键技术、制造流程、作业系统、专用生产设备等。创业企业的技术水平往往对企业整体的资源配置方式起到根本性和决定性的作用。企业只有不断开发新技术、新产品，建立充裕的技术储备和产品储备，才能在市场竞争中立于不败之地。

在创业初期，创业资金需求基本满足的情况下，创业技术是最关键的资源。企业的技术水平不仅仅取决于企业自身的技术实力，也取决于企业所处环境总体技术资源的丰裕程度和配置水平。因此，积极寻找、引进有商业价值的科技成果，加强和高校科研院所的产学研合作，有助于加快产品的研发速度，提高新创企业的核心竞争力。

本章从技术资源获取、开发和风险三个方面对创业企业技术资源的相关问题进行探讨。

6.1 技术资源概述

技术是企业创新的关键资源，企业在创新的过程中，不但需要从企业内部创造新技术、从外部获取已有技术，更需要将内外部的技术加以合理地整合和管理，以便能够在技术上不断创新，保持长期的技术领先地位。对于创业企业来说，技术资源包含三个层次：一是根据自然科学和生产实践经验而发展成的各种工艺流程、加工方法、劳动技能和诀窍等；二是将这些流程、方法、技能和诀窍等付诸实施的相应的生产工具和其他物资设备；三是适应现代劳动分工和生产规模等要求的对生产系统中所有资源进行有效组织和管理的知识、经验和方法。

技术资源和其他资源相比具有无形性、人本性和时效性等特点，技术资源可以按照不同的标准进行分类。对于技术资源特征和分类的了解，有助于创业者更好识别和整合技术资源，帮助其取得创业成功。

6.1.1 技术资源的特征

技术资源和其他资源相比具有人本特性、无形性、时效性以及价值的不确定性等特点。①

1. 技术资源的人本特性

技术资源的人本特性是指技术从其整个成长和运用的流程来看是来源于人的创造，服务于人的需要，蕴含在人身上，通过人的劳动来发挥作用。单纯的物质资源不可能产生出技术，物质资源也不可能最终成为技术的判断标准，技术的判断标准只能以人的需要来

---

① 李作战. 中小创业企业的技术资源：竞争优势与比较优势[J]. 交通企业管理，2008(11)：27,28.

确立。正因为技术来自于人的创造，蕴含在人身上，要通过人的劳动来发挥作用，所以对技术资源的开发投资最终还是要落实到对人的投资上，并且绝大部分以人力资本的形式存在。

2. 技术资源的无形性

技术资源的无形性相对于有形的物质资源而言，技术资源往往只能通过物质资源、人的技术素质和企业经营的效益等方式间接体现出来。它本身虽看不见、摸不着，但却是一种巨大的"能量"，对于企业经营的巨大影响无所不在、无时不在。技术资源的无形性归因于技术资源的人本特性。技术资源的无形性带来相应的计量问题，也带来了技术资源的产权划分问题，计量问题和产权划分问题又共同对技术资源的交易和转移构成严重影响，形成技术资源的交易和转移难题，使技术资源的转移和配置情况远远落后于有形资源的交换和配置水平。

3. 技术资源的时效性

技术资源的时效性表现为技术的经济生命周期，任何技术都有一个从产生到发展再到最终被淘汰的过程，这是由机会成本决定的。当可以使人们能获得更大利益的技术产生后，人们很自然会选择新技术。随着科学技术的不断进步，技术的生命周期越来越短，技术资源的时效性对人们在技术选择、利用中的要求越来越高。旧时代的通信方式，每隔一千多年才会更新，现在有 SNS(Social Networking Services，社会性网络服务)、即时通讯、社交网站，每隔两三年就会换一种沟通的方式，仅社交网站就在五年内获取了印刷技术一千年才获取的用户数量。因此，创业者应加强技术的预见性与选择，更注重技术的适宜性，将科技计划与产业界的需求更为紧密地联系起来，同时还要高度重视技术的创新与开发。

4. 技术资源价值的不确定性

技术资源本身具有较大的未知性，这一方面表现为研发人员的知识和能力、操作过程以及投入精力的未知性，另一方面也表现在转化能力的未知性。技术资源能否顺利开发完成，是否可以及时投入生产过程等方面的不确定性，决定了其价值的不确定性。

6.1.2 技术资源的分类

技术资源可以按照不同的标准分类。对于技术资源分类的认识和了解，有助于创业者更好地理解技术资源，以便在创业过程中及时筹集和整合所需要的技术资源。

1. 技术资源按照归属关系分类

按照技术资源的归属关系，可以将技术资源划分为企业内部的技术资源、企业外部的技术资源。企业内部的技术资源是指企业内部包含的技术资源，这种资源利用过程中具有可控性。企业外部的技术资源指不包含在企业内的其他组织中的技术资源，它可以细分为区域性技术资源、行业领域技术资源、国外技术资源等。企业外部的技术资源是企业可以通过一定途径，花费一定代价取得的技术资源。其对于企业的影响往往没有企业内部的技术资源那么直接和强烈，但是它往往决定了企业长远技术的发展潜力。

2. 技术资源按照先进程度分类

按照技术的先进程度，可以将技术资源划分为常识性技术资源、经济技术资源、高新技术资源。常识性技术资源具有低廉性的特点，能够支撑企业实施低成本战略，开展劳动密集型的生产经营活动。经济技术资源是指能够实现较好经济效益的成熟的技术资源，其往往能够支撑企业实施资本密集型的发展战略。高新技术资源是指技术含量高或者新颖独特的技术资源，这类技术资源具有高风险性和高收益性的特点，能够支撑企业实施差异性技术战略。

3. 技术资源按照存在形式分类

按照存在形式，技术资源可以分为物质性技术资源、知识性技术资源、人力资本技术资源。物质性技术资源是指以物质的形式存在，购买后直接用于生产活动，具有很强时效性的技术资源。知识性技术资源是指以逻辑体系的形式表达出来的技术信息的集合，技术含量大，进行传播、解读和消化吸收的难度较小，可以脱离劳动者和物质资本取得相对独立的存在形式的技术资源。同时，知识性技术资源也是一种难以进行垄断的技术资源。人力资本技术资源是指以人力资本的形式沉积在劳动者身上的技术资源，其最大特点在于它和劳动者合为一体，是生产中最积极但往往也是流动性最大、最难控制的一种生产要素。人力资本技术资源的积累、发展、转移和企业的人力资源管理战略及整体战略管理体系相关。

6.1.3 技术资源对创业企业的重要性

创业企业的技术资源对于提升企业竞争力的作用十分明显，企业之间技术资源的差距对于企业竞争能力的影响巨大甚至是决定性的。从资源基础理论来看，企业的竞争优势源自企业的特殊资源。当创业企业拥有独特的技术资源时，对于企业竞争力的提升就十分明显。一般来说，独特技术资源在创业企业中的作用主要表现在以下三个方面。

1. 技术资源是生产流程和管理模式的决定性因素

企业的任何生产流程和管理模式都需要有相应的技术资源来支撑，在先进生产流程和管理模式的实施过程中，技术资源往往起决定性作用。比如，戴尔公司依靠其先进的生产运营模式在我国市场大举进攻，而联想等企业却对此应对乏术，这归根结底是由于我国企业的技术资源不足。

2. 高质量技术资源是诸多厚利行业最有效的进入壁垒

技术具有一定程度的排他性。很多个人和厂商因某项发现或知识而拥有垄断力量，获取垄断利润。许多成功的公司将开发和拥有高质量的技术资源作为在自由竞争的市场上构筑市场进入壁垒的最重要武器。各大跨国公司在我国打着“以技术换市场”的旗号占据利润最丰厚的市场，让我国很多企业无可奈何。如索尼在我国彩电市场上曾经创造出销售5万台彩电的总利润超过我国企业销售500万台彩电总利润的神话；同样，我国的DVD厂家也为获得技术使用权而付出了巨额的技术使用费。所有这一切都证明了高质量的技术资源是诸多厚利行业最有效的进入壁垒。

3. 技术资源决定了企业差异化竞争战略的选择空间

各种资源产生的竞争优势可保持的时间长短大不相同，相应的拥有不同生产资源的企业在竞争战略的设计中拥有的选择权往往也不同，拥有优势资源的企业在进行战略设计时的选择空间比只持有劣势资源的企业的选择空间要大得多。在种种生产资源中，技术资源是获取难度、对竞争优势贡献都非常大的，而且维持时间非常长的一种生产要素。由于它往往得到官方的法律支持，维护其在一定时空范围内的合法垄断地位，因此，技术毫无疑问是优势资源之一，拥有技术资源优势的企业在选择市场空间和完善价值链的能力方面拥有更大的选择空间，在竞争中拥有更大的比较优势。

6.2 技术资源获取模式

创业过程中所需要的技术资源可以通过自主研发、外购和合作研究等方式得到。其中自主研发的方式最有利于企业核心竞争力的建立，外购的方式需要创业者对技术的先进性及实用性能够做出准确的判断，合作研究的方式则可以缩短技术研发及投入使用的时间。创业者可根据自己的实际情况进行选择。

6.2.1 自主研发

通过自主研发的方式获得创业所需资源，可能是大部分科技型创业企业采用最多的获取技术资源的方式。尤其是高校毕业生的机会型创业更是如此，很多在校大学生更是利用其在读书期间参与的教师或学校的课题，拿到了专利技术，于是在将专利技术转变成生产力想法的推动下采取了自主创业的行为。另外，理工类的学生在自己做实验或钻研的过程中，往往也会有一些新的发现或发明创造，在这些发现或发明创造能够变成一种现实的产品和服务时，借此开创一个新的企业也是一种不错的选择。还有很多学生在拿自己的专利参加大赛的过程中会获得一些奖项，由此也会吸引一些风险投资家的注意，于是创办企业就成了自然而然的选择。**在高技术领域，通过自主研发的方式，或者说技术持有者自己创业的案例最为多见**。例如，美国的戴尔电脑公司、王安电脑公司，中国的联想集团、方正集团、清华同方威视等，都是技术持有者自己创业的典例。一般情况下，技术持有者自己创业具有较高的成功率，特别是有较高的技术成功概率。海信“信芯”的破壳而出，就是海信集团通过自主研发取得的突破性的技术成果。

创业实例 **海信中国“信芯”破壳而出**

2005 年 7 月 2 日，当装有“信芯”的彩电在青岛海信破壳而出时，中国彩电产业掀开了一个新的篇章。它被称为中国民族彩电第一芯。在“中国制造”广泛进入国际市场却遭遇越来越多技术壁垒的今天，“信芯”在核心技术上的突破可谓“壮举”。“信芯”完全采用自主设计，拥有全部自主知识产权。目前，“信芯”设计已经达到了 SOC 级的超大规模集成电路设计水平——采用国际先进的 0.18 微米制程，采用 CMOS 制造工艺，内部集成了近 200 万个逻辑门、700 多万个晶体管。而包括 9 项发明专利在内的 30 多项技术专利，充分表明“信芯”在国际芯片界的技术水准。

中国“信芯”自主开发成功，集中反映了海信集团的创新能力与整体竞争力。

人们忘不了 1999 年的那一幕：海信集团董事长周厚健召集了一次内部专题会议，把当时海信技术中心的负责人夏晓东与一批做电视电路开发的人召集到一起，讨论的话题只有一个："我们现在涉足芯片的可能性如何?"包括战嘉瑾在内的技术人员的回答是：只要企业能够投入，只要能给出时间，按照海信技术人员的素质，芯片是可以开发成功的。

随后海信成立了集成电路项目筹备组。2000年，上海的"专用集成电路设计所"加盟海信集团技术中心，海信"信芯"的研发基地设在了上海。数字电视常用的核心芯片主要有三种：接收与解调芯片、解码芯片以及数字视频处理芯片。其中数字视频处理芯片不仅在开发设计上最见功夫，也是最有开发意义、分量最重的一款芯片。海信确定的芯片核心技术突破口恰恰选择了这一款。

这群平均年龄只有28岁的年轻人，都有着一颗攻克技术难关的执着心。大家充分利用上海相对优越的行业环境，贪婪地汲取相关的知识，迅速成长为一支优秀的芯片设计团队。密布着艰辛的开发之路持续了四年多，团队沿着这条并不平坦的创新之路一步一步地走了下来，他们体味着一点点胜利的喜悦。2002年底，终于完成了包括从算法到电路的全部液晶显示器电路的FPGA实现项目。这是他们在集成电路设计上的一个重大事件。

2003年，他们以已经完成的项目为基础，开始了数字视频处理器的正式产品级芯片的开发。这项工作一直持续了两年的时间，直到2004年11月27日，完成MPW流片，获得成功；两周后，该芯片即成功地应用在支持1080P高清显示格式的电视机上，其效果达到同类芯片的国际先进水平；2005年2月12日，采用该芯片的整机，完成可靠性加速试验；2005年3月1日，完成工程批芯片生产，3月7日完成工程批样片整机应用验证工作。

从2005年2月开始，该芯片反复数次进行装机的工程批生产和验证，并与国际同类产品进行严格的比较试验。结果显示，运用该芯片的电视整机产品与采用国际先进芯片的电视相比，技术性能毫不逊色。

为了充分表达此次自主创新的胜利带给中国企业和中国工业的意义，该芯片被命名为"HIVIEW信芯"。

正像用心脏比喻芯片在电子信息产业甚至国家经济中的重要性一样，海信自主研发的芯片已经完全可以替代国际同类芯片，并达到了国际先进技术水平。更为重要的是，当"信芯"打破了中国彩电芯片被外国产品一统天下的局面时，芯片这种原材料供应就开始步入国内外企业的共存、竞争层次，从而给中国企业在采购成本上带来整体效益。

现在全球60%的家电"最终产品"都产自中国——就产值而论，中国已成为继美国、日本和德国之后的世界第四大工业基地。但是，中国制造业的诸多核心和关键技术还是依靠进口：不仅我国全部光纤制造装备、80%的集成电路芯片制造设备被进口产品占领，中国电子信息制造业所用芯片更是悉数来自外国。海信"信芯"的诞生，不仅为海信自身发展赢得主动权，也为中国彩电摆脱依赖国外芯片过日子的局面奠定了基础。

资料来源：佚名.海信中国"信芯"破壳而出，中国质检网，http://www.cqn.com.cn/news/zgzlwlx/49491.html.

6.2.2 吸引技术持有者加入创业团队[①]

在不少情况下,创业者并不掌握创业所需的专门技术。这时,他就需要吸引技术持有者加入自己的创业团队。作为近年学生创业典例的视美乐公司即是一例。王科是有经营头脑和管理才能的高智商才子,有着强烈的创业意识,但一时找不到合适的技术。当他意识到邱虹云研发并持有的技术具有良好的市场前景时,即邀请其加入创业团队,随后又邀请其他志同道合者(如 MBA 徐中)加盟。邱虹云和其他成员的加盟,无疑是视美乐得以起步的重要因素。[②]

6.2.3 挖掘失效专利技术内在的商业价值

在不少国家,常常会有一些技术失去专利制度的法定保护。在我国,专利失效几乎每天都会发生。从 1985 年《中华人民共和国专利法》实施以来,全国的失效专利累计已达 40 万件。这大致分为三种情况：第一种情况是由于专利权限届满而自然终止的；第二种情况是提前失效的,如专利申请人没有按规定缴纳专利维持费；第三种情况是因为有人对某项专利授权提出疑义,该专利被专利复审委员会宣告失效,进而被专利机关宣布撤销专利授权。失效专利虽然失去了专利制度保护,但其中相当一部分并没有失去市场价值。其中第二种情况下的失效专利所占比例最大,更具有可挖掘的价值,并且利用这些技术无须向任何人支付费用。由此看来,创业者也可以从失效专利中寻找具有商业价值、适用于起步项目的技术。

6.2.4 外购

通过外购方式取得企业发展所需的技术,一是可以缩短产品投入生产的时间,为创业企业较快进入市场提供契机；二是可以帮助企业消除潜在的竞争对手,确立企业在某领域的竞争地位；三是可以帮助企业节约大量研发经费,把有限的资金用在更急需的地方,优化资源配置。如 Facebook 收购 Instagram 公司,被业界评论为扎克伯格更多是出于战略考量,可被视为主动防御,既可弥补其在移动互联网领域的短板,化解一个潜在的威胁,拿下对 Facebook 图片功能威胁最大的竞争对手 Instagram,又能改善自己最弱的图片分享体验。[③] 同样,雅虎公司收购 Summly 的目的,也是为了将 Summly 的机器学习和自然语言处理能力背后的设想和技术融入雅虎的移动体验中,创造一款适合人们在移动设备上每日使用的服务；并希望其创始人尼克能够带领雅虎更大胆地进入移动世界,以将媒体和消费者聚合在一起,使其变成一个热爱创业家和移动体验的地方。[④]

通过外购的方式取得所需要的技术资源可以分为以下三种情况：第一种情况是购买他人的"成熟技术"。如果进行高科技创业,所采用的技术越成熟,则创业成功的概率越

---

① 雷家骕,王兆华.高技术创业管理[M]第 2 版.北京：清华大学出版社,2008：93-95.

② 莫扬.视美乐创业赢在哪里.人民网,http://www.people.com.cn/GB/channel3/23/20001207/340920.html.

③ 新浪科技,http://tech.sina.com.cn/i/2012-04-10/16526935426.shtml,http://tech.sina.com.cn/i/2012-04-10/05596932282.shtml.

④ 和讯科技,http://tech.hexun.com/2013-04-10/153011537.html.

大。20世纪80年代中期，一些军工企业解密成熟军用技术，迅速开拓民品生产新业务、占领新市场的现象，对创业者具有一定的启示意义。当然，购买他人的成熟技术，需要进行深入、详尽的技术甄别，进行技术的市场寿命分析，防止购买落后的技术，进入一个竞争激烈的产品市场。

第二种情况是购买他人的“前景性技术”。在激烈的市场竞争中，购买他人的前景性技术，进行进一步的研究开发，使其达到可以商业化的程度，进而推出市场需要的产品也是创业的可行之路。当然，购买他人的前景性技术，要求创业者具有优异的技术辨识能力，能够把握新技术的发展方向和市场前景，且能够进行后续研究开发。典型的是，不少企业从高校院所购买技术，目的是拓展新业务、新事业，它们得到的往往就是前景性技术。通过企业进一步的研究开发，一些企业即推出了极具市场竞争力的产品。正是基于这类典型案例的示范作用，目前已有一些创业者或新创企业通过购买他人前景性技术进入了创业的行列。

第三种情况是购买技术的同时引进技术持有者。这是购买他人技术进而创业的最佳路径，因为技术最终是靠人来掌握的。购买技术的同时，输入掌握技术的人，自然有助于创业者迅速消化、理解、学习、导入、完善、使用、提升所购买的技术。典型的是，我国台湾地区的工业研究单位，往往就是这样输出自己的技术成果和技术人员，以推动当地的高新技术创业。一般是某个企业欲发展新业务时，或者是某个创业者欲创办新企业时，只要对方给研究单位一定补偿，在科技人员自愿成为创业团队成员的前提下，该研究单位即可以同时向外“出售”技术成果和技术人员。

但是，通过外部社会资本所获得的多为规范化的技术资源，很难直接形成产品创新，它必须通过企业内部有效的管理和应用才能形成创新。如谷歌在2005年以16亿美元收购了YouTube之后，YouTube并未让谷歌的主营业务获得太多收入。因此，对于外购的技术资源，企业还需要通过对技术资源的集成和再创造来提高竞争者模仿的难度，以帮助其开发出重要资源的替代品，提高企业的创新水平。

6.2.5 合作研究

创业企业和高校合作进行技术创新，是加快技术创新过程、抢抓市场机遇、促进企业竞争能力提高的一种有效形式。公司负责市场和科技成果的产品化、市场化，高校运用良好的试验条件和设备以及先进的理论知识，负责产品的研发，对小企业来说，这是较为理想的产品研发方式。这种方式不仅可以发挥企业对市场需求熟悉、开发转化应用能力强的优势，而且可以发挥企业的资金投入优势，以及项目选择符合市场需求的优势；同时，创业企业还可以利用高校知识聚集的优势，减少在基础研究和应用研究环节的投入，降低技术创新风险。1999年“最具成长性”的新创企业北京恒基伟业公司，其“商务通”创业案例，就是自己出资，由香港一家设计公司代为设计产品。其后，恒基伟业又借助OEM(original equipment manufacturer，贴牌生产)方式请有关制造企业“代工”，进而在PDA(personal digital assistant，掌上电脑)市场中取得了辉煌业绩。当然，**采用这种技术获取方式：一是要求创业者本身具有相当的资金实力；二是要求市场机会及市场竞争态势允许创业者推迟进入市场。**

创业实例　**西安蓝晶生物科技有限公司的技术开发**

生物专业毕业的王亚宏敏感地意识到生物领域将在未来成为新兴行业，通过对专业的了解和市场调查，王亚宏把眼光聚焦在了多肽合成上。于是，王亚宏倾尽所有积蓄开始创业，经过几年筹划，2004年，蓝晶生物科技——这个致力于多肽系列产品合成方法和制备工艺等的技术引进、吸收和创新的高科技企业诞生了。几年打拼之后，从申请专利到资金到位，王亚宏完成了公司的初步框架。公司的产品由于成本低、质量好，在高校和科研单位受到广泛好评。

而做多肽合成的研发，需要一些昂贵的实验设备，这对于蓝晶生物科技这样的初创企业来说，实在难以企及。没有好的实验设备，小公司如何搞研发？王亚宏想到要整合社会各种资源。"高科技企业的发展必须把科研开发放在首位"，王亚宏说。于是，公司与西安多个高校共同建立实验室，使用它们的仪器资源来共同从事科研开发，这样既节省了研发成本，也有利于新产品更快更好地推出。

其实，与高校合作并不仅限于在仪器的使用上，更主要是在人力资源和技术领域的有效开发。高校拥有众多的专业人才，包括一些资深博导，他们在技术研发方面具有一定的前瞻性和实践性，王亚宏经常抽空与他们探讨科研上的问题。虽然王亚宏对有些深奥的问题并不太懂，但他一定会记在心上，回家之后查阅资料，彻夜研读，深入理解问题，等下次再和教授们探讨时就会受益匪浅，而教授们也容易得到新的启发。这样，通过分享将人脉资源有效整合产生的巨大生产能量，给蓝晶生物科技公司带来了高速健康发展的机遇。

资料来源：孙嘉.资源整合：站在巨人肩上创业[J].科技创业，2008(6)：56,69,70.

6.3 技术资源开发

技术资源开发的方式包括企业通过提高自己的科研能力自行进行技术创新，以及通过整合社会的技术资源达到提高其技术能力的目的两种方式。

6.3.1 自行进行技术创新

技术创新是企业生存和发展的基本前提，因此要提升创业企业的市场竞争能力，必须提高企业的技术创新能力。技术创新能力是企业在技术及其相关的其他领域的各项创新能力的集合。包括创新环境的优化、创新资源的投入能力、创新管理能力、研究开发能力等诸多方面，任何一个相关环节缺乏能力支撑，都会导致创新的失败和低效。提升创业企业的技术创新能力，可从以下方法入手。

第一，增加投入。投入增加可分为两部分：一是体现在经费、人员和设备上；二是体现在专利、创新费用分布、技术引进与消化吸收投资和技术改造投资等方面。

第二，建立技术创新人才激励机制。人才对于实现技术创新目标起着关键作用，只有中小企业建立有效的技术创新人才激励机制，才能激发企业员工技术创新的热情，调动员工技术创新的积极性。一方面，企业应建立合理有效的技术创新绩效评价体系，将员工的薪酬福利与技术创新绩效挂钩，并与员工的个人发展相结合。另一方面，企业应注重营造尊重技术创新、重用创新人才的氛围，注重培养并发挥员工在生产管理、产品设计开发、营销等方面的积极性，打造以人为本，不断创新，奖励成功，宽容失败的企业文化。

第三，面向市场。技术创新总是在市场机制的作用下实现的，需求、价格、竞争、风险等市场机制无不对技术创新产生重要的影响。离开市场机制的作用，技术成果就无法完成从商品到货币的"惊险一跳"，它永远只是仓库里的样品、柜台上的展品。

6.3.2 开展技术资源整合

创业者应时刻注意运用技术资源整合的力量，借助外力搞科研，利用自己的研发团队搞整合，这样才能通过内外部技术资源的有机融合，不断开发适合市场需求的新产品，保证企业的核心竞争力。

1. 技术资源整合的作用[①]

技术资源整合就是企业根据技术和市场需求的变化，不断地将从外部获取的资源，尤其是技术知识资源纳入企业自身的资源体系，并与企业自创的或已有的资源进行充分有效融合的过程。哈佛商学院 Marco Ianisiti 教授(1997)认为，在半导体等技术发展迅速且不连续的行业中，真正的竞争优势不属于那些创造了高新技术的公司，而是属于那些最善于选择这些技术并进行有效整合的公司。国内外很多成功企业的成长历程也印证了这一结论：资源尤其是技术资源的整合，可以使企业产品概念的构架能力、技术监测能力、技术学习能力以及研究与开发能力得到持续提升，使制约企业产品开发和技术能力提升的技术瓶颈得到有效克服，从而推动企业技术能力持续不断地跃上新台阶。因此，技术资源的整合有助于培育和提升企业技术能力，并有效促进企业技术创新能力的成长，增强企业的持续竞争优势。

(1) 技术资源整合可以提升企业产品整体概念构架的能力。从能力的结构特征来看，企业的技术资源整合能力由元素能力和构架能力组成。元素能力是元素知识，构架能力是构架知识。元素知识是关于认知对象整体或者其构成要素的知识，是关于离散个体的元素知识，这种知识存在于个体之中；构架知识是关于系统与相连系统之间关系的或者其构成要素之间关系的知识，是对认知对象深入认识的结果，这种知识存在于联结之中。产品整体概念内涵有许多元素知识，通过资源整合尤其是技术资源的整合，企业不仅可获取关于认知对象整体或者其构成要素的元素知识，而且还能汲取关于系统与相连系统之间的关系或者其构成要素之间关系的构架知识，从而促进企业产品整体概念建构能力的成长，为形成自主的技术能力奠定基础。

(2) 技术资源整合能够促进企业技术监测能力的成长。较强的技术监测能力，可使企业掌握技术发展动态和趋势以及需求变化的动向，从迅速膨胀的技术体系中选择与市场匹配的技术，为研究开发奠定坚实基础。通过与外部技术资源的频繁接触和交流，创业企业能够把握相关领域技术知识发展动态和趋势，洞察市场需求的动向。在技术资源整

---

① 饶扬德. 企业技术能力成长过程与机理研究：资源整合视角[J]. 科学管理研究，2007(10)：59-62.

合过程中，通过调动研发人员研究开发的主动性和积极性，企业可先于竞争对手洞察市场需求趋势，从而开发出性价比更优且符合市场需求的产品。因此，资源整合可促进企业技术监测能力成长。

(3) 技术资源整合可以增强企业技术学习的能力。技术学习是从企业外部知识环境搜索和获取对企业有用的技术知识，进行消化吸收，将其纳入自己的技术轨道或重建技术轨道，从而增强组织整体技术能力的过程(赵晓庆，2003)。技术学习是形成和提升技术能力的必然途径，其有效性决定于企业的隐性知识吸收能力，它可能发生在设计、研究和开发、生产及销售等部门，"用中学"、"干中学"是其中的重要来源。

(4) 技术资源整合有助于提高企业技术研究的开发能力。企业的研究开发包括科学和技术的基础研究和应用研究，以及原型机和工艺方法的设计与开发。其研究开发能力可由创新资源投入与配置的结果来表示，可用企业的基础研究、应用研究和设计开发能力来衡量。技术研究开发能力是企业技术能力的重要组成部分，提升研究开发能力有利于企业技术能力成长。通过技术资源整合，减少不必要的重复研究与开发，企业能够从迅速膨胀的技术体系中选择与市场匹配的技术知识，并使之与企业自创的或已有的技术知识相融合，实现关键技术的突破，促使企业研究开发能力的提升，从而促进企业技术能力不断成长。

2. 技术资源整合过程①

进行技术资源整合，要求企业首先按照技术与市场匹配原则，构架出企业自主产品整体概念；其次按照先进性和适用性原则，选择出与市场需求相适应的技术；再次通过技术学习，汲取、激活并有效融合已选的企业内外技术知识资源；最后，促使基础研究环节与产品开发环节的有效衔接和充分互动。

(1) 洞察技术及市场趋势，构架产品整体概念。自主产品概念使企业有可能开发出符合市场需求的产品性能特性。其构架是基于资源整合的技术能力成长的逻辑起点。技术资源整合所要解决的核心问题不是资源供给本身，而是日益丰富、复杂的技术知识资源与实际应用之间的脱节，其本质是选择、汲取、激活、融合并创造出与市场需求相匹配的资源，尤其是技术知识资源。通过资源整合以促进企业技术能力成长，强调技术资源与市场需求相匹配，要求企业在构架自主产品整体概念的同时，洞察技术发展动态及趋势，把握潜在的市场需求，先于竞争对手进行技术资源的整合，研究与开发出性价比更优且符合市场需求的产品。1984 年，当市场上冰箱都是二、三星级时，刚组建成的海尔集团决策层敏锐地洞察到国际先进的冰箱已发展到四星级，于是决定跳过二、三星级，构架"四星级"冰箱的整体概念。海尔的经营者借助科研院所的力量搞研发，自己组织班子搞技术资源整合，终于在较短时间内开发出了四星级冰箱。之后不久，海尔又借助外力搞研究，自己搞整合，在减少氟利昂方面取得成功，使海尔冰箱迅速打入了欧洲市场。

(2) 识别选择与市场需求相匹配的技术资源。构架自主产品概念的重要内容之一是

---

① 饶扬德. 企业技术能力成长过程与机理研究：资源整合视角[J]. 科学管理研究，2007(10)：59-62.

定义产品的性能特性，其关键环节是建构技术知识。市场竞争优势常常属于那些擅长选择并建构技术知识资源的企业。20 世纪 90 年代以来，随着信息技术、电子、生物、化学以及新材料科学领域的科技进步，不少行业的技术知识基础发生了前所未有的变化，技术知识体系迅速膨胀，新技术知识来源和可供企业选择的技术知识大大增加。因此，识别选择与市场需求相匹配的技术资源，是企业技术能力成长的关键环节。成立于 1968 年的英特尔公司是全球最大的半导体芯片制造商，该公司能够把握全球技术发展动态和趋势，识别并正确选择了新颖的平版印刷技术、蚀刻术以及平面化方法，并予以整合、集成，整合形成的技术系统使得英特尔公司的技术能力跃上新的台阶。

(3) 汲取、激活已选的技术资源并予以有效融合。企业选择的技术资源既包括企业外部技术资源，也包括企业内部技术资源。企业没有必要，也不可能掌握关于产品开发和生产的全部领域知识，这就要求企业既要善于利用企业外部的技术资源，也要善于汲取、激活并融合包括外部技术资源在内的技术资源。企业可通过以下途径实现技术资源的有效融合：第一，提高企业员工尤其是研发人员等人力资源的素质，进而提升其理解、吸收及应用资源的能力，促进企业有效汲取已选的外部技术资源；第二，充分激活已选的内外技术资源，发挥其使用效能，从而产生新的技术资源；第三，把已选的外部技术资源与企业内部技术资源进行有机融合，内化于企业内部。通过汲取、激活已选的技术资源并予以有效融合，企业能够克服制约企业技术能力提升的技术瓶颈，摆脱“木桶效应”的束缚，实现关键技术的突破，直至产业技术链的整体突破，从而促进企业技术能力成长。在开发四星级冰箱过程中，海尔集团充分整合了高校和科研院所的技术资源，进而于 1992 年底推出了 MSV 电冰箱，促进海尔集团的技术能力持续不断成长。

(4) 促使基础研究与产品开发的衔接和互动。一般而言，基础研究环节致力于产品概念的探索，面对外部技术及市场的变化，创造、获取、挑选企业所需技术，得出最终的产品概念。开发环节则致力于实物开发活动，在复杂的应用环境中实施技术，最终产生现实的新产品，并移交给生产部门，同时还要排除其中可能发生的故障并解决可能发生的问题。为防止研究环节与开发环节之间的脱节，以及技术知识的单项流动，企业有必要成立由具有研究、开发和制造背景人员组成的技术资源整合专家小组。由该小组致力于“技术资源整合”，进行适应顾客需求且能有效制造新产品的概念设计，并与研究团队、开发团队、生产部门、供应商、用户等密切协同，全程参与“从概念到实物”的产品创新过程。20 世纪 90 年代，美国许多公司如 IBM、微软等都采用这种技术资源整合流程。它们在从事基础科学研究的同时，开展产品开发活动，而且还借助大学、科研院所、技术性公司等来扩大自己的技术来源。在此基础上，还建立了技术资源整合专家小组，促使科学研究环节与开发环节的有效衔接和互动，从而促进这些公司技术能力快速成长。

3. 技术资源的整合机理[①]

技术资源整合过程中，企业一定要很好地界定利益相关者及其相互之间的利益关系。

---

① 刘鹏宇，宋东林. 高新技术资源整合相关机制的探讨[J]. 市场现代化，2008(10)：65.

一般来说，**技术资源整合过程中的利益相关者主要有企业、科研机构、大学等教育培训机构、风险投资机构和政府参与的中介机构等。**

(1) 企业。企业作为资源整合系统的终端，担负着高新技术产品商品化和市场化的重任，最终实现其社会价值。在这个过程中企业需要的是区域内其他主体的帮助和资源上的支持。

(2) 科研机构。科研机构在整个资源整合系统中最根本的职能是开发新的或改进已有的具有共用性的技术资源，为企业技术创新提供知识和技术上的供给，为企业开发新的产品或改进产品节省时间和成本。它们需要的是高素质的人才、资本等高新技术资源，以及实际生产中的技术问题来丰富其科研内容。

(3) 大学等教育培训机构。大学等教育培训机构最主要的职能是为整个资源整合系统的主体提供高素质的人才资源，以及一些共用性技术资源。高校机构需要的是通过资金的增加，改善办学环境和科研环境；根据实际生产部门的生产技术问题，丰富不同的科研内容；通过和企业合作建立长久的学生实践基地。

(4) 风险投资机构。风险投资机构最主要的职能就是为资源整合系统里的主体提供资金，推动企业技术创新和技术产品快速市场化。由于资本的趋利性本质，风险投资机构最需要的是具有巨大市场空间和高速成长性的项目，这种项目一般只存在于高新技术项目领域。

(5) 政府参与的中介机构。政府参与的中介机构最主要的职能就是通过制定政策法规、创造良好环境和条件、提供政策指导和服务，促成系统内各主体之间的交流与合作。对于政府来说最需要的则是社会总量的发展、全社会的稳定、全社会的可持续发展。

从以上各主体的职能和需求上来分析，各主体之间具有很大的互补性，只要在政府的协调下充分发挥主体能动性，彼此间以需求为出发点真正展开合作，那么资源整合的协同优化效应将会得到释放。

4. 技术资源整合的影响因素

据初步调查，目前新创企业的技术资源整合往往受制于四类障碍。[①] 一是一些企业的技术基础薄弱，技术能力差，缺少实施技术资源整合的技术基础和能力；二是不少新创企业缺少技术资源整合的内在积极性，总是希望直接获取系统的“傻瓜技术”，直接走向创新产品的批量化生产，不愿意投资于技术资源的整合；三是不少新创企业的技术资源整合缺少产业配套环境，国内企业无力提供企业所需的原材料、零部件或制造设备，这样，即便是企业具有技术资源整合的积极性，也很难有效地实施技术整合；四是国内企业成功的技术资源整合案例不多，学术界关于技术资源整合的规律性研究也不多，使新创企业可以借鉴的技术资源整合的经验知识较少。

① 雷家骕，王兆华. 高技术创业管理[M]. 北京：清华大学出版社，2008：183.

6.4 技术资源的风险

技术资源的风险主要表现为技术资源价值的不确定性，具体可以体现在战略决策和组织风险、研究开发风险、技术的应用风险、配套技术的不确定性风险，以及技术寿命难以估量风险等多个方面。

6.4.1 战略决策和组织风险

由于技术的未知性，导致所有的创新在具体执行之前都只能依据主观认识来进行科研战略方向决策，这种战略决策方式无疑蕴含着巨大风险。另外，现代的技术工作基本都采取成立科研小组联合攻关的方式进行，因此科研小组的科研水平也主要取决于小组成员的整体知识、能力和创造才能及相互的协作，这种科研组织体制面临组织成员能力不足或协作不够的风险。

6.4.2 研究开发风险

任何技术投资在实际开发过程和具体操作过程中都存在失败的可能性。例如，20 世纪 70 年代杜邦公司曾对 corfam 材料投入大量资金进行研发，希望其能够作为皮革替代品引发鞋用面料的革命，但却以亏损 1 亿多美元而告终。[①] 当然，也有不少研发的成功完全在最初的意料之外，同样是杜邦公司，当年研究开发尼龙材料时，投资巨大、耗时多年，也没有获得成功。然而，某一天晚上，一位研究人员忘记灭掉酒精灯，第二天早上发现烧了一晚的坩埚中有一团东西，拿去化验后才发现这正是他苦苦寻找的尼龙材料。自此以后，尼龙就成了现代化工的三大新兴材料之一。

6.4.3 技术的应用风险

技术的应用风险是指技术从理论上初步成功到转化成实际经济竞争优势过程中的风险。新产品的商品化生产往往需要相应的工艺创新，需要通过技术整合，形成批量化生产所需要的产品制造方案、产品制造流程、产品制造系统、生产过程的控制方案，甚至需要相应的管理方案和商业模式。这些生产和管理的任何一个环节出现漏洞，都可能会对技术资源的商品化带来致命冲击，使技术资源的应用具有很大的不确定性。

6.4.4 配套技术的不确定性风险

产品要实现批量化生产，往往还需要相关行业配套技术的支持。如果创业者推出的新产品难以获得必要的相关行业的配套技术予以支撑，则很难实现技术资源可能带来的批量化生产。尤其是对于高科技企业更是如此，“早半步是先驱，早一步是先烈”讲的就是这个道理。因此，创业者应选择能够得到行业内配套技术支持的技术资源作为创办企业

---

① http://doc.mbalib.com/view/7d2cf292eecc237c50c779bbc7651af1.html.

的开始，而不能一味仅从技术本身的角度考虑，盲目追求技术的先进性。

6.4.5 技术寿命难以估量风险

人类社会的发展进入知识经济时代以来，技术更新换代速度日益加快，技术资源转化为生产力的周期日益缩短，同行业内的竞争日益激烈，产品设计及工艺更新的速度都在加快。尤其是移动浪潮的到来，给技术的发展带来了更多契机，产品之间的“代际时段”越来越短，专利技术的寿命也将越来越短。很可能创业者投入了大量时间、金钱研发技术，但在某个方面保持某种程度技术优势的时间却不是很长，甚至在短时间内就被其他更新的技术所取代。

第7章 创业客户资源

引导案例 离客户心灵最近的品牌——裂帛[①]

自2006年创业，靠小众细分路线在淘宝女装中声名鹊起，拥有40%的重复购买率，以300%的年增长速度发展，2011年营收近亿元，2012年计划销售5亿～6亿元。这就是"裂帛"的故事，一个主要销售中国风女装的原创品牌和设计师品牌。

裂帛的创始人汤大风毕业于南京艺术学院服装设计专业、妹妹汤小风在无锡学习金融管理。姐妹二人常流连于云南、西藏、尼泊尔，那里的纯净、不被时代变迁所改变的文化与情感为她们日后的创业之路埋下了伏笔。那些古老的绣衣、鞋子上细密的针脚里倾注了许多心血。大风说，那种原始的生命力打动了她。

2002年，平面设计师起步的大风和小风在北京开了一家平面设计公司。对于大风来说，这只是谋生手段。2005年，她们在淘宝起步。异军突起的互联网电商给了她们一个实实在在的创业机会。大风姐妹以1 000元的创业资金，从贩卖服饰起家，在第二年开创了服装设计品牌——"裂帛"，其源于中国台湾著名诗人简媜的《四月裂帛》，诗意而美丽。她们将少数民族的服装风格包括繁复的绣花融入了现代服装。她们自己设计、买面料、打版、缝制、拍照、上传、定价、发货、处理售后问题，将自己对于生活的态度全部缝进衣衫，并希望这一件件自己亲手设计制作的衣衫可以成为她们与世界沟通的一座桥梁。她们从买家的评论里了解到顾客的渴望，了解顾客希望改变自己、改变生活却不敢踏出那一步的纠结。于是，裂帛服饰向她们提供了迈出改变自己的第一步。

令人着急的是，姐妹俩自己设计的服装根本无法满足需求，不少衣服还依赖于从云南等地进货。这些服饰尽管很漂亮，但货源并不稳定，热销的品种往往供不应求，不对路的品种又常常滞销积压。有的顾客留言说"裂帛"还没有真正找到自己。

这句话深深地触动了大风，因此，一个大胆的想法在她心头产生。正是这个大胆的想法让当初那个由一个样板师、三四个工人组成的家庭式小作坊变成了今天拥有几百名工人、1 300平方米厂房的特色服装生产企业。相比满街皆是同质化的欧美、日韩系服饰，大风和小风的"裂帛"显得更有中国味道，更有民族风格。它承载着人们对色彩、自然、情感共同的热爱与表达，并分享内心生活的感动和喜悦，因此被誉为离客户心灵最近的品牌。

当然，"裂帛"的销售奇迹是在网上不断展现的。2007年，中国网购市场开始攻城略地。在其他品牌轻装上阵，剑指营销时，"裂帛"下功夫做基础，从设计、打版到制衣销售，前后数十个环节，环环相扣，以质取胜。为了应对客户的需求，"裂帛"购买了ERP系统，

---

① 晓强."裂帛"：双风共奏霓裳曲[J].职业，2012(10)：62-64.百度百科，http://baike.baidu.com/subview/1314476/5094405.htm?fromId=1314476&from=rdtself.

能在3天消化几百万件的制作量。

这一招积攒了实力，2009年淘宝力推品牌与品质转型，"裂帛"加入淘宝品牌，成为淘宝排名前十五的品牌女装；2010年，赢得五皇冠；2011年，赢得金皇冠——年营业额近亿元，顾客重复购买率达40%，年增长达300%。裂帛2012年的销售目标，是5亿～6亿元。

"裂帛"除了做生意外，也不忘做公益。从2007年开始，"裂帛"就成立了文化基金，资助有梦想的青年人，支援边远山区的孩子。只要有价值，"裂帛"就会尝试去做。

大风和小风有自己的梦，希望将"裂帛"做成国内一线品牌，进而走向国际市场，成为叫得响的中国设计师品牌。

重视客户、理解客户是创业企业成功的基石。在技术、产品和管理逐渐走向大一统，很难保持鲜明的特色之后，客户服务和客户管理就成为企业克敌制胜的新"撒手锏"。而且随着人民生活水平的提高，消费理念的日趋成熟，质量、环保、健康、科技、节能、安全，正为消费者熟知和了解，个性化、人性化、全方位的服务正逐渐成为企业击败竞争对手的利器。创业者只有对客户予以更多关注，做好客户资源的开发和管理，使企业拥有大量的客户资源，才有可能实现真正强大和创业的成功。

7.1 客户资源开发

客户是上帝。创业企业只有成功地将产品和服务销售出去，找到自己的客户，才能够在资本市场上将投入的资源收回，并且产生更大效益。因此，客户资源开发对于创业企业有着至关重要的作用。创业者一定要充分关注客户资源，将客户资源开发作为企业生存发展的基础工作，投入足够的时间和精力，才能够在给客户带来价值的同时，实现创业企业的经济效益。由此，需要创业者了解客户开发的原则、机制和方法，熟悉客户关系管理的理念和策略，在不断增加新客户的基础上，将老客户的关系维系好。

7.1.1 客户资源开发原则

创业者要成功开发客户资源，需要把握客户资源的开发原则，理性界定客户范围，获得尽可能多的客户信息。开发客户时要站在客户的角度，时时刻刻为客户着想，可以采用先进的产品和服务理念吸引客户。

1. 理性界定客户范围

对新创企业而言，不是所有客户都具有相同的潜在生命周期价值，故对最具潜在营利性的客户(高价值客户)关系进行投资无疑是一种明智的选择。这就要求创业者首先应该了解谁是企业真正的客户，进行客户识别和目标客户定位。

客户分析主要包括6个方面：客户的基本情况分析(客户的消费层次、信用风险程度、爱好、习惯等)，客户忠诚度分析(客户对公司的忠诚程度、持久性、变动情况等)，利润分析(不同客户所消费产品和服务的边际利润、总利润、净利润等)，性能分析(不同客户所消费的产品和服务按种类、渠道、销售地点等指标划分的销售额)，未来分析(客户数量、类别等情况的发展趋势，争取客户的手段)，促销分析(广告、宣传、让利促销活动的管理)。

通过客户分析，有利于企业准确界定客户范围，使创业者以较低成本开发大量而忠诚的客户群体。

2. 多途径获得客户信息

在对客户进行理性界定后，接下来创业者需要通过多种渠道取得潜在客户的信息，以便有针对性地进行开发。新创企业需要获得的客户信息包括：客户个人基本情况，如年龄、婚姻、性别、收入、职业等；客户基本生活方式，如爱好、产品使用习惯等；客户消费态度，如对风险、产品和服务的态度，将来购买或推荐相关客户的可能性；客户购买方式，如按渠道购买、更新、交易，还是乐于厂商直销；客户所在地区概况，如经济、气候、风俗、历史等。

一般来说，取得客户信息的方法主要有以下几种。

(1) 客户介绍法。创业者可以在已有的客户中挖掘新客户。通过老客户向其同行好友提及甚至推荐是一种最快捷也是效率最高的开发新客户的方法。这是因为，客户长期处于某一地区某一行业，对自己的同行很清楚，更了解自己同行好友是否需要创业者提供的产品。

(2) 地毯式访问法。这种方法也叫陌生拜访法。创业者或者创业企业的营销人员在准客户比较集中的地区采取这种方式比较有效。基于网络和影像技术的普及，可以先收集准客户的名称、通讯地址，利用网络初步查询相关信息，挑出匹配度高的准客户进行陌生拜访。如果能查到联系人也可以先电话预约，再行拜访，以提高成功的概率。

(3) 积累客户法。创业者对工作和生活中相识的每一个人，都可以试图询问并得到准客户信息，将其发展为创业企业的客户。相对陌生拜访来说，有人引荐或是指点到关键人，往往可以事半功倍。因此，创业者可以在朋友圈子、校友圈子，甚至是与同路坐车的乘客的有效交流中挖掘潜在客户的信息。

(4) 名人介绍法。创业者可以利用客户群里有名望或地位的个人或企业，来帮助自己进行客户开发。因为潜在客户经常通过企业的现有客户，判断创业企业作为一家供应商的素质或能力，因此，当创业者攻克了行业中有影响力的客户时，就可能会更容易得到新客户的接纳。

(5) 展会收集法。创业者在参加展销会或其他类型的会议时，往往会收集到很多准客户的信息。尽管在展会中会收到大量广告推销类的名片，但准客户的名片也会很多，关键是创业者要能够及时进行整理、分类和界定。通过识别潜在客户，并在第一时间拜访，有利于创业者快速准确地将创业企业信息传递给准客户，通过业务合作等方式赢得客户信任。

3. 时时为客户着想

创业者在开发客户时，一定要时时刻刻站在客户的立场，从客户的角度出发来陈述创业企业的产品和服务。站在客户立场介绍产品和服务时建议采用 FAB 法则，并基于 4C 的原则进行，实现无推而销。

FAB 法则，即属性、作用、益处法则，FAB 对应的三个英文单词是：feature、advantage 和 benefit。采用这一法则，要求创业者一定要将产品或服务的性能转变成客户的利益，以客户利益为导向，发掘客户的需求。feature 是指产品和服务的属性，是一种产品能看得到、摸得着的客观属性；advantage 是指这种属性将会给客户带来的作用；benefit 是指作用会给客户带来的利益或价值。当创业者按照这样的顺序来介绍自己的产品和服务时，就是一种说服性的介绍，能够达到让客户相信你是最好的效果。

运用 FAB 法则时，创业者一定不要拿自己的产品和服务与竞争对手比较，要介绍产品和服务的属性而非特点，讲解它的作用而非优势；同时也不能过分强调属性，不能把产品的作用和益处混淆。[①] 这就要求创业者在使用 FAB 法则之前，一定要知道顾客为什么需要购买产品，客户需要产品解决什么问题等，只有这样才能真正说服客户，给客户带来益处。

4C 原则是从客户角度出发，通过对客户购买产品和服务成本的分析、购买便利性以及沟通方便的角度分析等，来开发客户，进行"无推而销"的一种方式。

第一个 C 是 customer，主要指顾客的需求。创业者必须首先了解和研究顾客，根据顾客的需求来提供产品。同时，创业企业提供的不仅仅是产品和服务，更重要的是由此产生的客户价值(customer value)。

第二个 C 是 cost，指客户能够接受的成本，既包括产品的生产成本，也包括客户的购买成本。这里客户的购买成本不仅包括其货币支出，还包括其为此耗费的时间、体力和精力以及购买风险。

第三个 C 是 convenience，指创业企业应该为客户提供最大的购物和使用便利。从客户的方便入手，通过周到的售前、售中和售后服务，让客户在购物的同时也享受到便利，以增加客户的消费价值。

第四个 C 是 communication，指与客户的沟通。创业企业应通过与客户进行积极有效的双向沟通，建立基于共同利益的新型企业-客户关系，从而在双方的沟通中找到能同时实现各自目标的途径。

4. 用先进理念吸引客户

创业者可以引导而非顺应客户的需求，按照乔布斯的话说：创业者应站在 5~10 年后，看现在的消费需求。站在未来的角度分析消费者可能出现的需求，有利于创业者开发出能够引导消费的产品和服务，而不是只从满足现存的市场需求，或弥补现有的供给不足入手。这样，创业者就能够站得高、看得远，使自己推出的产品和服务给人以震撼和满足，带来令人惊叹的用户体验，从而吸引客户目光，扩大客户范围。正如苹果公司的创始人乔布斯一样，总是在主动告诉消费者他们需要什么，而不是消极等待消费者的信息回馈；总是在主导市场，而不是在现有市场中取得一定份额；总是向客户强调他们的梦想，而不仅仅是产品本身；总是能够通过产品与客户的连接，给客户带来不一样的意义。

7.1.2 客户资源开发机制

在客户资源开发原则的基础上，如果创业者再建立一种恰当的开发机制，则不但会使客户开发更加容易，而且也会使开发出来的客户忠诚度较高，从而依靠稳定的客户资源，

---

① 作用是产品本身所固有的，无论谁购买这个产品，产品的作用都是固定不变的。但是益处却是特定的，不同的人购买所获得的益处是不一样的。

获得较高经济价值。

创业者可以基于精益创业的观点，通过客户资源开发为客户创造价值，通过点规模渗透的运作机制实现客户规模的倍增效应，也可以通过科学的客户资源管理，从老客户中挖掘到更大的客户资源。

1. 精益创业，为客户增加价值

精益创业代表了一种不断形成创新的新方法，它源于“精益生产”的理念，提倡企业进行“验证性学习”，先向市场推出极简的原型产品，然后通过不断的学习和有价值的用户反馈，在不断试验中，以最小的成本和有效的方式验证产品是否符合用户需求，并迭代优化产品，灵活调整方向，使产品适合市场的需求。[①] 精益创业的指导思想是以客户为中心，尊重客户价值，防止服务不足与服务过度，杜绝无价值的经济活动，并致力于持续改进、追求卓越、尽善尽美，不断优化投入产出。因此，**精益创业是一种消除浪费、提高速度与提升效率的方法，它可以运用到各行各业任何规模的公司，甚至是庞大的企业中。**

精益创业的标准是有效价值，即客户的实际价值需求。客户价值是客户从某一特定产品/服务中获得的一系列利益，包括产品价值、服务价值、人员价值和形象价值等，不仅体现在产品或服务上，还体现在品牌、渠道等多方面。由于客户一定会选择那些在他们心中让渡价值最高的产品/服务，即客户价值与客户成本之差最大的产品/服务，因此，基于精益创业的思想，创业者一定要以产品“寿命周期成本”的概念为基础，向客户让渡最大的价值——让客户付出的体力、金钱、精力更少，而得到的产品、服务与情感享受更多，从客户实际需求出发，满足客户需求价值。

创业实例　　德鲁·休斯敦的精益创业

德鲁·休斯敦(Drew Houston)是Dropbox公司的首席执行官。这家位于硅谷的公司开发了一种非常简单易用的文件分享工具。安装了该应用程序后，你的电脑上会出现一个Dropbox“收纳盒”文件夹。任何拉入文件夹内的资料都会自动上传至Dropbox的服务器，然后即可复制到你所有的电脑和设备上。

由于该产品需要精通技术的专才来开发，公司的初创团队都是由工程师组成的。因为开发此应用程序需要整合不同的电脑平台和操作系统，如Windows、Macintosh、iPhone、Android系统等，要深入每种系统的内部实现这些功能，就必须有专业技能知识才能创造出非凡的用户体验。实际上，Dropbox软件最大的竞争优势在于，它的运行是如此顺畅，以至于令竞争对手难以超越。

Dropbox公司的创业者在开发产品的同时就想到了要取得客户反馈，了解客户的真正需求是什么，特别是需要检验其“信念飞跃”式问题：如果我们能够提供一种超级顾客体验，人们会不会试用我们的产品？他们相信，文件同步是一个大多数人没有意识到的问题，一旦你体验了相应的解决方案，将简直无法想象生活中怎么可能没有它。

但是，德鲁·休斯敦面临的最大挑战是，他根本不可能以原型产品形式来展示一个运

① [美]埃里克·莱斯.精益创业：新创企业的成长思维[M].北京：中信出版社，2012.

行的软件。而且实际产品需要克服重大的技术障碍，产品的在线服务部分也需要做到高度可靠和有效。为了规避风险，以免开发多年后才恍悟产品没人想要，休斯敦采用了精益创业的招数：他拍了一段视频放在网站上，接受用户的试用和检验，并借此收集客户的反馈意见。

这是一段直观的3分钟视频，针对技术圈内的早期使用者演示了该技术的工作情况。休斯敦亲自给视频配了旁白。当描述他要同步的文件种类时，观众可以看到他如何用鼠标操作电脑。休斯敦回忆时说道："这个视频吸引了几十万人访问我们的网站。产品公测版的等候名单一夜之间从5 000人上升到75 000人。让我们又惊又喜。"时至今日，Dropbox公司是硅谷最红火的公司之一，据说其身价已超过10亿美元。

2. 点规模渗透，实现客户指数增长

"点规模渗透"式的客户开发模式，[①]指创业者先把客户的开发工作集中在一个城市，最好是创业者或创业企业所在的城市，而且最好是大城市，然后把全部的能量与资源集中在一起，通过在该城市客户的开发取得局部经验；在该点的开发上，主要在客户开发的深度和广度上做文章，比如先在某一类客户上下功夫，尽全力开发该类客户，将该类客户做透；再在该类客户开发经验的基础上，加大客户开发的广度，由该类客户向其他类别的客户延伸，以求在该点有最大的客户规模；最后，在对该点客户开发模式熟悉的基础上，将其规范化、程式化，并向其他城市或地区复制，实现客户规模的指数级增长。

3. 周到管理，充分借助老客户资源

对于开发出的客户群体，创业者一定要通过加强管理，对客户实行深度开发，开发老客户的新需求，或者借助老客户的资源来开发新客户。对现有客户情况的分析可采用客户组合分析法，按照客户在客户关系中的历史价值和潜在的生命周期价值对客户进行分类，按照不同客户的特点采用不同的管理策略，如图7-1所示。

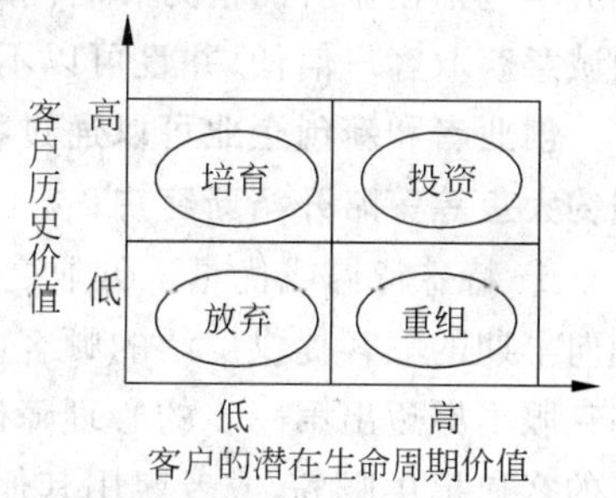

图7-1 客户组合分析法示意图

创业者通过客户关系管理，如果能够得到老客户的认同，得到老客户的帮助，则可以在客户开发上节约成本、提高效率，达到事半功倍的效果。享誉美国的寿险推销大师甘道夫正是借助老客户的帮助，不断复制"3"的倍数。数年之后，他的客户群像滚雪球一样越滚越大，通过真诚的交往和不懈的努力，最终成为美国历史上第一位一年内销售超过10亿美元寿险的成功人士。[②]

7.1.3 客户资源开发方法

1. 新客户资源开发

对创业企业而言，客户才是市场。在市场中，大客户有两种类型，即单一的大客户和利基的大客户。不同类型的客户特点不同，能够给创业企业带来的好处也不同。创业者

① 赵延忱，谢阒地．"点规模渗透"的方法[J]．中国电子商务，2008(6)：72,73.

② 百度百科，http://baike.baidu.com/view/2659173.htm.

需要有针对性地采取一些方法，进行新客户的开发。

(1)“单一型”大客户和“利基型”大客户[①]

“单一型”大客户一般指大机构或大企业，这类客户的需求特点表现为：第一，自身业务规模大，对其他行业产品的需求量也大；第二，需要的产品或者均齐性极高，或者有着高度的特殊性；第三，买方在大多数情况下有较强的议价能力；第四，产品需求较为稳定，给卖方的支付也较为守信。新创企业与这样的客户紧密合作，既有利于获得发展机会，又有利于在向客户的学习中促进自身成长。

“利基型”大客户的特点为：第一，利基型大客户中每个客户的需求量不大，但千家万户聚集起来的需求量却十分巨大；第二，虽然每个客户是独立的，但口碑效应对客户的购买决策有着非常大的影响；第三，单方面在大多数情况下的议价能力较差，但如果少数客户对厂商发难，则极易引发众多客户对厂商的不满；第四，客户对产品的需求多不稳定，且层次性明显、差异性较大；第五，买卖交易多是现货现款。在这类市场中，为争夺某一客户群，厂商之间的竞争极为激烈，同时要求厂商有极强的创新能力和营销能力以及规模经济性。新创企业与这样的客户紧密合作，既有利于获得发展机会，又有利于在迎合客户需求、与其他厂商的竞争中实现自身成长。

(2) 开发新客户的方法

创业者需要通过创新的产品或服务，为潜在的顾客提供价值，或针对他们目前不满意的问题提供有明显改进的方案，可以通过提供特殊待遇与优惠的方式，吸引客户。即便如此，要争取到新客户，还需要创业者或者拥有资源，或者投入更大的成本进行“攻关”。这种成本包括创业者的精力和时间等，而且为争取到重要客户，创业者往往需要亲自出马，用诚意获取客户信任，并且可以不计成本。[②]

创业者和新创企业可以通过特殊待遇或优惠、模仿、设计、广泛搜寻、循序渐进、放长线钓大鱼等策略开拓新客户。

① 特殊待遇或优惠。创业之初的创业企业通常会向潜在客户提供特殊的激励措施，如向早期的顾客提供广泛的顾客所要求的服务，或者免费的辅助服务、培训等，以帮助他们克服不愿迈出第一步的心理障碍；创业者还经常通过向那些其他企业不愿为之提供服务的客户提供服务，或者雇用其他企业不愿意雇用的人的方式，来筹集创业初期所需要的资源。

② 模仿。许多新创建的企业都试图营造出一种可靠、可信的企业形象，通过模仿一些大规模、更成熟的公司的外在形式，使人们对新创建企业的稳定性产生一种不假思索的信任。并且这种做法本身也反映了创业者具有远景规划，能够考虑他人看法。

③ 设计。通过精心设计沟通的语言和方式，向客户展示创业者或新创企业的形象。如为了降低客户对企业不信任的感觉，创业者常常采取一些折中或含糊的表达方法，尽可能强调产品或服务的好处，向客户描绘尽可能美妙、灿烂的前景，提供创业优势的事实，忽略或粉饰风险；或通过特定的行动故意使顾客预期比企业实际做到的低一些，然后超出

---

① 雷家骕，王兆华. 高技术创业管理[M]. 北京：清华大学出版社，2008：246-249.

② [美]阿玛尔·毕海德. 新企业的起源与演进[M]. 魏如山，等，译. 北京：中国人民大学出版社，2004.

顾客预期，使顾客获得意外惊喜；对于风险较大的产品和服务，有些企业家会强调与其捆绑销售的“安全”的配套商品的价值。

④ 广泛搜寻。因为潜在客户的需求很难为创业企业掌握，企业很难辨别这些不同寻常、潜力巨大的顾客，于是界定潜在客户的范围较为困难，因此，为了尽可能接触一些潜在客户，使其成为真正的顾客，创业者往往必须充分动用各方面的关系广为宣传，想方设法接触尽可能多的客户，直到找到最佳人选。

⑤ 循序渐进。在开拓新客户时不要只考虑眼前的经济利益。大部分生意的获利，都是靠那些成年累月一再光顾、重复采购的客户。因此，为了着眼于未来生意可以带来利益，在开始时以持平甚至损失的情况下获得新客户也不失为一个开发客户的良策。循序渐进的方法可以使顾客逐渐加深对新创企业的了解，而且随着企业历史记录的建立，顾客会一步一步增加他们的投入。循序渐进有效的另一个原因是顾客具有使当前选择与前期投入保持一致的心理需要。因此，创业者可以以一个小买卖为开端来获得大生意，让资源供给者先做出小的投入，在感情上将其套牢，然后争取其进一步的购买和投入。

⑥ 放长线钓大鱼。创业者可在对自己产品或服务进行准确定位的基础上，分析客户可能经常出现的场合，增加自己在同样场合出现的次数以及与客户接触的机会，有意识地记录潜在客户的特征，分析其需求，在适当的时候向其介绍企业的产品或服务。

2. 老客户资源的维系

已有的客户资源是一座享用不尽的“金山”。根据国内外的经验数据，保持一个老客户所需的成本，仅是开拓一个新用户成本的20%左右。而且，一个企业的主要收入和利润大都来自老客户。因此，留住老客户，可以提升客户资源的价值，提高企业的盈利能力。

留住老客户的方法有增加客户的忠诚度、加大客户的转移成本、进行用户锁定等。

(1) 增加客户的忠诚度。通过不断提高企业产品或服务的质量，提高客户继续使用本企业产品或服务的意愿；通过客户的分类管理，提高20%的重要客户的满意度；通过对客户的动态跟踪管理，经常调整重点管理的客户对象等方式增加客户的忠诚度。

(2) 加大客户的转移成本。通过向客户提供服务承诺、价格折扣等措施，让客户感受到超值服务；通过产品或服务的差异性，强化客户的消费习惯，加大客户的转移成本。

(3) 通过用户锁定留住客户。“用户锁定”是指由于信息产业中的产品多数处于某个系统中，单件产品只有与其他产品相互配合时才能发挥作用。客户在购买了某件产品之后，通常还要购买配套的硬件和软件，因此，一旦客户向某种特定的系统中投入各种补充和耐用的资产时，就会被锁定。如当企业购买了某软件公司的软件时，基于路径依赖和配套使用的需要往往会继续购入同一公司的其他软件。

创业实例

制鞋大王的客户开发

于2008年逝世，享年93岁的托马斯·巴塔(Thomas Bata)，不仅重新开办了他父亲于1894年在奥匈帝国创立的制鞋企业，而且还将其发展为全球领先的鞋类零售商和制造商，生产基地遍布三十多个国家，拥有三万多名员工。

汤姆("托马斯"的昵称)延续他父亲开创的在全球市场扩张的传统,打进了亚洲、拉美、中东和非洲等地区,将业务扩展至全球的各个角落。尽管有些地方没有人想去,有时历尽艰难,环境往往并不有利,但他第一个去了,并且长期坚守,最终打造出一个赢得一代又一代客户和员工忠诚的强大品牌。据估计,在汤姆的一生中,他的公司总共销售了逾200亿双鞋子。

汤姆之所以能够做到这一切,在很大程度上是因为他是为处于社会金字塔中下层客户服务的,而很久以后这种理念才流行开。

对汤姆而言,为贫穷大众制造和销售物美价廉的产品是公司的核心原则之一。他不仅仅向客户销售产品,而且还会创造新的客户。

汤姆喜欢讲述准备去非洲扩张时的故事。他派了一位高级管理人员去考察,大约一周后,这位经理向汤姆报告:"我们到底为什么要来非洲?这里没有人穿鞋。"汤姆回答道:"这正是我们要去那里的原因。"这种扩大客户基础的开创性想法,与Bata公司注重在新兴市场扩张是密切相关的。汤姆在这两方面显然都是超前的。

但汤姆不仅仅注重客户。他曾经说过:"企业的真正作用是提供一种服务,通过制造和销售产品满足社会的需要和需求,成为一个与社区和政府合作、关怀社会的组织。"把这些想法转化为行动,让汤姆及其公司赢得了雇员、供应商、客户以及其他利益相关者持久的尊敬和忠诚。

资料来源:德索·郝瓦斯.制鞋大王的商业哲学[M].金融时报,转引自FT中文网,http://www.ftchinese.com/story/001049355#utm_campaign=1D130201&utm_source=EmailNewsletter&utm_medium=referral.

7.2 客户资源管理

客户资源管理也叫客户关系管理,是很多企业基本的商务战略,以及提升竞争力的法宝。**做好客户资源管理,要求创业者要有先进的管理思想,利用巧妙的管理办法,并通过树立自己的品牌来培养客户的忠诚度。**

7.2.1 管理思想先进

企业与某个客户的关系有一定生命周期,但是企业对客户关系的管理却永无止境。因此,创业者要有先进的管理思想,全面考虑和客户的关系,做好客户资源管理。

1. 客户资源是企业最重要的资源

客户资源是企业最终实现交易并获得营业现金流入的唯一渠道和实现利润的唯一来源,是企业获胜的最重要的资源和最基本的竞争利器之一。没有客户资源,企业的产品和服务就无法走向市场、实现销售,企业的一切活动都将变得毫无意义,因此,客户是上帝。创业者务必将客户资源放在企业最重要资产的角度予以重视,对客户资源进行科学管理和开发。

2. 培养客户忠诚是企业客户关系管理的根本目标

客户忠诚是企业取得竞争优势的源泉,忠诚客户趋向于购买更多产品、对价格更不敏感，而且主动为企业传递好的口碑、推荐新客户。拥有长期忠诚客户的企业比拥有低单位成本、高市场份额，但客户流失率高的对手更有竞争优势。创业者应通过合适的客户保持战略，不断强化客户的关系持续意愿，最终建立忠诚客户，实现长期稳定的客户增长。

3. 识别和保持有价值的客户是客户关系管理的两项基本任务

根据帕累托(Pareto)原理，一个企业80%的利润往往是由20%最有价值的客户创造的，其余80%的客户是微利、无利，甚至是负利润的。因此，创业者一定要在对客户关系进行分析、理性界定客户范围的基础上，识别出有价值的客户，然后对这部分客户的关系进行保持。在对高价值客户的关系进行保持时，创业者应该用发展的观点看问题，将客户保持看作是一个促进客户关系不断发展的过程。当客户关系在低水平时，必须积极促进其发展，使客户关系尽快进入稳定期，体现“以关系发展促客户保持”的理念。

4. 客户全生命周期利润是客户价值的判别依据

对客户价值的判断，应基于客户全生命周期利润的观点。客户全生命周期利润是企业在与客户保持买卖关系的全过程中，从该客户处所获得的全面利润的现值，包括“客户当前价值”和“客户增值潜力”。“客户当前价值”是假定客户采用现行购买模式时，未来可望为企业创造的利润总和的现值；“客户增值潜力”是假定企业采用更积极的客户资源管理方法，使客户购买模式向着有利于增大企业利润的方向发展时，客户未来可望为企业增加的利润总和的现值。**创业者应根据客户的当前价值和潜在价值之和来判断客户价值的大小，区分出有价值的客户，从而进行重点管理。**

7.2.2 管理方法巧妙

对于单一型大客户和利基型大客户采用不同的管理方法和管理策略，有利于创业者更好地开发客户资源。

1. 选对管好“单一型”大客户

“单一型”大客户资源的管理，要求创业者首先要选对大客户，然后在客户资源管理中能够为对方提供一些力所能及的服务，帮助客户解决问题。

创业者应选择那些有远见、有平常心的客户，最好该客户还有网络、有信誉、有资金实力、有完备的组织架构，最重要的是该客户要有思想、有经营思路。选择这样的客户可以避免在以后的合作过程中出现麻烦事情，而且即使无法避免地出现意外，也比较容易照章办事，客观处理。

当大客户在某些管理方面存在缺陷或者漏洞时，创业企业应及时关注客户现状，运用自己的专业知识，提出自己的独特见解和方案，有针对性地对客户进行指导，从一点一滴的小事做好，脚踏实地争取客户信任。在为客户解决问题和提供帮助中，不断树立自己的权威，取得客户的理解和支持。

北京宇信易诚科技有限公司就是在对“单一型”大客户的管理中，不断取得发展的一家高新技术企业。

创业实例　北京宇信易诚科技有限公司

宇信易诚科技有限公司,其前身为北京宇信鸿泰科技发展有限公司,是由洪卫东领导的创业团队于1999年6月在北京设立的高新技术企业。2005年与北京易诚世纪科技有限公司合并整合,形成现在的宇信易诚公司。宇信易诚是一家为中国金融行业提供应用软件开发和信息技术服务的企业。2006年11月24日,宇信易诚完成与擎通(中国)投资公司的反向收购与合并。2007年3月14日在美国纳斯达克成功上市,成为第一家在美国上市的中国金融业信息技术服务公司。

自1996年创立以来,公司的成长经历了四个发展阶段。第一阶段是从1999年6月至1999年底。当时没有外部投资,一切从零做起,洪卫东等15位创业者执着苦干,在企业诞生的第一年即实现了收支平衡。在这一阶段,公司与国外厂商和一些国内商业银行建立了良好的关系,并以优秀的技术及服务意识树立了自己的品牌信誉。1999年底,公司与中国建设银行北京分行签订了第一个小型机系统集成合同,业务逐步走向正轨。第二个阶段是2000年初到2001年6月。在该阶段,公司立足于银行业稳扎稳打,拓展全国范围内的系统集成和网络集成业务,将广东发展银行、中国银行等大型银行培养成自己的核心客户。第三阶段是2001年7月至2004年底。在此阶段公司坚持以软件开发和服务深化与客户的合作为重心,形成了具有自身特色的行业解决方案,并为客户进行软件开发。同时先后吸收合并了几家金融行业软件开发团队,建立起一支有丰富行业背景和技术经验,有独立知识产权解决方案的软件开发团队,完成了数家银行信用卡网络系统的优化升级,以及数家银行信贷管理系统开发或升级等大型软硬件项目,在银行系统集成市场逐步提高了声誉。第四阶段是2005年至今。在这一阶段,公司通过资本化运作进入快速发展期。2006年,进入中国银行业信息技术服务商前五名的行列;2008年进入中国银行业信息技术服务商前三名的行列;2010年入围《美国银行家》和Financial Insights共同评选的年度全球金融技术公司100强,且中国银行信息技术服务商排名第一。2012年12月底,完成私有化进程,正式从美国纳斯达克退市。

该公司正是在对商业银行类单一型大客户的正确选择,以及客户关系的深入管理过程中,充分发挥自身的技术优势,才在短期内取得了较快发展和巨大成功。

资料来源:雷家骕,王兆华.高技术创业管理[M].北京:清华大学出版社,2008:247,248;宇信易诚官网,http://www.yuchengtech.com/company.php? id=31.

2. 服务培养利基型大客户

对于利基型大客户,创业者应该通过卓越的价值主张,借助网络平台等媒体巧妙获得和提升客户的忠诚度。

价值主张是企业的灵魂,是企业在商海上航行的指南针,企业中的每一条规则都应该围绕价值主张来设计。创业者应将企业的价值主张定位为向客户提供最优异的价值,使客户感到满意。同时,借助于网络工具,建立一个更能与客户发生关系的平台,让客户可以在虚拟的环境中购买,获得客户青睐。创业企业一定要想办法保护客户的网上安全、及时准确履行契约、防止交易中的诈骗行为,让客户产生对企业的信任感,利用“以客户为中心"的企业文化，树立"服务第一"的观念，并通过用心对待客户反馈，以及规范的流程和"一对一"服务，不断提升客户对企业的忠诚度。

7.3 客户开发模型

大多数初创企业都缺乏测试商业模式假设（如市场、客户、渠道、定价）以及将假设转变为事实的系统化流程。传统的新产品导入模式在进入外部测试之前从不提供客户反馈，往往等得到反馈时为时已晚。因此，新创企业应建立一套合理的客户开发流程，利用它快速测试商业模式假设并在第一时间对错误做出修正。[①]

图 7-2 所示的客户开发模型打破了企业初期所有和客户相关的活动，形成一个完全独立的流程。在这个流程中，前两个步骤描述的是商业模式的"调查"阶段，后两个步骤描述的是经过开发、测试和验证之后的商业模式"执行"阶段。这些步骤的具体表述如下：客户探索把创始人的愿景转变成一系列商业模式假设，开发一套测试客户反应的方案，把上述假设转变成事实；客户验证测试前一步骤得出的商业模式是否具备可重复性和可升级性，如果不具备则返回客户探索步骤；客户生成是执行阶段的起点，负责建立最终用户需求和导入销售渠道，实现企业扩张的目的；企业建设标志着从初创企业到以执行已验证模式为标志的成熟企业的过渡。这 4 个步骤环环相扣，支持着初创企业商业活动的每一个要素。

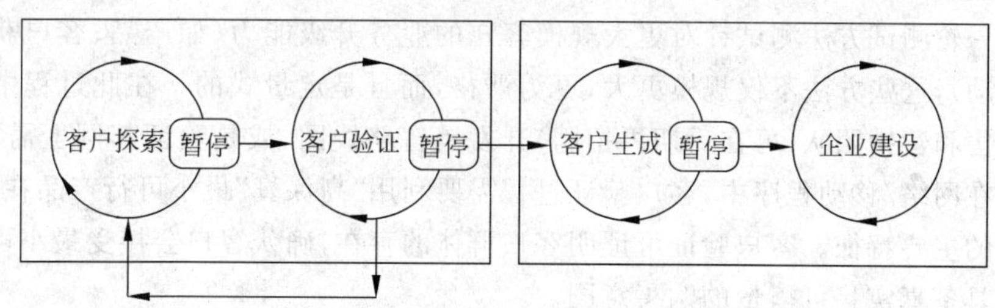

图 7-2　客户开发流程

在客户开发模型中，每一个步骤都用单向循环箭头组成的圆圈表示，以表明每一个步骤都是可迭代的，都必须经过多次反复才能证明准确无误；而且在每两个步骤之间都有一个"暂停"标志，提醒管理者认真思考是否学到了足够的经验，能否顺利进入下一个步骤。该模型采用的是初创企业真正适用的开发方式，表明回顾问题是学习和探索过程中一个自然而富有价值的组成部分。对于初创企业来说，它们必须不断重复客户开发流程中每个步骤的循环，直到达到"逃逸速度"（即在确定商业模式过程中积累足够的可衡量改善之后）才能顺利进入下一个步骤。

---

① 史蒂夫·布兰克，鲍勃·多夫著. 创业者手册：教你如何构建伟大的企业[M]. 北京：机械工业出版社，2013：19-26.

7.3.1 客户探索

客户探索可以把创始人对企业的愿景转变成商业模式[①]相关模块的假设，并创造一组实验对每一个假设进行测试。为实现这个目标，创始人必须抛下猜测，走出办公室测试客户对每一个假设的反应，真正倾听客户的想法，深入了解他们的问题，了解他们认为哪些产品特征能够解决这些问题，了解他们的企业是如何推荐、批准和采购产品的，并从他们的反馈中获取真知灼见，从而利用这些细节开发出成功的产品，阐述产品的独特之处，说服客户购买创业企业的产品。

在初创企业中，创始人负责说明产品设想，利用客户探索发现客户群体和相关市场（注意：初始产品规格源自企业创始人的愿景，而非焦点小组的分析结果）。

客户探索包括两个室外调查阶段。第一个阶段测试客户对问题的了解以及对问题解决的需求。第二个阶段首次向客户展示产品，确保产品（此时通常是最小可行产品）能出色地解决问题或满足客户需求，以便说服大量客户购买。当客户积极确认问题并意识到解决方案的重要性时，客户探索阶段就顺利结束了。

7.3.2 客户验证

客户验证阶段用于证明，经客户探索阶段测试和迭代过的业务是具备可重复和可升级性的商业模式，可提供大量所需客户以建立具有盈利能力的企业。在验证过程中，企业需利用新一轮测试方法测试针对更大规模客户的业务升级能力（如产品、客户获取、定价和渠道活动），这些方法不仅规模更大，更为严格，而且是定量式的。在此过程中，初创企业应为销售和营销团队（可在后期再招聘）开发销售路线图，或是验证其网上需求形成营销计划。在网络/移动程序中，客户验证过程需要利用"高保真"最小可行产品在客户面前测试产品的主要特征。客户验证可证明客户群体的存在，确认客户会接受最小可行产品，验证客户具备真实且可衡量的购买意图。

7.3.3 客户生成

客户生成建立在企业首次成功销售的基础上。它指的是企业加速发展、花费重金扩张业务、创造终端用户需求和推动销售渠道建设阶段。这一步骤紧随客户验证过程，在了解如何获取客户之后再大笔投入营销费用，这样做可以有效控制"烧钱率"，保护初创企业最宝贵的资产——现金。

客户生成过程视初创企业类型而有所不同。有些企业进入的是竞争对手明确限定的现有市场，有些企业需要开创产品和竞争对手都不存在的新市场，还有些企业重新细分现有市场或建立利基市场。每一种市场战略类型都需要以不同客户的生成活动和成本为基

---

① 商业模式以价值创造为核心，描述了企业如何创造价值、传递价值和获取价值的基本原理。瑞士的亚历山大·奥斯特瓦德和比利时的伊夫·皮尼厄合著的《商业模式新生代》一书中，将商业模式设计划分成 4 个方面和 9 个构造块，分别是客户、提供的产品和服务、基础设施和财务，以及客户细分、价值主张、分销渠道、客户关系、关键资源、关键活动、伙伴关系、收入来源和成本结构。

础制定，确保客户生成过程顺利完成。

7.3.4 企业建设

当初创企业找到可升级和可重复的商业模式时，便会进入客户开发流程的最后阶段。在这个阶段，它已不再是以调查探索为目标的临时性组织，而是变成真正意义上的成熟企业。在这个有些苦乐掺半的转变过程中，企业建设过程应当关注的是把团队精力从“调查”模块转移到“执行”模块，把非正式的以学习和探索为导向的客户开发团队转变成正式的结构化部门，如销售部、营销部、商业开发部等，并为每个部门招聘副总监。这些部门主管现在要关注的是组建各自的部门，以实现公司业务规模的扩展。

第8章 其他创业资源

其他创业资源包括声誉资源、组织资源、环境资源和信息资源等。声誉资源和组织资源一般属于战略性资源，是创业企业在创办和经营过程中形成的，其他企业很难模仿，能够给企业带来核心的竞争力；环境资源对所有的创业企业都有影响，一般来说是创业者不能改变的，需要创业者选择有利于创业的环境资源，尤其是软环境方面的资源；信息资源对于创业者创业项目选择、团队组建、项目可行性论证等都有着极为重要的意义，创业者在决策之前一定要搜集尽可能多的信息资源，充分利用信息资源进行分析判断，减少决策失误。本章着重讨论创业所需的声誉资源和信息资源。

8.1 声誉资源①

理论研究认为，声誉经过社会网络中的参与者无数次重复接触和博弈的过程不断积累，最终形成稳定的信任关系，而这种信任关系能够节省交易成本(Lin，2001；张维迎，2001)。因此，声誉资源对于创业企业具有很重要的意义，创业者应通过品牌建设等方式进行企业声誉资源的培育。

8.1.1 声誉资源的重要性

企业声誉是企业在与其公众(主要有顾客、协作者、投资者、员工、政府、新闻界、社区等)的社会交往中自然形成的，是企业行为能力与公众认知两方面相互作用的结果。它是企业在内部做出各种决定、建立相关各种关系的催化剂，是企业实现真正效益、建立新关系的基础和基石，是公众对企业的各种因素认知基础上所得出的一种综合评价。在现代市场经济中，良好的企业声誉是企业所拥有的独特资源，它能提高企业竞争力、提升企业整体价值，因而是企业非常重要的无形资产。

1. 声誉资源是企业拥有的独特资源

声誉资源是企业拥有的独特资源，可以提升企业有形资产的价值。对企业而言，声誉的丧失不仅意味着失去声誉投资的沉没成本，而且与此相匹配的有形资产的价值和其他无形资产的价值也会大大受损。声誉受损越大，企业受到的惩罚也就越大。

1886年，和美国的自由女神像一样，由潘博顿调制成的可口可乐已经成为美国的象征，可口可乐公司非常清楚地意识到这一点。有位可口可乐的官员曾说过："如果公司在天灾中损失了所有的产品和资产，公司将易如反掌地筹集到足够的资金来重建工厂。相

① 黄晓红．企业声誉的内涵、形成及效应[J]．郑州轻工业学院学报(社会科学版)，2005(8)：45-47；农秋娟，钱美如．企业声誉影响因素研究[J]．现代商贸工业，2010(5)：111，112.

反，如果所有的消费者突然丧失记忆，忘记和可口可乐有关的一切东西，那么公司就要停业。”[①]由此可见，声誉资源对于企业创办和发展的重要性。

2. 声誉资源能够提高企业的整体价值

企业良好的声誉，可以增强产品的市场号召力，给予顾客重复购买的信心，促进顾客忠诚度的建立，提高市场占有率。

正是苹果品牌赋予人的一种身份——拥有苹果的你，就是见多识广的精英中的一员，你更精明、更时尚，才使得苹果品牌在中国未做广告的情况下，能够得到大家的推崇。每次苹果新品发布时，在苹果专卖店排起长蛇阵购买的情景，就是“苹果”这个品牌价值的最高调炫耀。根据全球最大广告传播集团之一的英国WPP集团于2011年5月9日发布的全球最具价值品牌百强排行榜，美国苹果公司首次超过谷歌公司荣膺全球最具价值品牌，价值达到1 533亿美元，结束了谷歌连续四年的榜首地位。[②] 因此，声誉资源是苹果公司市值高企的最直接原因。

与此相反的是胡辉现象。2004年中关村的胡辉，是从美国硅谷回来的一名研究人员，他开发了一个远程医疗诊断系统，欲以每套5万元的价格卖给国家的医疗机构，但没有成功。胡辉后来只好把这个公司卖给了美国人。美国人就用这一批原班人马，还是生产这个远程医疗诊断系统，以20万元的价格卖给中国的医院。[③] 由此可见，企业的声誉资源状况对企业存续和企业价值的影响相当大。

3. 声誉资源可以提升企业竞争力

声誉良好的企业，会获得利益相关方的更多青睐，而且彼此的交易更倾向于继续发展下去。因此，从经济学的视角看，声誉资源可以减少交易成本，使企业在市场竞争中取得事半功倍的效果。

一件在中国加工的Hugo Boss衬衫，在美国纽约最繁华的第五大道的Saks Fifth Avenue百货公司的零售价是120美元。这120美元中，渠道商Saks Fifth Avenue赚了72美元（占60%），品牌商Hugo Boss赚了36美元（占30%），而中国的制造商只赚取了12美元（占10%）。如果中国的制造商再打价格战，很可能只能以9.6美元（占8%）的报价争抢订单，最后中国制造商的利润率往往跌落到1%～2%。

还有在中国生产的耐克鞋、罗技鼠标等大量商品都是如此的命运。究其原因，中国企业自己品牌的产品声誉太差，总是给国际市场“质量低”、“服务差”等印象，于是没有关注企业声誉建设的中国企业只能贴牌生产，在微笑曲线[④]的最低端工作，获得微薄的利润。所以，创业者从创业开始就应该树立经营品牌、培育声誉的意识，使中国的大量企业和产品也可以在国际市场享有较高声誉，通过一个个企业声誉资源的培育，提升中国企业在世界上的分量。

---

① 阳飞扬. 从零开始学创业（大全集）[M]. 北京：中国华侨出版社，2011：327.

② 佚名. 苹果公司成全球最具价值品牌[J]. 科技传播，2011(9)：224.

③ 丁栋虹. 创业管理[M]. 第2版. 北京：清华大学出版社，2011：481.

④ 在产业链中，附加值更多体现在两端，于是微笑曲线两端朝上，表示设计和销售，处于中间环节的制造附加值最低。

8.1.2 声誉资源的特征

企业的声誉资源具有社会性、价值性、成因的综合性、长期性，以及存续的不稳定性等特征。

1. 企业声誉的社会性

企业本身就是一种社会性经济组织，企业声誉是社会公众对企业的整体印象和综合评价，因而企业声誉的形成是企业与各利益相关者进行社会互动的结果。任何一个行为主体参与社会活动，都会在与其他行为主体的交往中获得一定名声。由于一个行为主体在与不同行为主体的交往中引起的反应是不一样的，由此会产生不同的看法，形成不同的声誉，因此，没有社会这个大背景就无所谓声誉。

2. 企业声誉的价值性

一方面，声誉好的企业本身具有更高的显在价值，人们更愿意接受它的产品（服务），并愿意支付相对更高的价格；另一方面，企业声誉有巨大的潜在价值，它使得企业的扩张和发展更加有利，影响着市场上潜在投资者的资金流向。同时，企业的声誉还能使这一企业的工作岗位显得更加具有吸引力。因此，企业声誉效用具有非竞争性，可以同时配置于不同的场合，同时使用。

3. 企业声誉成因的综合性

企业声誉是公众对企业的一个综合评价。企业的各个方面如社会地位、产品或服务的质量、管理水平、经营状况、员工素质、对社区和环境的责任、对社会公益事业的参与、对企业员工的关心等，都会影响公众对其的评价。可见，企业声誉是企业各种因素发挥综合协同作用所产生的正的"溢出效应"，而非某些个别因素单独作用的结果。它是企业各方面行为、能力的综合反映，是企业所有社会行为、商业行为的凝结。

4. 企业声誉形成的长期性

良好的声誉是企业在与公众的长期交往中逐渐积累起来的，它的形成是一个长期的过程，要通过企业日积月累的努力，而不是像有些企业所认为的，通过商业炒作及媒体宣传就能获得。一个企业虽然可以通过大量、密集的广告宣传来扩散它的信息，在很短的时间内提高它的知名度，但通过媒体只能提高公众对企业的认知度，并不能提高认可度、美誉度。相反，仅有高知名度而没有高美誉度，对企业声誉的形成而言是祸而非福。因为高知名度带来的是高风险。良好的声誉不仅要有声——高知名度，而且要有誉——高美誉度。企业要获得好的声誉，必须踏踏实实地从一点一滴做起，经过长期艰苦的努力和积累。

5. 企业声誉存续的不稳定性

企业声誉是一种特殊的无形资产，它不像其他资产那样稳定。企业赢得的声誉，并不是一劳永逸的，它需要企业持之以恒地努力，小心地呵护。企业声誉"得难失易"，损毁具有短期性。一旦受损，声誉资产会迅速贬值，再花十倍、百倍的努力也未必能挽回。正如戴维斯·杨在《创建和维护企业良好的声誉》中所说："即便是片刻的掉以轻心也足以使你苦心经营的一切化为乌有。"

8.1.3 声誉资源的培育

创业企业可以从提高产品和服务的质量、提高企业的创新能力入手，通过企业战略的

制定，不断加大宣传和推广力度、加强内部管理，适时履行社会责任，提高自身的财务绩效，培育企业的声誉资源。

1. 提供高质量的产品和服务

在企业与消费者之间的联系中，产品与服务是最直接、最快速也是最紧密的沟通桥梁之一。企业可以通过其优质的产品与满意的服务来赢得消费者的信赖，从而获得良好的企业声誉。特别在成熟产业中的企业，由于市场竞争异常激烈，技术水平几乎相同，服务就显得特别重要。

2. 提高创新能力

如果说商场就是战场，那么产品与服务就是企业在商业竞争这个残酷而激烈的战场上所使用的最有力的武器之一，是企业赢得声誉的外在表现形式，而企业内部的创新能力则是企业赢得声誉的原动力。正是因为有了这样的原动力，企业才能持续不断地满足市场需求，迎合消费者的口味，创造出优质的产品与服务。

3. 加大宣传与推广

通过宣传和推广，可以提升企业在消费者心目中的形象，积累一定的顾客认知，但企业并不能因此而获得声誉。企业只有在日常大规模和经常性的各类营销推广、广告和公关活动中，确保其宣传的内容与公司的实际做法保持一致，才能使宣传和推广为企业带来声誉的提升。

4. 改善企业财务绩效

财务绩效是企业经营能力和经济实力的体现，其本身也是企业声誉评价的关键指标之一。良好的财务绩效可以为创业企业提供充足的资金，帮助企业减少财务风险，增加投资者信心，使企业争取更多的外部支持。此外，财务绩效还能支持决策者抓住机遇，果断决策，在竞争中获得先机。因此，创业者应通过多种途径，努力提高企业的财务绩效，做好声誉资源的培育工作。

5. 制定恰当的发展战略

经分析发现，执行专业化经营战略的企业因其能反映更清晰和更易于理解的企业使命，企业的运营效率较高，内部容易形成向心力，反映在外部就体现为企业的高声誉。在企业采用多元化战略时，如果没有预先采取维护企业声誉的措施，会使企业的声誉降低。因此，创业者在企业发展中应预先考虑战略类型的变革对企业声誉的影响，制定相应的策略，以保证企业被利益相关者所关注与信任，维护企业珍贵的声誉资本。

6. 加强内部管理

决定企业声誉的并不是企业说了些什么，而是实际上做了些什么，以及说与做之间是否一致。因此，企业的各种商业行为才是声誉的根本来源。企业的内部管理也同样影响着企业的声誉。全球化和信息化使原本只是企业内部营运方面的决策和行为（比如产品质量监控、治理结构、员工福利体系、财务制度和客户服务等）都带有随时产生声誉危机的风险因素，这就要求创业者必须确保自己的一举一动都充分考虑到对企业声誉可能造成的影响。

7. 履行社会责任

企业社会责任在一定程度上传递着企业为公众做善事的道德信号，这种信号能够影响公众意识，使其增强对企业形象、声誉等的感知。企业在承担社会责任方面的好评，能够通过影响其关键的利益相关者如消费者，从而使企业声誉得到提高。创业企业应尽到社会责任，提高公众对企业的评价。

8.1.4 声誉资源的维护

在世界经济论坛与福莱国际传播咨询公司共同完成的一项调查中显示，影响企业声誉的外部因素中，中国的 CEO 认为：最重要的因素是顾客，其次依次为传统媒体、政府。顾客通过购买企业的产品和服务，在消费中感知企业形象并逐步建立企业良好的声誉；新闻媒体则通过它们特有的视角，不断披露企业的信息，影响企业形象、品牌直至声誉。创业企业要维护其声誉资源，需要处理好和外部各方利益相关者的关系。

1. 做好客户关系管理

随着科学技术的飞速发展，企业间产品的“同质化”日益严重，企业要想要在竞争中击败对手，就是要以顾客为中心。唯此，才能使顾客在享受企业为其提供的更新颖的产品和更优质服务的过程中，对企业产生越来越多的亲近感、满足感、认同感，在其心目中形成企业的辉煌形象，进而建立良好的企业声誉。

2. 恰当利用新闻媒体

新闻媒体的报道就如同一把“双刃剑”，企业一定要善于利用媒体的报道。媒体的正面报道对公司声誉至关重要，公司遇到危机时更需要媒体的积极支持。如果公司在危机时不能得到媒体的支持，将会很快名声扫地，甚至危及生存。20 世纪红极一时的三株口服液、秦池酒厂、巨人集团的快速消亡，在一定程度上和企业在危机面前未能很好处理和媒体的关系，未能正面借助新闻媒体的力量有关。在 2000 年的 PPA 事件中，中美史克公司则是凭借其快速反应、积极应对的机制，通过和媒体及政府的积极沟通，借助媒体的力量有效驾驭了危机，避免了事态的进一步扩大和恶化，而且变被动为主动，再次赢得了公众信任。①

3. 积极获取政府支持

政府部门影响企业经营活动最有效的方式就是进行管制。因此，企业在与政府部门的联系中要发现互利的因素，要让政府看到企业在为公众利益而工作，是社会责任的承担者，并塑造具有良好社会道德和公益爱心的企业形象，促进和发展两者长远和谐的良好关系。在中国，政府部门的支持不但可以为企业提供有形的资源，而且会使企业声誉得到更大的提升。

4. 妥善处理和员工的关系

员工是企业声誉的重要塑造者，也是声誉的传播者，员工形象和行为直接影响到企业声誉。如果企业的员工不能理解企业的愿景、使命，就不能很好地完成工作，为企业形成良好的声誉。因此，创业企业可以通过向员工提供优美的工作环境、和谐的人际关系，来吸引高素质的雇员，使他们保持工作积极性和主动性，并通过妥善处理企业与员工关系，改善员工形象，更好塑造企业声誉。

---

① 郑文哲，王水嫩. 企业声誉的概念、特征及培育、维护[J]. 金华职业技术学院学报，2004(6)：60-63。

5. 保持与投资者长期交流

投资者对企业的将来持续保持信心是极其重要的，他们需要了解企业的行为方式。企业经营中出现的不利情形对投资人的信念具有极大的破坏力；重要投资人对企业的投资，往往会向外界传递企业发展前景良好的信号。尤其是创业初期更是如此，往往一个知名风险投资机构的投资会给企业带来更多的其他资源。因此，需要创业者和投资者进行长期的信息交流，与投资者共同建立和维护企业良好的声誉。

6. 处理好合作伙伴与竞争对手的关系

企业的合作伙伴既可以是企业的供货商，也可以是企业的战略合作联盟。它们为企业提供竞争对手以及更为广泛的商界内部信息，这其中很大一部分是有关其他企业声誉的。当企业与合作伙伴长期合作时，它们就成了维护企业声誉的同盟者。

另外，创业企业还要恰当处理与竞争对手的关系，遵守商业道德，塑造良好的企业声誉。企业与合作伙伴在商业行为中应信守合同，赢得更多消费者的信赖和支持，形成合作多赢的局面，塑造良好的企业声誉。

7. 赢得社会团体的支持

如果企业能够赢得社会团体的支持，它们会自发地倡导该企业的理念或产品，促进企业产品和服务的销售，以此建立和维护企业在公众前的良好评价，不断形成良好的企业声誉。

创业实例

海尔集团声誉的形成

通过提供优质产品与星级服务、实施品牌战略、与相关企业走竞合发展道路、维护员工利益、经营良好的公共关系等各项工作，海尔集团把企业的生产经营活动纳入塑造和传播企业声誉的目标轨道上来。

1. 优质产品与星级服务

产品质量是创造声誉的基石。海尔为了抓好产品质量管理，制订了一套易操作的以“价值券”为中心的量化质量考核体系，行使“质量否决权”。在生产中，职工把每一道工序都想象成用户，产品依次流转，质量层层把关，保证出厂的都是全优产品。截至2005年底，海尔产品开箱合格率始终保持在100%，社会总返修率不超过4‰，大大低于国家规定的标准。海尔高质量的服务，无论是在业界还是在消费群中都有口皆碑，是中国企业中当之无愧的服务典范。海尔的服务理念，真正把用户摆在了上帝的位置，使用户在使用海尔产品时得到了全方位的满足。

2. 强劲的品牌之路

海尔是我国企业中最重视品牌、实施品牌战略最富成果的企业之一。海尔超人的地方，就是对品牌的重视，对品牌的打造，对品牌效应的运用。靠品牌去动员和提升员工，靠品牌去综合各种生产要素，靠品牌去打开市场，靠品牌去运营资本，靠品牌形成企业声誉。从20世纪80年代中期“砸冰箱”的故事，到做“世界品牌运营商”的总战略，海尔已经一步一步发展成为中国乃至世界的著名品牌。

3. 走竞合发展的道路

海尔与供应商之间形成的以采购订单为中心的协同关系，极大地改变了海尔原来与其供应商关系的模式。随着海尔国际化战略的推进，海尔与国际著名企业之间也从竞争向多边竞合关系发展，改变了过去和对手血拼的局面。2002 年 1 月和 2 月海尔分别与日本三洋公司和中国台湾声宝集团签订了合作协议，实现优势互补、资源共享、双赢发展，从此拉开了与竞争对手建立竞合关系的序幕。

4. 妥善处理与员工的关系

海尔坚持每半年召开一次员工代表大会，把企业年度生产经营目标的确定、重大项目的安排、新产品开发等关系企业发展的重大事项和事关员工利益的有关问题公开，让员工充分发表意见。同时，坚持各事业部每月召开两次员工恳谈会，直接听取员工的意见和建议，面对面答复和解决问题。通过坚持员工代表大会和员工恳谈会制度，让员工了解厂情，参与管理和监督，从根本上增强了员工的主人翁意识和使命感、责任感。

5. 经营良好的公共关系

面对新的市场竞争条件和不断变化的社会经济环境，海尔开始把营销对象的选择从目标市场的消费者扩大到社会公众，在社会公众中传播、维护和完善企业声誉。海尔集团投资 3 000 万元制作的动画片《海尔兄弟》，引导小朋友树立正确的世界观、人生观；青岛海尔冰箱股份有限公司陆续投入近千万元，为 139 个县的农民送映一万场电影；截至 2012 年 11 月，海尔集团用于社会公益事业的资金和物品总价值已高达 5 亿余元，其中用于希望工程方面的捐款、捐物共计 6 383 万元，援建希望学校的总数将达到 165 所(164 所希望小学，1 所希望中学)；海尔自身解决就业员工 5 100 人，社会上直接为海尔服务的人员达到 175 000 人，加起来相当于为社会解决了近 23 万人的就业问题。

6. 卓越的领导人

海尔的崛起堪称一个神话，这个“神话”是以张瑞敏为首的创业者们以百折不挠的民族企业家精神所创造的。他确立了“名牌战略”思想，带领员工抓住机遇，加快发展，创造了从无到有、从小到大、从弱到强的发展奇迹，并在全世界获得越来越高的美誉度。在管理实践中，张瑞敏将中国传统文化精髓与西方现代管理思想融会贯通，“兼收并蓄、创新发展、自成一家”，创造了富有中国特色、充满竞争力的海尔文化。从“日事日毕，日清日高”的 OEC 管理模式①到每个人都面向市场的 SST 市场链管理②，张瑞敏在企业管理上的不断创新赢得了世界管理界的高度评价。

综上，在企业声誉的形成过程中，海尔建立了与消费者、利益相关企业、企业员工、社会公众的信任关系，初步实现了企业与利益相关者和谐相处，企业与社会环境和谐相处，企业利益与社会长期利益最大化的经营目标。

海尔集团的声誉管理实践，值得其他企业思考和借鉴。

资料来源：赵婷，吴晓玲. 海尔的企业声誉及其成因[J]. 企业改革与管理，2006(12)：44,45；海尔官网，http://www.haier.net/cn/social_responsibility/project_hope/.

---

① 其中“O”代表 overall(全方位)，“E”代表 everyone(每人)、everything(每件事)、everyday(每天)，“C”代表 control(控制)、clear(清理)。OEC 管理法也可以表示为：日事日毕，日清日高。也就是说，当天的工作要当天完成，天天清理并且天天都有所提高。

② SST 是索酬、索赔和跳闸汉语拼音首字母的缩写。索酬就是通过建立市场链为服务对象做好服务，从市场中取得报酬；索赔体现在市场链管理流程中，部门之间、上道工序与下道工序间互为咬合的关系，如不能履约就要被索赔；跳闸就是发挥闸口的作用，如果既不索酬也不索赔，第三方就会跳闸，闸出问题。

8.2 信息资源

信息资源是创业企业生产及管理过程中所涉及的一切文件、资料、图表和数据等信息的总称。它涉及企业生产和经营活动过程中所产生、获取、处理、存储、传输和使用的一切信息，贯穿于企业管理的全过程，存在于经济、社会各个领域和部门。信息资源是企业发展的战略资源，是企业各项经营活动的支柱，维系着企业的生存和发展。对信息资源的合理获取、科学整合与综合管理，可以帮助创业者成功创办并经营企业，实现企业的健康平稳发展。

8.2.1 信息资源的作用

对于创业者来说，信息资源不仅会影响创业者的创业决定，而且会影响创业项目的选择、创业资源的获取以及创业成功的概率。

1. 信息资源会影响创业者的创业决定

大量有关创业者心理和社会构成要素的研究得出的一致结论认为，创业者在遗传上并非异于他人。没有人天生是创业者，每个人都有成为创业者的潜在能力。某个人是否愿意成为创业者，是环境、生活经历和个人选择的结果。创业者是通过多年积累的相关技术、技能、精力和关系网才被塑造出来的，这当中包含着许多自我发展的历程，和创业者所获得的信息资源紧密相关。

2. 信息资源会影响创业者的项目选择

决定成为创业者之后，会在哪个领域创业，选择什么样的创业项目，与创业者拥有的信息资源紧密相关。一般来说，创业者会在自己拥有信息资源较多的领域开始创业，以降低创业成本，更好筹集其他资源。创业所需要的专业知识和技能方面的信息、社会网络方面的信息等都会影响到创业者对项目的选择。如本书前面所谈到的，彩电业“三巨头”创业项目的选择、北大毕业生和人大毕业生创业项目选择的偏好现象等，都与其拥有的信息资源不同有关。

3. 信息资源会影响创业者的资源获取

信息资源是创业企业的战略资源，创业者对信息资源的把握会直接影响到其他资源获取的可能性。要找到合适的项目，需要专业领域的信息支撑；要找到资金，需要拥有风险投资家或者金融机构的联系信息；要对创业项目进行选择，需要了解国家产业政策的信息；要组建创业团队，需要团队成员的详细信息等。

4. 信息资源会影响创业成功的概率

信息资源的开发利用会影响到创业企业成功的概率。对政府政策信息的了解，可以帮助创业者充分利用政策资源，在符合条件的情况下，一方面可以得到政府的扶持，另一方面又可以提高企业声誉；拥有大量客户信息的创业者，可以降低客户开发的成本；拥有投资者信息的创业者，可以低成本、快速获得所需资金；人力资源和人脉资源的信息，则有助于创业者组建适合的创业团队，更多获取外部其他资源的支持；先进的技术资源可以创造企业核心的竞争力，使创业企业实现可持续发展。

8.2.2 信息资源的特征

信息资源具有综合性、社会性、再生性、智能性、专业性、时效性等特点，信息资源的利用效果和企业信息意识息息相关。①

1. 综合性强

信息资源是一种综合性很强的资源。企业活动是一项综合性很强的活动，一个企业可视为一个完整的有机体，具有各种业务功能。为维持企业的运转和获取经济效益，必须利用多方面的信息资源进行管理活动，由此决定了信息资源综合性的特征。事实上，一个高素质企业对各种信息资源都十分敏感，特别注重对企业信息资源的综合开发和利用。

2. 有明显的社会性和再生性

信息资源是一种具有明显社会性和再生性的资源。它的社会性和再生性表现在：企业信息来源于社会，是对各种社会信息的收集、筛选、审核、整理；企业信息资源是社会各类客体属性的记录，但是已经过企业职工的再创造；企业生产的各种产品，要作为商品进入社会流通交换。可以认为，商品是连接企业与社会的"桥梁"，围绕商品活动所产生的各种信息资源将全面作用于企业各级管理人员。商品的社会性使企业的信息资源具有社会属性，社会情况的任何变化都将改变企业信息资源的属性。

3. 有较强的智能性

信息资源是一种较强的智能性资源。由于信息资源生产主要依靠人的大脑，因此信息资源的生产任务主要是由个人来承担的。在企业中信息资源的管理人员、财务人员、工程技术人员、车间主任、各部门经理等都是信息资源的生产者，他们可能采用集体研究的方式，但最终信息资源的生产却是由每个个体的大脑分别完成的。由于每个人的人生经历、文化素质、知识积累、思想境界不同，同样的信息经不同人加工形成的信息资源是不同的；同时他们又是信息资源的最终消费者，对信息资源的使用价值有最真切的体会，对信息资源的生产有直接的反馈作用。

4. 专业性强

信息资源的专业性很强。企业是经济运行的微观主体和基本单元，企业信息资源和其他信息资源有较大差异，表现出很强的专业性。企业信息资源是企业根据自身特点和行业需求，开发、收集、加工整理的本企业生产经营及有关的政策、法规、技术创新、行业发展动态、新产品开发、竞争对手状况等方面的资料。其信息载体包括资料档案、制度汇编、企业文化、数字化信息等。

5. 有较强的时效性

企业信息资源比其他任何资源更具有时效性，一条及时准确的信息可能价值连城，而一条过时的信息可能分文不值。企业信息资源的时效性是与利用它的时机性相匹配的，并不是开发出来的信息资源越早投入利用就越好，而是要能准确把握开发利用的时机。这就要求创业者要善于把握时机，只有时机适宜，才能发挥其效益。

---

① 陈延寿. 企业信息资源的开发与利用[J]. 现代情报，2005(7)：193-195.

6. 利用效果和企业信息意识紧密相关

信息资源的利用效果和企业信息意识息息相关。信息资源和企业员工的信息意识之间有着如下关系：企业信息资源利用程度体现在企业员工的信息意识强弱之中，但不是企业员工信息认识水平的简单重合，而是由企业的整体意识水平、企业职工个人的信息意识水平的相互影响程度所决定；企业信息资源的利用程度对企业员工的信息认识水平有制约作用，企业信息资源的丰富与否影响着企业员工的信息意识强弱；企业信息意识的强弱影响到企业职工对信息资源的类型识别和敏感程度。

8.2.3 信息资源的来源

信息资源可以通过互联网、公开出版物资料、竞争对手企业、关联方、会议展览及行业协会或中心等渠道获得。[①]

1. 互联网

互联网的迅猛发展，使其成为企业最有效的信息资源采集途径之一。通过互联网获取信息的途径包括：①企业网站。信息资源采集常从监测竞争对手的网站开始。通过定期监测竞争对手的网站，可了解其经营管理活动、产品升级换代、人员招聘等信息。②商业网站。如阿里巴巴、慧聪商情、环球资源等商业网站，可以全方位地提供全球及地区性的各类商业信息。③政府、行业协会的网站。如中国商务部网站，可以提供较为全面的有关国家、地区、行业或商务方面最新、最全的信息，为决策提供依据。④通过网络媒体、网上论坛等获取竞争者信息。⑤利用搜索引擎，如谷歌、百度等。⑥浏览信息服务站点，其中包括专业协会、咨询公司或信息公司在网上提供的信息服务和教育培训服务。

在我国，与创业、创业计划信息相关的网站主要有：

创业投资在线 http://www.vc26.com/

中知网 http://www.chinakm.com/

企业信息查询网 http://www.sogongsi.com/

中国青年就业创业网 http://career.youth.cn/

中国中小企业信息网 http://www.sme.gov.cn/

国家工业和信息化部 http://www.miit.gov.cn/n11293472/index.html

中国民营科技网 http://www.ccmykj.cn/

中国人力资源网 http://www.hr.com.cn/

全国大学生创业服务网 http://cy.ncss.org.cn/

中国大学生创业培训网 http://etchina.com.cn/

创业教育网 http://www.kab.org.cn/

2. 公开出版物资料

互联网的冲击力再大，目前也无法取代电视、广播、报纸、杂志等传统媒体。在经济社会和信息社会，传统媒体依然有其自身的优势。因此，创业者要善于从如下公开资料中发

---

① 林章武. 企业信息资源采集的原则、途径和策略[J]. 情报探索，2011(9)：77,78.

现线索：①企业名录和企业年鉴。它们所提供的如企业规模、产品、产量、销量、市场份额等信息，有助于初步确定竞争对手，了解其一般情况。②报纸和杂志。尤其是行业报纸、专业期刊，集中了行业方面的企业动态、竞争态势、市场状况等信息，是了解行业竞争态势的重要窗口。③产品样本。产品样本是对产品型号、技术规格、原理性能、技术参数所做的具体介绍，其结构图和产品说明书直观性强、数据多，是了解产品、掌握市场情况的重要信息源。④上市公司年报。年度报告几乎囊括了所有可以作为商业秘密的企业财务、客户、人事等信息，不仅有数量指标，还有质量指标供分析时参考。⑤专利文献。专利文献既是技术文件又是法律文件，有助于监视竞争对手的专利申请活动，也为本企业的新产品开发提供重要信息源。

3. 竞争对手企业

在竞争对手的简报、报刊上，经常会刊登公司的新闻。竞争对手的员工，尤其是研发、市场等部门的员工，掌握了大量有价值的信息。员工本身就是一个很好的竞争情报源，有时通过员工个人人际关系可以廉价得到有关竞争对手的信息，特别是一些零次信息[①]。获得这类信息的方法主要有：①索取相关资料，如企业内刊。②关注竞争对手的新产品展示。③调查走访竞争对手员工及其家属。④从竞争对手的垃圾中获取信息等。

4. 关联方

在市场竞争日益加剧的情况下，企业日益重视和那些与自身有利益关系的组织建立战略合作伙伴关系，以增强竞争实力。所以，从与企业相关联的人和公司的有关信息中，也能搜集到想要的信息资源，包括用户、律师、银行、会计师事务所、市场调查机构、广告公司、咨询机构、经销商、供应商、行业协会、媒体、质量检验部门、储运部门等关联方。

5. 会议展览

企业通过参与各种会议或者参加各种产品展销会、洽谈会等，可以获得参展公司有关产品说明和技术资料等有参考价值的信息。这些信息源是获取市场信息、技术信息和人才信息的最好机会。

6. 行业协会或中心

行业是生产同类产品、提供同类劳务或具有相同工艺过程的经济活动类别，如饮食行业、制造行业、服装行业、旅游行业等。行业协会是一种中介组织，它介于政府与企业之间、商品生产者与经营者之间，起着服务、咨询、沟通、监督、公证、自律、协调等方面的作用。行业协会的研究职能、统计职能和服务职能有助于创业者非常便捷地搜集到所需信息。

其实，雇员流动、非正式交流、企业的衍生、合作创新等也是创业者获取信息资源的重要途径。

---

① 零次信息是信息直接获取者获取并形成为原始记录的信息或直接通过信息直接获取者的表象形态（口头语言和肢体语言等）传递的原始信息。

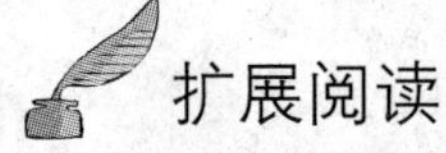

信息资源的来源

1. 美国常用的信息网站

商业法 http://www.businesslaw.gov

国家制造协会 http://www.nam.org

福布斯 http://www.forbes.com

世界银行 http://www.worldbank.org

国际数据 http://www.census.gov/main/www/stat_int.html

国家工业市场调研 http://www.export.gov/cntryind.html

华尔街时报 http://www.wsj.com

商业周刊 http://www.businessweek.com

国际数据库 http://www.census.gov/ipc/www/idbnew.html

2. 中国行业数据的主要来源

在我国，几乎各地各行各业都有自己的协会及其信息发布的网站。创业者要积极利用行业网站提供的数据，以资参考。主要的网站有：

中国行业协会商会 http://www.chinaassn.com/

中国中小企业协会行业协会 http://www.hangye114.net/? action-model-name-yy-itemid-656

8.2.4 信息资源的开发利用

1. 信息资源开发利用的步骤

一般地，**企业信息资源开发和利用可以通过以下三个步骤来实现：信息分析、信息综合、信息预测**。分析是手段，综合是目的，预测是发展，三位一体，形成企业资源开发利用的结构。这种结构是企业信息资源开发利用的统一体。①

信息分析是将概念化的企业信息需求分解为各种简单要素及关系，然后分别进行研究，再组织成信息资源，以供利用。如"创名牌"是企业经营活动的基本策略，是高层管理的战略需求。企业信息人员可以将其分解为"用户意识"、"质量意识"、"第一意识"、"创新意识"、"形象意识"等几个要素分别收集资料，进行研究。

信息综合是将与信息需求相关、零散的信息资源通过归纳整理，形成信息产品的过程。如上例，通过对"创名牌"各要素的分析研究之后，就可以综合起来考虑它们之间的相互关系，得出完整的结论。

信息预测是在综合大量信息资源的基础上，归纳总结出信息资源表征的事物发展规律，并根据这种规律预测出未来一段时间内事物发展趋势的一种方法。事实上，只要方法正确，信息充分，是可以做出企业"创名牌"能否成功的预测的。

① 秦文纲. 论企业信息资源的开发利用[J]. 浙江工商职业技术学院学报，2004(5)：28-30.

2. 信息资源开发利用的对策措施

提高对信息资源开发利用的效率，需要创业企业采取一定的对策和措施。[①]

(1) 确立信息资源开发利用的目标

有效开发利用信息资源，必须确立信息资源管理的理念和目标，使其与企业的战略发展目标一致。一般来说，信息资源开发利用的目的是综合利用信息资源辅助企业的高层决策，为企业管理和决策提供有效的企业内外部信息，做到快速、准确的市场应对与决策，取得整体综合效益，使企业在竞争中立于不败之地。

(2) 加大对信息人才的培养和有效利用

企业信息资源开发利用成功的关键在于人才和人才资源开发，企业信息化需要一支善于交流、善于开发利用信息资源的优秀管理人员和技术人员队伍。因此，企业必须要投入一定的资金，通过加强人才培训、技术交流，同时通过与科研机构、高等院校等进行厂校联合、"结对子"等手段来发现、培养一批富有开拓创新意识，掌握新技术并且具有很强实践能力的高层次技术骨干；还可设立奖励基金，对信息人才的主动性和创造精神给予奖励，提高全体职工的信息知识水平。可利用各种方法提高员工的综合素质，提高开发利用信息资源的有效性。

(3) 开发过程中确立自己的竞争优势

谁掌握的信息资源全面、准确、及时，谁就能在市场竞争中赢得主动，获得胜利。信息市场中充斥着形形色色的信息公司和信息生产者，信息资源开发部门同它们展开竞争的主要办法就是确立自己的竞争优势。企业为在竞争中确立优势必须重新审视与价值链上其他相关企业的联系，掌握充分相关的信息以做出正确的分析和决策。企业可以从市场信息资源开发机构获取信息，并对企业自身信息系统进行不断改进、发展和完善，同时还必须进行必要的组织机构调整，做好人员安排、计划组织、资金保证等，并突出为企业生产经营服务的理念，突出信息的层次性。

(4) 加大网络信息资源的开发

网络信息资源比常规的信息资源具有更加丰富、便利的优势。互联网上的信息资源数量庞大、内容丰富、关联度强。不同时间(过去、现在、将来)、不同空间(企业内外、国内外)以及不同内容的信息均可在网上有效传播。企业要想获取大量的外界信息，实现共享信息资源，就要充分利用基于网络的信息服务平台，加快企业信息资源的整合，大力发展企业信息网络建设。同时，加大网络信息资源的开发深度与广度，在对其进行整合时，要将以往各行其是的非正式的信息交流、半正式的信息交流与正式信息交流汇集到一个网络上，为人们在同一时间的查询提供便利。

创业实例　阿里金融：信息资源的开发再利用

从诚信通到支付宝，再到与银行合作试水网络联保服务，直至2010年组建小贷公司，并获得国内首张电子商务领域的小额贷款公司营业执照，阿里巴巴的信贷业务做得风生

① 宋红梅.企业竞争中信息资源的开发利用[J].科技情报开发与经济，2010(20)：75,76.

水起，阿里金融帝国初具雏形，马云对信息资源的开发再利用给公司带来了新的增长点和丰厚的回报。

早期的阿里巴巴网站只是一个给商家提供网上展示商品的平台，用户只要注册登录，即可免费获得展示产品的服务。但用户鱼龙混杂，甲方希望乙方先付款，而乙方又希望甲方先发货。阿里巴巴为此推出了一种叫“诚信通”的服务，要求企业在交易网站上建立自己的信用档案，并展示给买家。之后，阿里巴巴网站进一步衍生出“诚信通指数”，对交易双方的信用状况进行量化评估。通过这套系统，阿里巴巴将企业的基本情况、经营年限、交易状况、商业纠纷、投诉状况等，统统纳入了“诚信通指数”统计系统。截至2008年3月31日，阿里巴巴的注册会员已达2 970万户，其中付费的“诚信通会员”数目已经达到32.7万户。阿里巴巴的信用数据库中，商户的信用记录最高者长达6年。同时，随着网络系统技术水平的提高，几乎所有的可疑交易都能被扫描和识别，加上惩罚措施的跟进，目前的信用记录大多值得信赖。阿里巴巴以民间的方式，建立了一个更接近企业真实信用状况的数据库，这个数据库为日后阿里信贷得以壮大提供了坚实的基础。

2003年初，在阿里巴巴B2B核心业务盈利稳定后，马云为寻找新增长点开始日本之行。马云发现，雅虎日本凭借本土化策略在日本C2C市场大胜eBay日本，这坚定了他推出C2C业务的决心。同年5月淘宝成功上线，当年10月推出了日后影响着金融支付变革的支付宝。现在，支付宝已经不再是淘宝棋局里的一颗棋子，非淘宝业务已经超过一半。2008年，支付宝在国内第三方支付市场中占了半壁江山。

阿里巴巴涵盖了三十多万家企业的信用数据库，在银行眼里简直就是无价之宝。于是，从2007年5月起，阿里巴巴联合建设银行、工商银行，向会员用户推出了4种贷款产品。会员可通过阿里巴巴向银行申请贷款，阿里巴巴在接到申请之后，连同企业的信用记录，一并递交给银行，由银行审核贷款与否。2007—2010年试水期间，阿里巴巴建立起一整套信用评价体系与信用数据库，以及一系列应对贷款风险的控制机制，并开始以自身的交易平台优势帮助建设银行对客户进行风险控制，甚至包括针对网络特性制定的坏账客户“互联网全网通缉”，公布用户的不良信用记录。

由于阿里巴巴拥有近3 000万注册会员，几乎涵盖了所有的行业，其中不乏具有高成长性的企业。于是，2008年5月，阿里巴巴在“信贷中介”的基础上再进一步，正式推出协助企业与VC对接的“网商融资平台”，该融资平台与国内外400多家VC机构达成初步合作意向。

2010年6月，在阿里巴巴、复星、万向、银泰等股东的推动下，浙江阿里巴巴小额贷款公司悄然成立，注册资本6亿元，是全国范围内首家完全面向电子商务领域小微企业融资需求的小额贷款公司。并获得国内首张电子商务领域的小额贷款公司营业执照。

阿里小贷公司的优势很明显，全国上千万小微企业在阿里巴巴的平台上进行买卖，而阿里巴巴手握支付宝多年来沉淀的庞大后台数据，想了解这些会员企业的情况可以说易如反掌。2011年，重庆市阿里巴巴小额贷款有限公司也宣告成立，注册资本10亿元。阿里集团旗下金融业务板块“阿里金融”正式诞生。截至2012年上半年，阿里金融的小额贷款业务投放贷款130亿元，从2010年自营小贷业务以来累计投放280亿元，为超过13万家小微企业、个人创业者提供融资服务。阿里金融一度创造过日均完成贷款接近1万笔的纪录，在中小企业融资难的当下，阿里信贷正发挥着重要作用。

未来还有一种P2P的"人人贷"形式，两个都在淘宝上买卖东西的用户可以直接在互联网上实现贷款，这是基于互联网平台上的信用记录而延伸的产品。围绕平台的金融运作是阿里巴巴的核心。

资料来源：商界在线，http://www.shangjie.biz/news/yw/2012/1118/314916.html.

参 考 文 献

[1] 李家华.创业基础[M].北京：北京师范大学出版社，2013.
[2] 张玉利.创业管理[M].第2版.北京：机械工业出版社，2011.
[3] 曹胜利，雷家骕，林苞，王艺霖.中国大学创新创业教育发展报告[M].北方联合出版传媒(集团)股份有限公司，万卷出版公司，2011.
[4] 董青春，吴金秋等.大学生创业教程[M].北京：北京航空航天大学出版社，2010.
[5] 刘帆.大学生创业教程[M].北京：中国传媒大学出版社，2009.
[6] 李家华，郑旭红，张志宏.创业有道[M].北京：高等教育出版社，2011.
[7] 雷家骕，王兆华.高技术创业管理[M].北京：清华大学出版社，2008.
[8] 张贵平.创业实招[M].北京：清华大学出版社，北京交通大学出版社，2011.
[9] 王艳茹.中国创业型经济发展研究[J].中国青年政治学院学报，2009(3).
[10] 王艳茹.中国创业型经济政策研究[J].投资研究，2010(4).
[11] 王艳茹.创业教育、企业家精神和创新型经济发展[J].产经评论，2011(5)(双月刊).
[12] 王艳茹.高等学校创业指导教师培训体系研究.
[13] 奚恺元.别做正常的傻瓜[M].第2版.北京：机械工业出版社，2009.
[14] 王艳茹.创业基础课堂操作示范[M].北京：北京师范大学出版社，2014.